AF240831

MÉMOIRES

D'UN

BIBLIOPHILE

PAR

M. TENANT DE LATOUR,

ANCIEN BIBLIOTHÉCAIRE DU ROI

AU PALAIS DE COMPIÈGNE

> Les livres ont toujours été la
> passion des honnêtes gens.
>> MENAGIANA.
>
> *...ament meminisse periti.*

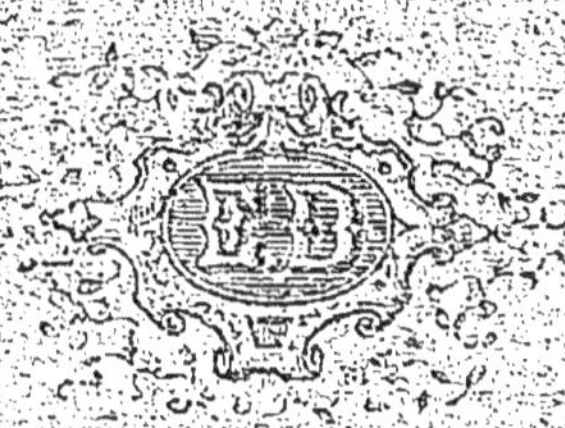

PARIS

E. DENTU, ÉDITEUR

LIBRAIRE DE LA SOCIÉTÉ DES GENS DE LETTRES

PALAIS-ROYAL, 13, GALERIE D'ORLÉANS

MÉMOIRES

D'UN

BIBLIOPHILE

LETTRES

SUR LA BIBLIOGRAPHIE

A MADAME LA COMTESSE

DE RANC.....

PARIS.—IMPRIMÉ CHEZ BONAVENTURE ET DUCESSOIS,
55, QUAI DES GRANDS-AUGUSTINS.

MÉMOIRES

D'UN

BIBLIOPHILE

PAR

M. TENANT DE LATOUR,

ANCIEN BIBLIOTHÉCAIRE DU ROI

AU PALAIS DE COMPIÈGNE.

Les livres ont toujours été la
passion des honnêtes gens.

MENAGIANA.

..... *ament meminisse periti.*

PARIS

E. DENTU, ÉDITEUR

LIBRAIRE DE LA SOCIÉTÉ DES GENS DE LETTRES

PALAIS-ROYAL, 13, GALERIE D'ORLÉANS.

1861

LETTRE I

PRÉLIMINAIRES.

———

Le C......., décembre 1838.

Madame,

Jean-Jacques Rousseau a dit quelque part que si jamais il était renfermé dans une prison d'État, il prendrait ce moment pour peindre le bonheur d'être libre. Tout le monde sait, en effet, que les biens dont on sent le plus vivement le prix, et, par conséquent, dont on parle avec le plus de chaleur, sont ceux que l'on a perdus. Certes, lorsque, à la suite de quelque station dans une de ces librairies plus particulièrement formées d'éditions rares, ou après une longue exploration de la plupart des étalages de nos quais, je regagnais mon abri des Ternes, muni d'un nouvel *Elzévir*, d'un nouveau *Blaeu*, de bien moins que cela, je n'aurais pas songé à écrire des lettres sur la bibliographie. Je songeais alors à jouir, non à raconter mes jouissances ; j'avais, en même temps, le bonheur et le calme de la possession, que rien, dans l'avenir, ne me semblait devoir jamais troubler. Aujourd'hui, à cent lieues de Paris, ne pouvant plus recommencer, chaque matin, la monotone, mais délicieuse journée de l'amateur de livres, mon esprit est presque exclusivement occupé des douceurs de mon ancienne et charmante vie. Mes nuits mêmes ne sont pas toujours exemptes de ces retours. J'en rêve, dit-on proverbialement et par figure : eh bien! moi, j'en rêve à la lettre. Combien de fois ne me suis-je pas vu, en songe, allant, comme jadis, par une belle soirée d'automne, du voisinage de la Cité au Pont-des-Arts, et du Pont-des-Arts au bout de la grande rue provisoire du Carrousel! Je vais fouillant dans toutes les échoppes, feuilletant, pour la cent et unième fois, les livres que j'ai déjà cent fois feuilletés. Je m'arrête plus long-temps qu'ailleurs devant tel étalage qui avait, à bon droit, mes plus grandes préférences. On m'indique du doigt un livre offert, sans doute pour la première fois, aux chalands. Je ne vois que bien imparfaite-ment à travers les vapeurs du songe, mais sûrement c'est un trésor. Je retrouve avec bonheur toutes les figures de ces braves gens que j'ai si longtemps pra-tiqués. Je vois parmi eux, amené là aussi par suite d'anciennes et douces impressions, tel de nos grands libraires qui serait probablement bien choqué que, même en rêve, que, même par l'effet du plus tendre souvenir, j'eusse pu le supposer en si modeste compagnie. Je marche toujours, j'achète toujours, enfin je me vois montant dans l'*omnibus* du Roule, je m'y place de manière à pouvoir examiner, tant bien que mal, tout ce que je viens de recueillir; et... je m'éveille en sursaut, à la première chute d'un des nombreux volumes dont je me sentais si doucement chargé.

Cependant que sommes-nous, faibles humains, dans nos prévisions? J'avais toujours envisagé comme l'époque du véritable et tranquille bonheur celle à laquelle je me trouve arrivé, à la vérité un peu trop tôt et malgré moi. J'ai transporté toutes mes richesses bibliographiques sous le feuillage de mes vieux châtaigniers, fort étonnés, me disait plaisamment mon si spirituel ami, M. de Feletz, d'abriter tant de belles choses. Je vis entouré de mes proches, de mes plus vieilles relations, et dans un pays où La Fontaine a reconnu que les hommes d'esprit ne manquent pas. Je jouis même de mes livres, à proprement parler, plus que je ne l'eusse fait jusqu'ici, puisque, en définitive, j'ai plus de temps à leur donner. Mais, hélas! plus de bibliophiles, plus de libraires instruits, plus de gens qui parlent cette langue du petit nombre des élus! Que je serais heureux d'avoir, au moins quelquefois, sous ma main, le plus ignorant de mes chers bouquinistes, le plus froid, je n'ose dire le plus rai-

sonnable, de mes confrères ; de pouvoir leur montrer
en détail, de pouvoir leur faire apprécier mes anciennes éditions, mes exemplaires de choix, mes
volumes couverts de notes marginales ! il me semble
les voir s'extasiant sur ces marges de la plus belle
grandeur, sur cette magnifique reliure en vieux maroquin du Levant, et je m'évertue à multiplier leurs
surprises, car, ainsi que l'a très-bien dit Charles
Nodier, après le plaisir de posséder des livres, il n'y
en a guère de plus doux que celui d'en parler.

J'ai donc besoin de parler livres, Madame, et, à
défaut d'interlocuteur qui les aime à notre manière
et qui les connaisse par où nous les connaissons, c'est
vous que j'ai résolu de poursuivre de mes souvenirs ;
de mes souvenirs du passé, de mes impressions du
présent, car le goût des livres est un sentiment que
rien ne vient altérer ou suspendre, et qui tient constamment celui qu'il anime dans un état de mouvement moral. Ce sentiment craint aussi, par sa nature,
tout assujettissement à une froide régularité. En effet,
comment mettre, dans les plaisirs de l'esprit, une
suite méthodique, et quel amateur voudrait jouir de
ses livres dans l'ordre rigoureux de son catalogue ?
Je passerai donc très-librement, et presque au hasard,
d'un sujet à un autre, sans me préoccuper, en aucune
façon, du livre dont je vous aurai parlé la veille, et
sans prévoir le moins du monde celui dont je pourrai
avoir à vous parler le lendemain. Boileau a dit que

la plus grande difficulté d'un ouvrage est celle des transitions. Si jamais ma correspondance avec vous devient un ouvrage, l'on pensera peut-être que j'ai voulu me débarrasser d'avance de cette grande difficulté. Non, cela tient à la nature même des choses qui commande impérieusement la variété. C'est ici une véritable conversation : je viens causer livres comme nous pourrions le faire dans la rue Royale, au coin de votre feu, illusion à la fois triste et douce dans l'isolement littéraire où les événements publics m'ont jeté. En un mot, je veux tout simplement faire avec vous le tour de ma bibliothèque, comme M. de Maistre a fait celui de sa chambre. Je sais bien qu'il y manquera toujours le talent aimable, l'inimitable talent qui a fait l'immense succès de l'autre voyage, mais votre indulgente amitié ne m'en demande pas tant. D'ailleurs, je n'ai pas besoin des mêmes ressources dans l'esprit pour donner un peu d'intérêt aux détails de mes explorations. J'ai à parcourir un pays bien autrement fécond en choses curieuses, et si mes observations restent, comme elles doivent le faire, bien loin au-dessous de celles de l'illustre voyageur, j'ai du moins la ferme confiance de faire dans ma course de meilleures rencontres que lui.

Agréez, etc.

LETTRE II

DE QUELQUES CONDITIONS D'UNE BIBLIOTHÈQUE
D'AMATEUR.

Rien ne prouve mieux, Madame, qu'il s'agit ici, non pas d'un livre plus ou moins didactique, mais d'une simple causerie, que l'abandon avec lequel j'ai laissé tomber dans ma première lettre, comme je l'eusse fait de mots universellement connus, ces noms à demi-barbares d'*Elzévir*, de *Blaeu*, etc. C'est que je savais parfaitement que des lectures variées, des conversations d'hommes instruits vous avaient appris, depuis longtemps, ce que c'était que ces mots-là, et que vous ne les prendriez pas pour des *termes de chimie*. J'aurais pu faire également (et je ne m'en gênerai point par la suite) des citations anglaises, italiennes, et même... latines. Ce dernier mot, je le dis tout bas parce que c'est un secret que j'ai surpris, un secret que

vous cachiez avec soin, surtout aux dames de votre
société, quoique fort capables d'apprécier tous les
genres de mérite. Ainsi, sans m'inquiéter, en aucune
façon, des expressions plus ou moins techniques dont
je suis parfois obligé de me servir, notamment dans
quelques déductions élémentaires que je crois convenables ici à certains égards, je vais entrer *plano pede*
en pleine voie bibliographique. Seulement, je prendrai garde de trop céder au penchant qu'a tout homme
qui écrit sur un sujet qu'il affectionne particulièrement à s'étendre outre mesure, et je m'efforcerai de
ne pas oublier ce que je désire aussi que personne
n'oublie, savoir que je ne fais de la bibliographie ni
pour les bibliographes de profession, ni même pour les
bibliophiles d'une certaine force, mais pour quelqu'un
qui en sait à peu près autant que moi, pour des lecteurs disposés à l'indulgence parce qu'ils en savent un
peu moins, et surtout pour mon plaisir.

Commençant donc, ainsi que le veut un axiome
vulgaire, par le commencement, mais sans remonter
aux temps où l'on n'avait de livres qu'en formant des
manuscrits, ce qui rentre dans la science bibliographique par un côté trop ardu ; commençant, dis-je,
par le véritable commencement, je remarquerai que
l'imprimerie, inventée vers le milieu du xv siècle
par *Gutenberg, Fust* et *Schœffer,* suivant les uns, ou
seulement perfectionnée par ces trois grands artistes,
suivant ceux qui veulent que l'invention première

appartienne à *Laurent Coster*, a fait depuis, d'immenses progrès, tant en France qu'à l'étranger, sous les *Aldes*, les *Elzévirs*, les *Estiennes*, les *Barbou* jusqu'à *Ibarra*, aux *Bodoni* et à nos *Didot*. Vous comprenez, Madame, que je ne rappelle ici que quelques noms formant jalons dans la marche progressive de l'imprimerie, ou plutôt, suivant mon objet particulier, une partie de ceux qui reviennent le plus souvent dans la langue des bibliophiles, ceux qui sont restés rattachés à un plus grand nombre d'éditions ou à des éditions plus renommées; ce qui ne m'empêchera peut-être pas, dans le courant de ces lettres, de vous recommander, parfois, telle édition d'un imprimeur ou d'un libraire moins connu, comme supérieure à celles des imprimeurs-libraires dont je viens d'enregistrer les noms. En bibliographie, plus peut-être qu'en toute autre chose, les règles générales ont leurs exceptions.

Mais j'ai dû d'autant plus procéder comme je l'ai fait, Madame, et débuter par jeter ici ces vieux noms, ces noms si révérés parmi nous, que c'est surtout à l'ancienne librairie que s'applique plus généralement un des grands faible de l'amateur des livres, celui de faire des collections. Ici je suis obligé en conscience (et cela pourra bien, hélas! m'arriver encore d'autres fois) d'abandonner aux attaques des profanes de bon sens certaines tendances un peu exagérées des membres de notre ordre. Par exemple, il est parfaitement

bien vu, assurément, de faire des collections d'historiens, des collections de moralistes, de poëtes tragiques, comiques, érotiques même. Outre que souvent
les uns se complètent par les autres, outre qu'il est
permis d'aimer à étendre, à varier ses possessions,
toute comparaison appartient, de droit, à la littérature,
et il convient que la bibliothèque d'un ami des lettres
fournisse de nombreux moyens de comparaison. Mais
faire une collection de tous les ouvrages disparates, et
en différentes langues, connues ou non du collecteur,
publiés par le même typographe, au hasard d'y rencontrer au premier rang, comme dans les publications des *Elzévirs*, Chapelain, Brébeuf, Cotin, et
autres *ejusdem farinæ*, c'est ce que, par un esprit de
confraternité, ou peut-être par un humble retour sur
moi-même, j'ai appelé un *faible*, mais ce que vous avez
sûrement bien envie vous, Madame, d'appeler autrement. Au reste, comme la même maladie n'a pas
toujours le même degré d'intensité, l'un se contente
de rassembler les quatre-vingts volumes qui sont
l'œuvre authentique des *Elzévirs;* mais un autre vient
y joindre tous les ouvrages qui, sans porter leur nom,
sont sortis de leurs presses; un troisième, un quatrième veulent aussi les livres imprimés avec les caractères *elzéviriens*, publiés par des parents, par des
voisins de ces célèbres imprimeurs. Enfin, il en est
qui ne seraient point complétement satisfaits s'ils ne
possédaient pas jusqu'aux *faux Elzévirs;* et c'est ainsi

que, de proche en proche, la collection se monte aujourd'hui à plus de quinze cents volumes : sommes-nous assez fous !

Cette ardeur des collections, du moins en ce qu touche la forme, les caractères, la disposition générale et le nom, s'attache plus particulièrement aux *Elzévirs*. En effet, l'on ne croit pas valoir beaucoup mieux qu'un autre parce qu'on possède dans sa bibliothèque un grand nombre de *Baskervilles*, un grand nombre de *Blaeus*, ou parce qu'on a la collection entière des *Barbous*, c'est-à-dire des ouvrages latins donnés par cet imprimeur dans le format in-12 avec une reliure uniforme, ou la collection entière des *Variorum*, c'est-à-dire des ouvrages publiés in-8°, *cum notis variorum*, avec les notes des différents commentateurs ; les *Elzévirs*, les *Elzévirs !* voilà ce qui fait le fond et le grand prix des anciennes bibliothèques ; les *Elzévirs !* c'est là le mot sacramentel, le véritable mot de passe des amateurs, et c'est aussi celui qui leur est habituellement jeté dans le monde, avec l'ironie si plaisamment caractéristique des ignorants, par ceux qui veulent faire semblant de rire des jouissances qu'ils ne sont pas en état de partager.

Dieu me garde, Madame, de vouloir vous exposer, en détail, les *dates*, les *fleurons*, les *devises* qui servent à distinguer les bons *Elzévirs* des *Elzévirs* moins parfaits : c'est une étude qui n'est pas médiocrement compliquée, une étude toute spéciale, et, si le cœur vous en dit, vous trouverez à la fin du *Manuel du librairie et de l'amateur* de M. Brunet, des notices faites comme tout ce que fait notre premier bibliographe sur les éditions des *Elzévirs*, d'*Abraham Wolfgank*, etc. M. Bérard, connu depuis dans le monde politique, et amateur fort distingué, a publié aussi d'excellentes recherches sur les *Elzévirs;* enfin, on trouve en tête des *Mélanges tirés d'une petite bibliothèque*, de Charles Nodier, une théorie des éditions Elzéviriennes, morceau qui commence très-heureusement un livre dont je vous parlerai peut-être encore plus d'une fois.

Je me bornerai donc à vous dire ici, Madame, qu'on reconnaît les bons *Elzévirs*, ainsi que beaucoup d'autres bonnes choses, au premier aspect. Ce n'est pas, en effet, une correction tout à fait hors ligne qui distingue ces éditions, c'est, avant tout, comme je l'ai déjà remarqué, la beauté des caractères et du tirage; pour peu qu'on ait d'usage à cet égard, dès qu'on est frappé à première vue de la belle exécution d'un *Elzévir*, l'on n'a qu'à recourir à son *Brunet,* l'on reconnaît que l'on tient la bonne date. Les *Barbous,* ont aussi leur bonne date et leur date moins bonne, ainsi de tous les autres. Quand je dis, au surplus, que les éditions des *Elzévirs* ne se distinguent pas précisément par une plus grande correction, je n'entends pas les comparer aux éditions ordinaires. Celles des *Elzévirs*, celles des *Barbou*, les *Variorum*, etc., présentent généralement des textes corrects ; mais Robert Estienne, savant distingué en même temps qu'habile imprimeur, est, parmi les anciens, le seul de son état qui ait fait d'une correction rigoureuse le mérite fondamental de ses éditions. C'est aussi le premier qui, avant tout, désirant ne propager aucune erreur, et sans craindre de révéler celles qui avaient pu échapper à ses protes, a donné des *errata*, c'est-à-dire une liste des fautes d'impression contenues dans les livres qu'il publiait. Mais cet hommage rendu à la loyauté du savant Robert Estienne ne sera pour vous, Madame, d'aucun intérêt usuel. Les Estiennes, surtout celui-ci, n'ont guère travaillé que pour les grandes bibliothèques ; leurs publications sont, en général, d'énormes *in-folio* qu'il vous serait impossible de faire mouvoir, et que vous auriez, d'ailleurs, une trop grande crainte de voir surprendre dans votre cabinet de toilette par quelqu'une des belles dames à qui vous cachez que vous savez le latin.

Ainsi donc, Madame, des collections plus ou moins étendues, plus ou moins complètes, des éditions plus ou moins belles, plus ou moins recherchées ; un grand choix d'ouvrages en un seul volume, ce qu'en termes du métier on appelle des *unités ;* quelques volumes dits particulièrement *uniques* au moyen d'adjonctions spéciales ou d'autres singularités ; des manuscrits en petit nombre, mais se recommandant par les grandes qualités du genre ; surtout autant de *raretés* qu'on le

peut, n'ayant souvent, hélas! que ce seul mérite;
voilà ce qui fait principalement l'objet de nos soucis,
de nos recherches, de nos affections. Si vous ajoutez à
tout cela des gravures soignées, qui, dans quelques
circonstances, et lorsqu'elles ont été prises au sérieux,
fournissent des renseignements remplis d'intérêt sur
les costumes, sur le goût, presque sur les mœurs du
temps; de belles marges! autre mot de passe dont on
tient grand compte, spécialement quand il s'agit de
vieux livres; enfin, tant comme complément nécessaire
que comme moyen de conservation, de belles et bonnes reliures, des reliures avouées par le bon goût;
vous aurez presque tout l'ensemble d'une bibliothèque
d'amateur.

Seulement, je ne saurais assez vous le répéter,
Madame, je parle, je cause livres, je jouis des joies de
toute ma vie, mais ce n'est point ici la science proprement dite; c'est ailleurs qu'il faut la chercher. Si, donc
mon bavardage bibliographique ne vous suffit pas, ou
plutôt s'il vous fait venir le goût de la chose, placez
au premier rang de vos livres, pour les feuilleter sans
cesse et les refeuilleter en toute occasion: la *Bibliographie instructive* de Debure, le *Dictionnaire des
Anonymes* du savant Barbier, les différentes publications sur la matière de notre excellent ami, l'excellent maître de mes fils, feu Gabriel Peignot, celles de
MM. Beuchot, Quérard et autres; enfin, comme le
bréviaire obligé du bibliophile, l'ouvrage déjà cité ici

et qui continuera de l'être à toutes les pages, le *Manuel du libraire et de l'amateur de livres* de M. Brunet. Je dirai plus : quand même vous ne voudriez pas faire une étude approfondie de la bibliographie, ou précisément parce que vous ne voudriez pas approfondir cette étude, ce livre doit être le vôtre de tous les moments. Il est en forme de dictionnaire, et, sans aucun effort, sans aucune peine, l'on peut se fixer, en quelques minutes, sur l'édition la plus parfaite, sur toutes les circonstances d'exécution et sur les prix variés d'un livre plus ou moins avantageusement connu. Il n'est pas besoin de n'être qu'une femme aimable et spirituelle pour se contenter de ces résultats.

Il me reste encore, malgré tout, Madame, et même en voulant me renfermer dans les limites d'une conversation bibliographico-littéraire, il me reste encore à effleurer quelques sujets qui se rattachent de très-près aux principaux éléments d'une bibliothèque d'élite. Je reviendrai aussi avec un peu plus de détail sur certains points purement matériels ; car, tout en repoussant de ma plus vive conviction le culte excessif de la forme extérieure des livres, je suis obligé de reconnaître que la bibliographie, à quelques égards, la tient en très-grande et très-juste considération.

Agréez, etc.

LETTRE III

HISTOIRE D'UNE *IMITATION DE JÉSUS-CHRIST*
QUI A APPARTENU A J.-J. ROUSSEAU.

———

Le C......, 25 septembre 1839.

Je n'y saurais tenir plus longtemps, Madame; il
faut que je suspende un peu le cours de nos développements préliminaires pour vous parler de l'admirable résultat d'un rapprochement de dates que je
viens de faire tout récemment. Il y a d'autant plus
d'urgence que c'est, en quelque sorte, le dénoûment
d'une petite anecdote en fait de bouquins, que déjà
vous connaissez. Mais, comme le public ne la connaît
pas, lui, et comme il est convenu que nous devons,
un peu plus tôt ou un peu plus tard, lui proposer de
lire ces lettres, je vais, ainsi qu'il est d'usage sur
notre scène, faire comme si vous ne saviez rien de
tout cela, et vous raconter à vous-même mon an-

cienne découverte, pour arriver ensuite à celle qui date seulement de trois jours.

Vous vous souvenez donc, Madame, ou peut-être ne vous souvenez-vous plus que, vers 1827, me promenant sur un de mes quais d'affection, le quai du Louvre, je remarquai, au milieu des volumes d'une échoppe, le titre latin d'une *Imitation de Jésus-Christ*. Je n'ouvrais guère ce livre, en pareille rencontre, que lorsque le petit format carré long pouvait me faire espérer un *Elzévir*. Cependant, ce jour-là, soit que j'eusse un peu plus de temps à ma disposition, soit tendance naturelle à ne rien laisser derrière moi sans y avoir jeté un coup d'œil, je pris le petit volume, en apparence vrai meuble de séminariste, et je l'ouvris machinalement.

C'était, en effet, une édition assez commune de Paris, chez Lemercier, 1751; la croix ordinaire, avec quelques accessoires, figurait sur le frontispice; mais immédiatement au-dessus on lisait ces mots autographes : *A J.-J. Rousseau.*

Je restai immobile d'étonnement, et aussi d'un plaisir que vous vous imaginez, vous qui connaissez (par moi du moins) tous les enfantillages de notre état. Il m'était impossible de méconnaître l'écriture de Rousseau, qui m'est si familière; cependant, malgré ma certitude à cet égard, après avoir payé ma découverte soixante-quinze centimes, je pris par le Pont-des-Arts, dont je me trouvais alors peu éloigné, et je me dirigeai vers la rue des Marais-Saint-Germain, qu'habitait mon excellent relieur, l'honnête Messier, chez qui j'avais, dans ce moment, un exemplaire des *OEuvres* de Jean-Jacques Rousseau où se trouvait le *fac-simile* d'une de ses lettres : j'étais pressé de comparer.

J'avais fait à peine, vingt pas sur le pont, tout en feuilletant le précieux volume, que déjà je lisais à la marge d'une page ces deux lignes traduites d'un demi-paragraphe du livre Ier, chapitre x : « *Puisqu'il nous est si rare de nous taire avant d'avoir blessé notre conscience.* » Le doute n'était plus possible ; l'écriture de Rousseau était là dans toute sa caractéristique netteté. J'allais, je feuilletais toujours, remarquant que la plus grande partie du volume était soulignée, mais ne trouvant plus rien d'écrit à la main. Enfin, au bas d'une page, livre II, chap. ix, je vois les quatre derniers mots de cette phrase : « *Nec caro adhùc mortua est*[1], » effacés au crayon, et, au-dessous, la phrase écrite par Rousseau de la manière suivante : « *Nec homines mali mortui sunt*[2]. » Là se révélait le misanthrope tout entier : c'était, assurément, une grande preuve morale de plus, c'était un nouveau sujet d'enchantement.

J'arrive chez Messier, où je reçois par le *fac-simile* une confirmation devenue inutile ; de là je retourne

[1] La chair n'est pas encore morte.

[2] Les hommes pervers ne sont pas morts.

rue Coq-Héron, avec une espèce de vertige que cinq ou six hommes comprendront, seuls, à Paris; je monte le grand escalier, toujours sous la même impression; j'ouvre et referme les portes avec fracas, et je me précipite enfin dans le cabinet de notre adorable marquis de V.......r, qui était assis au coin de son feu, devant ce petit bureau qu'il me semble voir d'ici, ce petit bureau dont le seul souvenir me cause encore, dans ce moment, pour son propre compte, de bien autres palpitations de cœur!

Mon excellent patron s'attendait sans doute à quelque rapport d'urgence : il laisse son travail pour m'écouter, tandis que moi, la figure radieuse, la parole entrecoupée, je m'écrie tout triomphant, et en mettant mon livre ouvert devant lui : « Qu'est-ce que cela? »

M. de V.......r, avec son calme habituel, ce calme qu'il conserva même sous le poids de la plus inique persécution morale qui fut jamais, me répond : « C'est la signature de J.-J. Rousseau.» Il connaissait parfaitement son écriture, qu'il avait souvent eu occasion de voir dans les manuscrits autographes déposés à la bibliothèque du Corps législatif, et ailleurs. Je lui montrai ensuite les quelques lignes écrites en marge : c'était flagrant. Nous remarquâmes ensemble les mots et les phrases sans nombre qui étaient soulignés. « Voyons, dit M. de V.......r, ce qu'un protestant aura pu souligner dans le quatrième livre, tout entier sur la présence réelle?» Rien, en effet, ou presque rien; le protestant n'avait souligné que quelques mots étrangers au dogme, et ce fut là natu- rellement une seconde preuve morale jointe aux preuves matérielles qui témoignaient déjà en faveur de l'authenticité de mon nouveau trésor.

—Voyez, voyez donc, m'écriais-je toujours, ce livre était pour lui un *vade mecum* de toutes les heures; il le lisait la nuit, car voilà quelques gouttelettes de cire; il le portait aux champs, car voilà une ou deux fleurs desséchées; conçoit-on qu'il n'ait jamais rien dit d'un livre dont il ne se séparait pas un instant? Autant qu'il m'en souvienne, le nom de l'*Imitation* n'est pas même prononcé une seule fois dans ses nom- breux écrits. Dès demain je porterai mon petit vo- lume à l'historien de Rousseau, M. de Musset-Pathay, à son savant ami, M. Beuchot; quel inépuisable sujet de réflexions en tous genres! quelle heureuse matière pour quelques-uns de nos entretiens du soir! Que je vais causer d'admiration! que je vais faire de jaloux!

Et le meilleur, le plus vertueux des hommes, que rien n'agita jamais pour ce qui le touche personnel- lement, souriait à ma folle joie; car il est toujours le plus heureux de ce qui, dans les petites comme dans les grandes choses, procure quelque plaisir à ceux qu'il croit mériter un peu de son amitié.

Ce premier effet produit, je courus porter ma con- quête chez tout ce que j'avais d'amis particuliers sous le même toit. M. de Ranc..., Madame, cet admirable appréciateur de tout ce qui tient aux lettres, et qui les cultive, sans mot dire, avec tant de succès, reçut naturellement la seconde explosion de mon bonheur, de là j'allai chez son excellent frère, que nous avons tant pleuré depuis! C'était là que m'attendait une troisième preuve morale, qui, assurément, était sans nécessité, mais qui, comme vous allez le voir, n'était pas sans poésie.

Auprès de ce pauvre Henri se trouvait, au moment où j'entrai, notre collègue Le F...... Le livre vint, à son tour, dans ses mains; il en tourna quelques feuillets, et, du ton de quelqu'un qui produit un dernier motif de conviction , il nous dit : « *Et de la pervenche!* »

Je ne connaissais pas la pervenche, et je n'avais vu, jusque-là, dans la petite fleur qui était sous mes yeux, qu'une raison de penser que Rousseau portait ce livre avec lui lorsqu'il allait à la promenade ; mais, à ces derniers mots, ce fut de ma part, et aussi un peu, en vérité, de la part de ceux qui étaient présents, des cris répétés de surprise et de plaisir. Rousseau, à ce qu'il paraissait, avait continué son culte à la pervenche, puisqu'il la recueillait et la conservait ainsi en toute occasion. J'aurais volontiers embrassé Le F.....; cependant je lui en voulais un peu de ce qu'il n'avait pas dit précisément comme Rousseau lui-même: «*Ah! voilà de la pervenche!* » Enfin , je reprends mon volume, et j'achève d'en faire les honneurs dans la maison, particulièrement à M. R…r, jugé si compétent sous tous les rapports. Ce fut assurément un jour bien heureux dans ma vie, un jour rempli de surprises plus agréables les unes que les autres, mais dont, malgré moi, je prolongeai un peu trop le charme en ne fermant pas l'œil de toute la nuit.

Bientôt le bruit de ma découverte se répandit dans tout le petit cercle des bibliophiles. Chacun, selon l'usage, l'estimait plus ou moins, suivant ses goûts particuliers. M. de Musset-Pathay regrettait vivement de n'en avoir pas eu connaissance avant la publication de son *Histoire de la vie et des ouvrages de Rousseau*. « Combien tout cela donne à penser ! répétait-il comme moi ; voyez donc ! Rousseau n'a jamais dit un mot de ce livre ! » Et cependant la mémoire de M. de Musset le trompait alors, ainsi que les nôtres, comme vous le verrez dans la suite de cette narration.

Enfin la petite rumeur de surprise et d'admiration qui s'était élevée entre deux ou trois libraires et cinq ou six amateurs finit par se calmer entièrement, comme il arrive de tous les bruits de ce monde. Je me gardai bien de faire mettre une reliure nouvelle à mon cher petit volume ; je le conservai *in puris*, tel qu'il était sorti des mains de Rousseau ; seulement je lui fis confectionner un bel étui en cuir de Russie, et je le plaçai sur le rayon de ma bibliothèque le plus apparent, sur celui qui contenait le plus de choses précieuses dans le même format. Quelques années plus tard, il m'accompagna dans ma solitude, pour y figurer parmi mes plus douces consolations. Il ne tarda pas à remplir aussi la destination que lui avaient assignée d'avance, comme à toutes mes autres raretés, les amis dont je m'éloignais avec tant de regret. Il fut visité par le vieux pasteur du lieu, par un ou deux grands chasseurs du voisinage, par quelques autres encore. Il lui vint même, avec le temps, de plus chauds admirateurs : devant son orgueilleuse tablette s'arrêtèrent parfois d'aimables Parisiens, quelques jolies Parisiennes, des hommes de lettres distingués; bref, je croyais que nous étions parvenus, lui à l'apogée de sa gloire, et moi au comble de ma satisfaction. De temps à autre, lorsque j'étais rendu à mon isolement, je le regardais avec amour, je cherchais de nouveau les lignes autographes, je jetais un coup d'œil sur la pervenche, je flairais le volume, et tout était dit. Je ne supposais pas que dans ce bas monde il fût permis aux joies du bibliophile d'aller encore plus loin.

Mais nous voici enfin, Madame, à la dernière péripétie de cette histoire, que les profanes auront trouvée beaucoup trop longue, sans doute, tandis que, soutenue par des souvenirs qui nous sont communs, vous m'avez déjà pardonné tous mes détails. Cette péripétie est double, et c'est sa seconde moitié qui a eu le pouvoir de me faire faire un pas de plus dans les folles extases de l'amateur. Voici la première :

Il y a deux ou trois jours seulement que, parcourant le premier volume des *OEuvres inédites* de Jean-Jacques, publiées dans le temps par M. de Musset-Pathay, je tombai sur une lettre adressée de Motiers-Travers au libraire Duchesne, le 20 janvier 1763, et vers la fin de laquelle Rousseau écrivait ce qui suit : « Voici des articles que je vous prie de joindre à votre premier envoi :

« *Pensées de Pascal, OEuvres de La Bruyère, Imitation de Jésus-Christ,* latin. »

Ce fut d'abord là, pour moi, un trait de lumière. Il devenait évident que l'attention particulière donnée par Rousseau à l'*Imitation de Jésus-Christ* ne datait que de son exil, époque à laquelle il avait cherché sans doute, dans cette lecture, quelque consolation à ses malheurs. Mais la plupart de ses œuvres avaient alors été livrées au public, et c'est là ce qui expliquait, de la manière la plus concluante, le silence qui, dans le temps de ma découverte, nous avait tous si fort étonnés. Musset-Pathay avait, lui, complétement perdu de vue la pièce inédite qu'il venait pourtant de publier tout nouvellement.

Voilà pour ce qui concerne principalement la partie bibliographique de cette lettre ; mais voilà maintenant aussi, Madame, ce qui tient plus particulièrement à cette vie, à cette animation morale que chacun qualifiera comme il voudra, mais que je fais entrer, moi,

vous le savez, pour une si grande part dans les ineffables jouissances du bibliophile : c'est la seconde
moitié de la péripétie.

Vous sentez bien que, d'après mes dispositions
d'esprit et de cœur, j'avais toujours regardé comme
un des plus heureux accessoires de mon volume cette
petite fleur desséchée qui avait manqué me causer
autant d'émotion qu'à Rousseau lui-même, lorsque
mon collègue Le F..... s'écria comme lui : « Et de la
pervenche! » Tout prouvait que cette fleur était toujours restée la fleur de prédilection de Jean-Jacques,
puisqu'il avait placé cet échantillon entre les pages
d'un livre ami, et c'était bien déjà quelque chose;
mais j'eus à peine entrevu cette demande à son
libraire, et cette date de 1763, qu'il me revint dans
l'esprit, comme un éclair, que c'était précisément vers
cette époque, qu'en se promenant avec M. Dupeyrou,
il avait aperçu la fleur que son exclamation a rendue
depuis si célèbre. Je cours vérifier la chose avec une
espèce de tremblement nerveux, et je trouve en effet,
au tome Ier des *Confessions*, livre vi^e, ces ravissantes
lignes que tout le monde a lues, que personne n'a
oubliées, mais que j'éprouve un véritable bonheur à
reproduire ici :

« Je donnerai de ces souvenirs un seul exemple qui
« pourra faire juger de leur force et de leur vérité.
« Le premier jour que nous allâmes coucher aux
« Charmettes, maman était en chaise à porteurs et

« je la suivais à pied. Le chemin monte, elle était
« assez pesante, et craignant de fatiguer ses por-
« teurs, elle voulut descendre à peu près à moitié
« chemin pour faire le reste à pied. En marchant,
« elle vit quelque chose de bleu dans la haie, et me
« dit : Voilà de la pervenche encore en fleur. Je n'a-
« vais jamais vu de la pervenche, je ne me baissai
« pas pour l'examiner, et j'ai la vue trop courte pour
« distinguer à terre les plantes de ma hauteur ; je jetai
« seulement, en passant, un coup d'œil sur celle-là,
« et près de trente ans se sont passés sans que j'aie
« revu de la pervenche, ou que j'y aie fait attention.
« En 1764, étant à Cressier, avec mon ami M. Du-
« peyrou, nous montions une petite montagne au
« sommet de laquelle il y a un joli salon qu'il appelle
« avec raison Bellevue. Je commençais alors d'her-
« boriser un peu. En montant et regardant parmi
« les buissons, je pousse un cri de joie : *Ah ! voilà de
« la pervenche !* et c'en était en effet. Dupeyrou s'a-
« perçut du transport, mais il en ignorait la cause ; il
« l'apprendra, je l'espère, lorsqu'un jour il lira ceci.
« Le lecteur peut juger, par l'impression d'un si
« petit objet, de celle que m'ont faite tous ceux qui se
« rapportent à la même époque. »

Qu'on imagine toute ma joie ! C'est en 1763 que
Rousseau a reçu à Motiers-Travers l'*Imitation de
Jésus-Christ* dont il avait fait la demande à Du-
chesne ; c'est en 1764 que, pour la première fois

depuis qu'il a quitté les Charmettes, il retrouve la pervenche, et il la retrouve à Cressier, dans le voisinage de Motiers-Travers, qu'il habitait encore; c'est là, certainement, la même fleur qui lui arracha ce cri d'enthousiasme et de sympathique souvenir, la même qu'il a recueillie, qu'il a insérée dans le livre, alors son livre favori ; et c'est moi qui possède aujourd'hui cette merveilleuse fleur, la *véritable pervenche*, trésor inappréciable pour tout ce qui a reçu du ciel une certaine manière de sentir. Ne trouvez-vous pas, en effet, Madame, qu'il y a là de quoi faire sécher d'envie les Charles Nodier, les Aimé Martin, les Guilbert de Pixérécourt, je veux dire les hommes d'esprit du métier, ceux qui ne se renferment pas uniquement dans la partie matérielle du goût des livres, et qui, faiblesse pour faiblesse, accepteront plus volontiers celle qui s'attache aux restes d'une vieille fleur, espèce d'événement moral dans la vie d'un homme célèbre, que celle qui se préoccupe d'une ligne de plus ou de moins dans la grandeur des marges d'un *Elzévir?*

Au reste, cette découverte fut assez singulièrement pressentie dans le temps même où je fis la rencontre de ma précieuse *Imitation*. Parmi ceux des miens qui m'entouraient alors, il s'en trouvait un, encore presque enfant, mais qui déjà manifestait des instincts poétiques. Il soutint, en riant, que c'était, sans aucun doute, la fleur même qui avait tant ému Rousseau,

Les anciens attribuaient aux poëtes le don de connaître l'avenir et les choses cachées. Cette fois-là, du moins, le jeune poëte avait deviné.

Je crois avoir porté à un assez haut degré de certitude la petite démonstration dans laquelle je suis entré ici. Nous nous formons assurément quelquefois, nous autres amateurs, de bien étranges chimères. Que d'admirables créations, sorties de notre cerveau, se sont souvent évanouies devant un sérieux examen! Je sais tout ce qu'on a dit, tout ce qu'on pourrait dire encore sur les paroxysmes de la fièvre bibliographique; mais enfin nous ne nous trompons pas toujours; et qu'on me présente, d'ailleurs, un seul de nos rêves entouré d'autant de probabilités que celui-là.

Je ne puis plus, malheureusement, transmettre tous ces détails à notre pauvre Musset-Pathay, mort du choléra lors de l'invasion du fléau; mais il faut pourtant bien que je le dise à quelqu'un, il faut bien que je publie ma nouvelle découverte, pendant que ceux qui savent que j'ai cueilli ma pervenche sur le quai du Louvre, et non dans les champs au milieu desquels je vis aujourd'hui, sont encore là pour constater ce grand fait. Je devance donc, Madame, l'époque où je vous aurais entretenue de ma petite *Imitation de Jésus-Christ*, et je me hâte de vous écrire dans toute l'émotion du premier moment. Jamais je n'aurai porté assez tôt à la connaissance de ceux qui aiment les vieux livres et les grands écrivains; la vive, l'indicible jouissance qu'il m'a été donné d'éprouver.

Cela fait, car j'envoie cet heureux épisode pour être inséré dans la *Revue de Paris*, je reprends avec plus de calme la suite si agréablement interrompue de nos paisibles entretiens.

Agréez, etc.

LETTRE IV

« L'on *n'établit* plus de livres aujourd'hui, disait un jour, en soupirant, un des libraires les plus instruits et les plus anciens de la capitale : voilà ce que j'appelle des livres ! continuait-il en promenant un œil de triomphe sur les majestueux *in-folio* qui trônaient dans ses galeries, mais cela ? » Et il laissait tomber, en même temps, un regard dédaigneux sur un rayon de superbes *in-octavo* magnifiquement reliés par les plus grands maîtres ; « mais cela... ? » Et il ne trouvait pas d'expression pour marquer son mépris. L'*in-octavo*, dans lequel les gens du monde voient un beau progrès de l'*in-douze*, semblait à notre bibliographe (car c'était un bibliographe de mérite) constituer une véritable dégradation, et je ne sais pas s'il ne craignait point, au

fond, que les mœurs publiques n'en fussent sérieusement menacées. Cet *in-folio*, si particulièrement ré-
véré du savant libraire, se compose, ainsi que vous le
savez, Madame, de la grande feuille d'impression, en
son entier, formant, avec un seul pli, deux feuillets
(quatre pages); de même que l'*in-quarto* est cette grande
feuille formant, au moyen d'un second pli, quatre feuillets, comme l'*in-octavo* en a huit, formés de la même
manière; enfin, en modifiant dans quelques dispositions les plis de la feuille, viennent l'*in-douze*, l'*in-
dix-huit*, et jusqu'à l'*in-trente-deux*. C'est l'*in-octavo*
qui, aujourd'hui, a la vogue, et en vérité, je ne sais
pas trop pourquoi, car lorsqu'on fait tant que de renoncer à la parfaite commodité de l'*in-douze* je serais
bien tenté, moi aussi, d'accorder toutes mes préférences aux formes si imposantes de l'*in-folio* et de
l'*in-quarto* : le grand est grand.

Ces goûts divers peuvent, du reste, très-bien se
justifier les uns comme les autres, ou plutôt se combiner parfaitement bien ensemble. Une bibliothèque
n'offre jamais un aspect plus agréable que lorsqu'elle se
compose de formats variés. Les *in-folio*, les *in-quarto*,
sur les rayons inférieurs; plus haut les *in-octavo*,
puis les *in-douze*, ainsi de suite : il n'est pas jusqu'au
joli *in-dix-huit* qui ne puisse figurer avantageusement dans une grande réunion de livres. L'*in-trente-
deux* seul, je l'avoue, me semble un peu mesquin,
sans compter que l'œil n'est que très-médiocrement

flatté par cette petite forme carrée qui n'avait jamais été celle d'un livre jusqu'à ces derniers temps. Mais la mode, vous le savez, Madame, exerce son influence sur toute chose. La librairie moderne a repoussé presque entièrement des bibliothèques privées les *in-folio* et les *in-quarto*. C'est, comme je l'ai déjà dit, l'*in-octavo* qui domine; l'*in-douze*, auquel j'ai grand regret, semble rester cantonné dans les vieux livres, de sorte qu'une bibliothèque formée uniquement de livres nouveaux, ou de réimpressions, courrait risque de présenter exclusivement un grand nombre d'*in-octavo*, quelques *in-dix-huit* et beaucoup d'*in-trente-deux*. L'agréable transition de l'*in-douze* y manquerait tout à fait si M. Charpentier, qui a rendu tant d'autres services à la librairie, n   nous avait ramené à peu près les dimensions de l'*in-douze* dans le format anglais qu'il a si heureusement popularisé.

Quoi qu'il en soit, ce qui manque en formes plus ou moins solennelles, en dispositions plus ou moins artistiques aux livres qu'on imprime aujourd'hui, est, à quelques égards, un peu compensé non pas malheureusement par la qualité supérieure des papiers, mais par leur éclatante blancheur, par le bon goût de quelques dispositions intérieures, enfin par l'effet général résultant du point de perfection atteint par l'imprimerie. Si la plupart des imprimeurs, qu'on presse quelquefois très-mal à propos, étaient libres, au contraire, d'apporter à leur travail la sage lenteur de quelques-uns des plus habiles, si les libraires-éditeurs joignaient plus généralement à tous les avantages qu'ils ont sur le plus grand nombre de ceux qui les ont précédés, cette patience à toute épreuve, cette recherche de soins qui distinguaient particulièrement les éditeurs du temps passé, assurément les réimpressions ordinaires seraient de beaucoup supérieures aux éditions les plus recherchées d'autrefois.

Il en est ainsi, Madame, d'un point qui a bien aussi son importance : je veux dire la reliure. Nous avons aujourd'hui un bien plus grand nombre de bons relieurs qu'on n'en comptait avant nous, et l'art lui-même est porté beaucoup plus loin ; mais l'extension immense qu'a prise le goût des livres, en produisant une foule de mauvais ou de médiocres relieurs, et une grande quantité de fâcheux systèmes de reliure qu'on ne connaissait pas jadis, oblige parfois les bons artistes eux-mêmes de faire trop vite, et, soit par suite de cette grande hâte, soit par tout autre motif, l'on trouve trop souvent dans les œuvres d'un talent remarquable des imperfections de détail qui ne devraient appartenir qu'à la médiocrité.

Songez, Madame, à toutes les conditions indispensables pour constituer une reliure parfaite, car il ne s'agit pas seulement ici de la satisfaction des yeux ; c'est là un piége grossier qui ne prend que celui qui est tout à fait étranger à la véritable connaissance des livres : il faut d'abord que les feuilles soient pliées de

manière à ce que les *justifications* (l'on appelle ainsi
la partie imprimée de la page) se répondent aussi exactement que possible ; il faut que le travail du pliage,
surtout la coûture qui le suit, soient confiés à des
ouvriers attentifs qui évitent avec soin les transposi-
tions, ainsi que tout autre accident ; et, faut-il le dire ?
ces ouvriers sont de jeunes ouvrières dont il est souvent bien difficile de commander l'attention ; enfin,
après d'autres détails également essentiels, arrivent
le choix et l'habile emploi des peaux, des maroquins,
des cuirs de Russie, des veaux de toute couleur ; puis
les dorures sur tranches et ailleurs, puis les dentelles,
les ornements à froid, etc., etc. Quand nos bons relieurs donnent à ces divers points le soin particulier
qu'ils exigent, les clients n'ont nullement à se plaindre
de leur lenteur, la perfection de l'ouvrage qui sort de
leurs mains devient une explication suffisante du temps
qu'ils y ont employé.

Mais si toutes les réimpressions, en même temps
qu'elles ont plus d'éclat, étaient aussi parfaites d'ailleurs que les vieilles éditions ; si les reliures modernes,
en même temps qu'elles sont plus élégantes que les
anciennes, offraient autant de perfection à d'autres
égards, quel prétexte auraient les amateurs pour justifier la préférence qu'ils donnent, en général, aux
vieux livres ? Ils n'oseraient jamais dire qu'ils les
préfèrent uniquement parce qu'ils sont vieux, et le
goût de ceux qui les recherchent se renfermerait

dans un cercle beaucoup plus rétréci. L'on peut, au contraire, confesser hardiment qu'on aime à la fois, et par différents motifs, les vieux livres et les nouvelles éditions. Je remarquerai même, ainsi que je l'ai fait pour la variété des formats, que l'aspect d'une bibliothèque saisit beaucoup plus agréablement la vue par le mélange des vieux livres et des livres nouveaux (pourvu, toutefois, que les premiers soient d'une irréprochable conservation) que ne le ferait une réunion de livres entièrement neufs, trop semblable à un magasin de librairie. Certes, une reliure de Derome ou de Padeloup et de plus anciens qu'eux forme en même temps un agréable accord et un agréable contraste avec une reliure de Simier ou de Thouvenin. Je ne cite que des morts. Ces beaux vélins blancs (fussent-ils quelque peu fumés) des vieilles reliures de Hollande font merveilleusement à côté des maroquins ou des cuirs de Russie les mieux traités. Enfin, quelque austère que puisse être, en elle-même, la composition d'une bibliothèque d'amateur, il est indispensable que l'élément extérieur réunisse les différentes conditions exigées dans tout ce qui est plus ou moins destiné à frapper les yeux; et, sans contredit, la première de toutes est une heureuse variété.

Je terminerai, Madame, par un article qui n'eût pas été le dernier de ces divers préliminaires s'il eût été plus applicable aux bibliothèques d'un ordre privé;

mais bien qu'il ne doive pas rester étranger, tant s'en faut, à celle d'un vrai bibliophile, vous reconnaîtrez bientôt qu'il n'appartient véritablement qu'à des réunions de livres dont il est tout à fait impossible et dont il serait, d'ailleurs, tout à fait sans objet sérieux de traiter ici.

« Comment avez-vous classé vos livres, monsieur le marquis? » demandais-je un jour à feu M. d'Herbouville, possesseur d'une magnifique bibliothèque, et l'un des hommes de France le plus en état de la bien classer. « Ma foi, mon cher enfant, me répondit-il avec son sourire légèrement narquois, les plus beaux devant, les plus laids derrière. » Vous comprenez bien, Madame, que M. d'Herbouville ne me faisait pas cette réponse beaucoup plus sérieusement que je ne vous la rapporte ici; mais c'est qu'en effet les divers classements (car il s'en faut peu que chaque bibliographe n'ait le sien), les classements par ordre de matières, tels, à peu près, qu'on les trouve dans les bons catalogues : la théologie d'abord, ensuite la jurisprudence, puis les sciences et les arts, les belles-lettres, l'histoire et enfin les innombrables subdivisions plus arbitraires encore que les points principaux; cet ordre de classement, dis-je, ne peut être rigoureusement employé que dans les grands établissements publics, où la confusion, d'ailleurs, se mettrait trop aisément sans cela. Mais dans une bibliothèque de quelques milliers de volumes, où l'on n'est pas obligé, où il ne serait pas possible d'admettre tous les ouvrages qui se rattachent à chaque division, où l'on n'admet assez généralement que des livres plus ou moins utiles ou plus ou moins aimés, là où toute une matière peut être représentée par cent volumes de formats divers; le moyen de placer tout cela les uns à côté des autres sans qu'une disparate choquante soit le moindre des inconvénients? Et cependant je suis loin d'entendre par là qu'il faille sacrifier toute espèce de classement à une froide régularité, à des rayons d'un alignement architectural. Je pourrais cependant, si je le voulais, Madame, vous citer, touchant ce genre de régularité, une autorité bien imposante : M. de Talleyrand, m'a-t-on assuré, ne voulait souffrir dans sa bibliothèque particulière que des lignes immenses d'*in-octavo*, tous rangés en bataille comme des grenadiers prussiens. Ce n'était certes pas là un reflet de l'esprit à la fois le plus étendu et le plus varié qui ait brillé de notre temps. Mais qui sait s'il n'y avait pas dans cette prédilection marquée quelque chose de l'impression qu'avait pu recevoir dans sa jeunesse, en faveur du naissant ou plutôt du progressant *in-octavo*, celui qui avait consacré une galerie spéciale à tout le dix-huitième siècle? Quoi qu'il en soit de cet amour d'un format particulier, auquel, du reste, le grand diplomate n'était pas homme à sacrifier la moindre parcelle de raison, je me garderai bien de recommander ce qui ne serait pas moins contraire aux lois de la saine logique qu'à celles du bon goût. Assurément il faut un ordre de classement quelconque. Il faut rapprocher du plus au moins les matières qui ont quelque rapport ensemble, les choses qui se suivent et se complètent naturellement, ou quelquefois, par une sorte de coquetterie, celles qui se trouvent en opposition violente. L'on ne doit pas craindre alors de s'affranchir, dans une certaine mesure, de la conformité des formats. Ou plutôt, de même que j'ai parlé d'un heureux mélange des anciennes et des nouvelles reliures, je remarquerai qu'on peut opérer très-heureusement aussi le rapprochement de quelques livres d'un format différent sans être trop contraire. Mais tous ces mélanges, Madame, ne sauraient être soumis à une règle fixe. C'est quelque chose qui ne s'enseigne pas, quelque chose qu'on pratique tout à fait d'instinct, quelque chose enfin dont je n'ose guère prononcer le nom de peur qu'on n'y trouve un genre de prétention fort étranger à celles que peut avoir la bibliographie. Cependant il faut bien que je me fasse entendre… Eh bien ! Madame, c'est de la grâce qu'on peut mettre dans l'arrangement extérieur de ses livres. Le mot est lâché, ce ne sera probablement pas le seul que j'aurai à me faire pardonner par des lecteurs quelque peu austères, comme très-hasardé pour le moins.

Agréez, etc.

LETTRE V

RETOUR AUX QUAIS ; DEUX BIBLIOTHÈQUES,
LIVRES LATINS.

———

Font....-aux-R...., juin 1841.

Voilà, Madame, un petit événement d'intérieur, un événement d'ordre tout à fait privé qui n'aurait, par conséquent, aucun motif de prendre place dans ces lettres s'il n'était, en même temps, pour moi, par quelques-unes de ses conséquences, un petit événement de bibliographie. Lorsque je me croyais, pour plusieurs années encore, éloigné ou plutôt exilé de Paris, mon second berceau, quelques combinaisons imprévues me ramènent dans son plus proche voisinage. Il est une chose, Madame, une seule à la vérité, qui tend quelquefois à me persuader que j'ai deux cœurs : je ne puis jamais perdre de vue pour un trop long terme, ni les tours de Notre-Dame, ni l'humble clocher à l'ombre duquel je suis né. De la

nouvelle retraite que je vais habiter pendant une
partie de l'année, je pourrai, chaque matin, les
apercevoir, ces chères tours de Notre-Dame; chaque
matin, si je le veux, je pourrai parcourir encore, non
sans la vive émotion d'un cœur vraiment parisien, ces
étroites, ces longues rues qui semblaient si splendides
à ma première jeunesse; je pourrai revoir ces antiques maisons, fréquentées souvent, toujours remarquées de moi; ces grands hôtels, gardiens de plus
d'un souvenir historique, toutes choses qui disparais-
sent successivement sous le marteau du progrès. Les
plus beaux monuments, les monuments des siècles
n'exercent pas le même empire sur mon âme. C'est
là une admiration que l'on partage avec tout le
monde. Le Louvre appartient à la France entière, les
vieilles maisons de la rue Serpente et de la rue du
Foin, l'église de Saint-Étienne-du-Mont et celle de
Saint-Séverin m'appartiennent en propre depuis que
j'ai eu quatorze ans. Au reste, je n'ai pas besoin de
vous dire, Madame, que là ne se bornent point mes
remembrances sentimentales, et que les longues files de
livres qui couvrent tous les lieux convenables à ce
genre d'exposition en ont une bonne part. Oui, tout
cela me touche et m'émeut d'avance. Ainsi, dans
toute carrière, quand elle est un peu longue, appa-
raissent, de loin en loin, d'abord les jours de grand
désastre et ensuite, parfois, les jours d'une demi-
réparation.

Je dispose donc toutes choses pour cette nouvelle vie, ou plutôt (et c'est là son plus grand charme), pour rentrer dans mon ancienne vie. Cependant si cet heureux retour à mon existence parisienne m'a seul frappé au premier abord, bientôt a surgi une pensée empreinte d'une bien grande amertume. J'allais retrouver les grandes bibliothèques publiques et privées que je consulterais à ma convenance; j'allais explorer, de nouveau, les galeries de nos premiers libraires, avec l'espoir d'y rencontrer quelque nouvelle toison d'or à conquérir ; enfin, j'allais revoir tous les livres du monde bibliographique intérieur ou extérieur, mais j'allais m'éloigner des miens. J'allais me séparer de cette bibliothèque, au culte de laquelle je m'étais, depuis plusieurs années, consacré sans partage; car je ne pouvais pas songer à déplacer encore une fois cette immense quantité de volumes, transportés déjà si loin, disposés d'ailleurs si convenablement dans de vastes pièces, ma propriété, pour les reporter dans la maison d'autrui où ils seraient exposés tous les jours, en leur qualité de locataires, à un nouveau déplacement. Je les quittais bien sans doute avec la pensée de venir, chaque année, vivre une ou deux saisons avec eux ; mais ce n'était là qu'une consolation insuffisante : il y avait toujours déchirement. J'ai dû aviser. Je dois aussi vous faire connaître tout ce qui se rattache, de si près, à la matière de notre correspondance : voilà donc, Madame, à quel parti je me suis arrêté.

Dans toute bibliothèque d'amateur, outre les grandes collections, les grands ouvrages spéciaux et ceux que la science a marqués du titre d'ouvrages d'élite, il y a les livres pour lesquels on éprouve un attachement plus sympathique, en quelque façon, les livres dont il semble qu'on ne pourrait se séparer un instant sans cesser de vivre sa véritable vie. Je me suis déterminé à transférer une grande partie de ces derniers dans le lieu que je dois habiter le plus long-temps désormais. J'y ai ajouté la plupart de ceux qu'on peut nommer les livres usuels. Enfin, comme, en matière de livres de même qu'en fait de société, le nombre est quelque chose, et qu'on admet volon-tiers, dans l'un comme dans l'autre, jusqu'à des in-différents pour peu qu'ils y tiennent convenablement leur place, j'ai, en ne me rendant pas toujours égale-ment difficile, organisé pour Paris (c'est ainsi que je nomme mon nouveau village eu égard à celui que je quitte) une assez grande réunion de livres qui prend-dra pour moi le caractère d'une véritable spécialité. Je saisis tout de suite, Madame, cette occasion de faire ici, presque aussi à propos qu'on le fait dans les poëmes épiques, un dénombrement auquel je me trouve tout naturellement amené. Cela pourra bien, quoique je fasse, sentir parfois le catalogue, mais comment vous présenter autrement l'ensemble des livres qui composent ma bibliothèque? Dans de bien plus importantes que la mienne tout n'appelle pas une mention égale; et, de même que dans les voyages d'agrément l'on néglige, ou tout au moins l'on traverse comme en courant, même des paysages qui ne sont pas sans charme, pour ne s'arrêter qu'aux grands points de vue renommés parmi les touristes, de même dans le cours de ces lettres qui, comme je l'ai dit en commençant, sont une sorte de voyage autour de ma bibliothèque, je n'ai guère entendu dès l'origine vous retenir un peu longtemps qu'aux véritables notabilités.

Mais je viens à cette séparation qu'il me faut pratiquer entre mes livres, à ce dénombrement, moyen le plus naturel, je le répète, d'arriver, par la production des détails, à constituer convenablement la généralité.

D'abord, je laisserai naturellement dans le lieu le plus propre à les contenir les éditions complètes de quelques-uns de nos grands écrivains; ces immenses collections dont chacune formerait seule une bibliothèque : Buffon, J.-J. Rousseau, Voltaire; la *Biographie universelle* de Michaud, avec ses suppléments, les grandes compositions historiques, les plus belles et les meilleures éditions de Rollin, de Crevier, de Lebeau, et même d'autres collections un peu moins volumineuses. Je remplacerai la *Biographie* par le *Dictionnaire historique* de Feller que j'aurais voulu,

dans tous les cas, comme contrôle, et le reste par ces
singulières publications imaginées en 1826 et 1827,
que j'avais acquises comme simple sujet de curiosité
matérielle; chose qu'il m'est impossible d'appeler des
livres, malgré la beauté de l'exécution, mais sortes
d'agenda qui tiennent peu de place, et où je trouverai, au besoin, le passage réclamé par les études
courantes : Voltaire en trois volumes, Rousseau en
un seul ! La Fontaine, qu'il était moins nécessaire de
resserrer ainsi, mais donné de la même manière par
notre grand romancier, M. de Balzac, qui eut un
jour la fantaisie d'éditer autrui; enfin Montesquieu,
dont M. Ravenel a cru devoir faire aussi, dans cette
forme, une très-bonne édition, ce qui me dispense de
déplacer mon beau Montesquieu in-4° de Londres
(l'exemplaire de Jourgniac de Saint-Meard), d'autant
plus que par un goût spécial j'emporterai les éditions
primitives des ouvrages séparés, notamment les
Lettres persanes, avec des notes manuscrites de Gueullette qui sont loin d'être sans intérêt. Il avait l'habitude d'écrire sur ses livres, et je remarquerai à ce
sujet que je possède aussi un exemplaire de la première édition des *Lettres philosophiques* de Voltaire,
que Gueullette s'est amusé à *orner* d'un long extrait
des *Nouvelles ecclésiastiques*, fait tout entier de sa
main, de divers imprimés du temps, de l'arrêt de
condamnation rendu contre le livre, enfin, de plusieurs pamphlets en vers. Je n'entends pas vous

présenter cela comme une rareté bien imposante; mais en bibliographie tout compte, du plus au moins, et j'ai cédé facilement à la tentation de mentionner ce petit détail.

Dans cette nécessité de diviser ma bibliothèque en deux parts, je me suis vu fort aidé par une circonstance connue des bibliophiles les moins sujets aux faiblesses de l'état. Il est bien rare, surtout lorsqu'il s'agit de ces livres pour lesquels on a comme un attachement de cœur, il est bien rare qu'on s'en tienne à une seule édition, souvent même à un seul exemplaire de la même édition. Il m'est donc resté, de l'époque où je traitais un peu largement les questions de ce genre, un assez grand nombre de *doubles*. Ils appartiennent en général à des éditions différentes, et la plupart du temps l'acquisition a été motivée par des variantes qui appelaient, à tel ou tel degré, l'attention littéraire; mais en somme ce sont toujours les mêmes livres, et le vulgaire, quelque peu rigide, aurait eu parfois à s'étonner. Quoi qu'il en soit, dans beaucoup de cas je n'ai eu à choisir qu'entre des choses moralement égales, à ce point que souvent mon choix a été uniquement déterminé par de simples considérations de format.

J'ai pu à la fois satisfaire à certaine sympathie (grâce pour le mot) et à la commodité du transport, dans la préférence que j'ai donnée à celle de mes bibles françaises que j'ai emportée avec moi, la bible connue sous le nom de *Bible des Évêques* (Cologne, 1739). C'est le genre d'impression qu'on a voulu imiter dans les publications dont je me plaignais tout à l'heure, mais si cette forme est excusable, c'est, sans nul doute, pour les livres qui, par leur nature, doivent être rendus le plus portatifs que faire se peut. Mon volume est relié en beau maroquin, doré sur tranche et admirablement conservé.

Pour ne pas faire violence à un rapprochement de divers travaux de Lamonnoye, littérateur si justement estimé des bibliophiles, j'ai dû me séparer d'une bible latine (Lyon, 1664), chargée de notes ou plutôt d'indications de sa main.

J'ai cédé à une longue et douce habitude en ne laissant pas loin de moi un volume pour lequel j'ai une sorte de culte depuis mon enfance, l'*Histoire de l'Ancien et du Nouveau Testament* de Royaumont (de Sacy). Mon édition, celle de Liége (Bassompierre, 1766), avec les gravures connues, est d'une assez grande rareté. Cette autre histoire des deux Testaments, représentée en cinq cent quatre-vingt-six figures sur bois, que j'ai laissée à sa place se trouve aussi difficilement.

Mais, dans cet ordre de livres, je n'ai pas eu à hésiter pour le *Nouveau Testament* de 1621 (Jean Richer). Ce magnifique in-folio, vrai modèle de la peinture religieuse, et dont chaque gravure est un beau tableau, m'est venu sur place d'une main amie. C'est un gracieux présent de l'excellent abbé D…d, le digne curé de F……-aux-R…., je n'ose, dans une œuvre profane comme celle-ci, le désigner plus explicitement.

Un des premiers choix que j'ai eu à faire m'a coûté un véritable sacrifice : je ne réponds pas même qu'il soit bien définitif et que je ne revienne à ce que j'ai momentanément abandonné. J'avais à me décider entre le *Virgile* de Masvicius (Lewarden, 1717), deux volumes in-4º, reliés en vélin hollandais, de la plus belle conservation, et un in-18 de Wetstein, texte d'Hensius (1725). Je sais bien que le *Virgile* de Masvicius n'est ni le *Virgile* le plus parfait, ni le plus recherché, ni surtout le plus cher (qualité si indispensable des livres d'amateur), mais les commentaires de Servius, tels qu'ils sont là disposés, conviennent particulièrement à l'homme d'étude ; les gravures ont un certain mérite d'exécution et le caractère d'impression est des plus commodes à l'œil.—Enfin, beaucoup de bibliophiles ont le même penchant que moi pour cette édition, et mon exemplaire, je le répète, est un des plus beaux que j'aie jamais vus. De son côté, le petit *Virgile* de Wetstein vient des livres de M. Bérard qui l'a probablement fait relier, lui-même, en vélin blanc, dentelle, tranche non rognée ; il occupe dans son catalogue le nº 544. J'ai dû pourtant prendre un parti, et, soit parce que je répugnais un peu à éloigner mon plus beau *Virgile* du grand quartier général de ma bibliothèque, soit parce que celui qui appartenait aux troupes légères s'est trouvé le plus tôt prêt à partir, c'est le *Virgile* in-18 qui est venu prendre rang dans ma nouvelle colonie.

J'ai aussi éprouvé un peu de contrariété pour deux auteurs qui appartiennent également à mes plus chères préférences. J'ai laissé sur leur ancienne tablette un très-beau *César* de Barbou (1755) et un *Tacite* de la même collection (1760), l'un et l'autre non rognés, ce qui est assez peu commun pour ces deux dates. Le *Tacite* est probablement un des derniers livres qu'ait vendus M. Brunet père, dont la carrière n'a pas été illustrée comme celle de son fils, mais homme également des plus honorables, d'une inépuisable complaisance pour ses clients, et qui me permit de choisir ce *Tacite,* feuille par feuille, sur trois exemplaires non encore brochés. Au lieu de ces deux *Barbous,* j'ai pris l'excellent *Tacite* de Blaeu Amsterdam (1649), et un charmant exemplaire du *César* de Wetstein que je trouvai jadis en feuilles, et que je fis relier en très-beau vélin blanc. Lorsqu'il s'est agi, dans cette combinaison bibliographique, des livres qui avaient mes affections particulières, je ne me serais résigné à prendre ni à laisser rien de trop imparfait.

Mais le sacrifice n'a pas toujours ainsi été au détriment de ma nouvelle bibliothèque: c'est, comme je l'ai déjà dit, généralement le contraire qui est arrivé, surtout pour les ouvrages peu volumineux. Je n'ai pas pu me séparer du superbe *Térence* de Leloup et

Mérigot (1753), papier de Hollande, ni du *Florus* Elzévir de 1738, très-belle grandeur, ni enfin du *Cornelius Nepos* d'Utrecht (1705), exemplaire de Mirabeau qui a passé par les mains de M. Suard pour venir dans les miennes. Les deux premiers sont en maroquin rouge, et le *Cornelius Nepos* en vieux vélin d'une extrême pureté ; il n'est resté après eux, je suis obligé de le dire, que des doubles inférieurs à tous égards.

Je vous ai prévenue, Madame, que je me garantirais ou plutôt que je vous garantirais d'un ordre rigoureux dans mes causeries bibliographiques; je vous en ai déjà donné plus d'un exemple, notamment dans cette lettre, où après avoir commencé ce que j'ai appelé avec solennité un dénombrement, par plusieurs noms français, je suis entré tout de suite dans le détail de quelques autres livres amis qui, par hasard, se sont trouvés des livres latins. Cependant, malgré cet éloignement, accepté de vous, pour une méthode inflexible appliquée à l'ensemble de ces lettres, je vais aujourd'hui, toujours en réservant pour l'avenir une entière liberté à mes allures, je vais terminer sans interruption ce que j'ai à vous dire encore de quelques affections latines; continuant comme je l'ai fait jusqu'ici, comme je le ferai chaque fois qu'il s'agira d'ouvrages qui ne sont point écrits dans notre langue, d'énoncer les titres en *français;* puis, après avoir consacré une prochaine lettre aux principaux produits des littératures étrangères, je rentrerai, moins les cas accidentels, dans notre bibliographie française avec laquelle l'esprit, les habitudes, presque le cœur, sont dans un accord plus général.

Poursuivant donc la revue commencée, je vous demande la permission de m'arrêter quelque temps sur un de mes *Horaces*, à raison d'une singulière particularité.

Lorsqu'un amateur, quel qu'il soit, dit qu'il va parler de son *Horace*, l'on suppose d'abord que laissant peut-être à part les éditions primitives et quelques éditions monumentales, les unes inabordables par leur prix, les autres introuvables par leur rareté, il va, du moins, se vanter d'avoir en sa possession le *Jean-Bond* Elzévir de 1676, charmant volume in-12 que j'ai vu vendre un soir dans les salles Sylvestre plus de deux cents francs, il est vrai non coupé. Mais je vous prie de considérer, Madame, que je ne fais point ici une exposition de livres *rares et curieux*, comme disent les libraires en tête de leurs catalogues de vente; je vous entretiens des livres que j'aime, des livres que je possède et non pas de ceux qu'il ne m'est point donné de posséder. Eh bien ! mon *Horace*, l'*Horace* auquel je tiens d'une manière particulière, est tout simplement l'humble copie de celui dont je viens de parler plus haut, et j'arrive, touchant ces deux *Horaces*, à un fait que je n'ai qu'indiqué en commençant, fait qui, ainsi que je l'ai dit, a bien son côté curieux.

Martin Couret de Villeneuve, le père, imprimeur

fort distingué d'Orléans, voulant avoir son petit chef-
d'œuvre typographique, imagina, un beau jour, de
donner dans tous ses détails, tant pour le papier que
pour le caractère et pour le format, la reproduction
rigoureusement exacte, une sorte de *fac-simile* du
Jean-Bond Elzévir de 1676; il y réussit à un degré peu
ordinaire, et mit au jour, en 1767, un délicieux volume admiré de tous les connaisseurs. Voici à présent,
touchant cette œuvre orléanaise, un passage du *Manuel* que je me suis promis de mettre sous vos yeux:

« Édition *assez* jolie (je crois que M. Brunet aurait
« pu dire plus) copiée sur celle d'Elzévir, 1676. Une
« personne qui a eu la patience d'en collationner le
« texte avec celui de cette dernière, m'a fait remar-
« quer que sur soixante-treize fautes qu'elle a aper-
« çues dans l'édition Elzévirienne, cinquante-neuf
« ont été corrigées par l'éditeur orléanais, lequel n'a
« laissé passer qu'une seule faute qui ne fût pas dans
« son modèle. »

Vous comprenez bien, Madame, que malgré cette
note les amateurs n'ont pas cessé de payer l'édition
de 1676 un prix plus ou moins élevé, abandonnant
le volume de Couret de Villeneuve à ceux qui ne
peuvent mettre sur leur *Horace* qu'une somme modeste, de sorte que lorsque les rieurs voudront, très-
justement je l'avoue, appliquer à ces connaisseurs
jurés, vous savez? l'épigramme de Pons de Verdun:

C'est elle... dieux que je suis aise !
Oui... c'est... la bonne édition ;
Voilà bien, pages neuf et seize,
Les deux fautes d'impression
Qui ne sont pas dans la mauvaise,

lorsque, dis-je, les mauvais plaisants voudront appliquer cette épigramme à certains bibliophiles, ils
pourront la varier en prose et leur dire : Heureux
mortels ! vous possédez, dans cet admirable Elzévir,
cinquante-neuf fautes qui ne sont pas dans cette
chétive édition de province, flétrie à jamais du prix
infime de six francs. C'est, en effet, chose jugée en
bibliographie.

Malgré toute ma prédilection pour ce malheureux
enfant illégitime qu'on pourrait appeler, comme
Dunois, le Bâtard d'Orléans, j'ai encore d'autres
Horaces que j'ai tâché de choisir, j'en conviens, avec
le moins de fautes possible ; je possède notamment
la charmante édition in-32 de l'Imprimerie royale
(1733), en feuilles, et celle de Leyde (Luchtmans 1744).
Je vous fais grâce de celles que je pourrais vous citer
encore, et dont aucune ne mérite le dédain d'un
véritable connaisseur.

Sans doute, ainsi que je l'ai déjà remarqué, une
réunion de plusieurs éditions du même livre devrait
presque toujours supposer entre elles des différences
plus ou moins capables d'exciter quelques scrupules

bibliographiques, et je me suis déjà rendu, pour mon compte, cette justice que c'est bien là généralement ce qui a motivé mes acquisitions de doubles lorsqu'elles semblaient dépasser par leur nombre les limites d'un goût sagement contenu. Mais ce serait en vain qu'un amateur de livres, et surtout un amateur qui fait une sorte de confession générale, voudrait dissimuler quelque chose de ses faiblesses : je vais donc m'exécuter ici sans aucun ménagement. J'ai pour Phèdre une prédilection fort justifiable sans doute, mais qui s'explique pourtant moins, je le reconnais, dans ses exagérations que s'il s'agissait d'Horace ou de Virgile. Eh bien ! Madame, j'ai quinze ou seize éditions de Phèdre, en charmants volumes de tous les formats, depuis l'in-4° jusqu'à l'in-32. Quelques-unes, à la vérité, présentent des différences notables, soit dans plusieurs parties du texte, soit par des fables entières qui n'ont pas été recueillies par tous les éditeurs ; je pourrais donc bien me défendre un peu ; mais seize éditions ! Enfin, l'aveu est fait : reste maintenant, dans l'intérêt de ma conscience, à mettre le moins de temps et de plaisir que je le pourrai à les énumérer ici.

J'ai laissé à leur ancienne place, parmi vingt autres fabulistes en différentes langues, le *Phèdre* de Coustélier (1742), jolie édition, joli volume ; celui d'Édimbourg (1757), enfin, le grand papier vélin du beau stéréotype de Didot. Un stéréotype ! estimons ce qui est estimable, Madame, point d'invincible préjugé : j'en ai laissé de bien moindres.

Mais j'ai emporté de chers, d'inséparables compagnons :

L'excellente, la charmante édition de Robert Estienne (1617), avec les notes de Regaltius et les variantes du manuscrit de Reims, petit in-4° où a été fait le plus gracieux emploi de lettres et de légers ornements rouges. Il provient de la bibliothèque du comte de Boutourlin, dans laquelle la reliure laissait parfois à désirer, mais celle de mon *Phèdre* est ce qu'elle devait être : dos de maroquin rouge, et tranches vierges. J'ignore lequel de ses premiers possesseurs a écrit sur ce bel exemplaire : *liber rarus et nitidissime impressus.* Ce n'est là que l'expression d'une absolue vérité;

Le grand in-4° de Leyde (Luchtmans, 1727), avec les commentaires de Burmann, et des accessoires polémiques qui font que cette édition a toujours été fort recherchée des savants : ce volume est très-beau de tout point ;

L'édition in-32 de l'Imprimerie royale (1729). C'est en pendant de cette jolie édition que fut exécuté, en 1733, dans la même imprimerie, mais un peu moins bien peut-être, l'*Horace* dont j'ai parlé. J'ai le grand et le petit papier du *Phèdre,* le premier non coupé ;

L'édition si remarquable à tous égards de Grangé

(1748), papier de Hollande, volume parfait de conservation, et où se trouve l'*avianus* sous la date de 1747, que tous les exemplaires ne contiennent point ;

Enfin, il n'est pas jusqu'à ce pauvre Couret de Villeneuve qui n'ait bien voulu donner un parent éloigné, à son *Horace* et qui a fait en 1773 un très-joli *Phèdre* in-18 dont j'ai le grand papier.

Je ne pousserai pas cette énumération plus loin, Madame ; cependant il faut bien vous parler des trente-deux *nouvelles Fables* découvertes dans la bibliothèque royale de Naples, et publiées in-8° en 1808. J'ai cette première édition, tirée seulement à cinquante exemplaires, et le mien est broché. J'ai aussi une autre édition de ces *Nouvelles Fables*, édition dont les exemplaires sont devenus fort rares par suite de je ne sais plus quel accident. C'est un volume in-8° imprimé par Pierre Didot, en 1812, et contenant, outre le texte, une traduction en vers italiens par Petroni, et une en prose française par feu Biagioli, le tout précédé d'une préface de M. Ginguené en faveur de l'authenticité de ces fables. Cette authenticité, en effet, a été contestée par quelques savants. Quant à moi, je les accepte les yeux fermés. J'aurais toute la science nécessaire pour entrer dans cet examen que je me garderais bien de le faire : en bibliographie, comme en beaucoup d'autres choses, Madame, pourvu que les intérêts de l'intelligence n'en restent pas trop compromis, le mieux est de n'y pas regarder de trop près, le meilleur est de jouir.

Après le grand fabuliste, je vous parlerai avec beaucoup de plaisir encore, mais un peu plus froidement de Faerne, qui a été surnommé *alter Phædrus*, et dont un ordre du pape Pie IV fit un fabuliste charmant, plus de trente ans avant la découverte des fables de Phèdre. L'on a prétendu, au moyen de certains rapprochements, qu'il avait eu connaissance du précieux manuscrit découvert plus tard, et il y a eu là-dessus, comme sur les trente-deux nouvelles fables, des controverses savantes qu'il n'entre pas dans mon plan de reproduire ici. Quoi qu'il en soit, j'ai la première édition de *Faerne*, petit in-4° fort rare, et dont les planches passent pour avoir été faites sur les dessins du Titien; j'ai aussi le grand in-4° de Londres (1743), avec la traduction en vers de Perrault et de fort belles gravures. C'est déjà beaucoup sans doute pour un auteur de cet ordre, et cependant je ne dis pas tout à fait tout.

J'ai emporté encore un *Pline le jeune* auquel je garde une affection de vieille date, modeste petit in-12 de Desaint et Saillant (1749), avec d'excellentes notes de Lallemand; un beau *Juvenal, Variorum*, du caractère romain, un charmant exemplaire de la jolie édition de *Boëce* faite chez Lamy en 1783, par Debure Saint-Fauxbin, sous le pseudonyme *Johan., eremita*. Un bon *Quintilien* de 1591; l'*Institution de l'orateur* en italique et les *Déclamations* en romain.

Ce volume porte une reliure des plus remarquables, en vieux vélin, frappée d'ornements et de figures à froid, ces dernières d'une extrême énergie et d'une parfaite netteté.

J'ai dû laisser un très-bel *Eutrope* (Mérigot 1746); un *Velleius Paterculus* de Barbou (1754), un *Sulpice Sévère* in-8°, et les *Colloques d'Erasme* in-18, l'un et l'autre Elzévir; enfin, un joli *Silius italicus* de Blaeu.

Je ne ferai qu'indiquer ici quelques poëtes latins modernes dont je suis pourtant loin de faire peu de cas : *Santeuil, des Billons, du Cerceau,* le *Père Larue,* le *cardinal de Polignac,* etc., etc.

Je ne puis pas regarder, non plus, comme appartenant à la véritable latinité des ouvrages qui, quoique écrits en latin, ont été composés dans une autre pensée que la pensée littéraire : comme la *Défense de Charles Premier* par Saumaise, et la *Réponse* par Milton; les *Préadamites* de Lapeyrère, édition de 1655, sortie des presses elzéviriennes; le *Livre des Flagellans* de l'abbé Boileau; le *Traité de la Vérité de la religion chrétienne* de Grotius, et plusieurs autres, tous livres dont chacun a son mérite spécial, et que j'ai dû recueillir avec intérêt.

Enfin, et c'est par là que je terminerai, ce n'est pas comme bibliophile que j'ai placé parmi mes livres de choix des éditions assez ordinaires de *Claudien,* de *Stace,* de *Vida,* de *Sannazar,* texte et traduction, c'est en mémoire du savant traducteur, mon vénérable homonyme, l'ancien curé de Saint-Thomas-d'Aquin, de qui je les tiens : ma réputation d'amateur pourrait en être diminuée de quelque chose que je ne renoncerais point à ce doux et pieux souvenir.

Agréez, etc.

LETTRE VI

Madame,

Un grand écrivain du dernier siècle a dit, et l'on a répété depuis en toute occasion : « Le style est l'homme même. » Cette sorte d'axiome dont on a, mainte fois, modifié l'expression, expression que je modifie peut-être un peu aussi, moi-même, est vraie à beaucoup d'égards, tout en appelant quelques réserves. Au reste, il n'entre nullement dans mes intentions de faire ici, à mon tour, une dissertation à ce sujet mais bien un simple rapprochement de cette sentence avec le point spécial que voici :

Oui, sans doute, le style d'un auteur éminent·(il n'y n'y a guère que ceux-là qui, en vers comme en prose, aient un style) peut devenir l'objet de recherches philosophiques sur les rapports de ce style avec l'auteur lui-même ; mais alors, passant de ceux qui savent écrire à ceux qui savent lire dans la haute acception de ce mot, comment se fait-il que tel homme livré à l'étude des lettres place très-souvent ses affections, ses préférences littéraires sur des auteurs qui ont écrit dans une autre langue que la sienne ? Je vais, au surplus, m'appliquer nettement cette question à moi-même, puisque ce sont mes propres sentiments qui l'ont amenée.

Des différentes langues étrangères que je connais, je n'en ai appris aucune dans le pays même, mais seulement par des maîtres, moyen nécessairement imparfait, quand il est seul, d'apprendre une langue vivante. Il en est même que j'ai apprises un peu tard, et celles-là je les sais plus imparfaitement encore, car ce n'est pas trop de toute la puissance d'une jeune mémoire pour seconder, en pareil cas, le travail si insuffisant du cabinet. Cela établi, je dirai donc : si le style seul possède la faculté de rendre au vif toutes les pensées grandes ou émouvantes, tout l'être moral, en quelque sorte, de celui qui écrit, comment se fait-il qu'en admirant de toutes les forces de mon intelligence et de mon âme les œuvres des hommes de génie, des écrivains éminents qui ont illustré notre belle langue, qu'en sentant aussi vivement qu'il est possible de le faire tout ce qu'offrent de force ou de charme, de grâce ou de poésie, même parfois nos auteurs de second ordre; comment se fait-il, dis-je, que ma prédilection particulière pour quelques poëtes (car les poëtes seuls inspirent de pareilles sympathies), que cette prédilection qui semble passer des écrits à l'*homme même*, et qu'on ne pourrait guère ni caractériser ni définir, porte, après Virgile, sur des poëtes anglais ou italiens? Assurément, il n'y a aucune comparaison à faire entre la manière dont je puis sentir les beautés de style de l'auteur que j'ai lu et admiré presque en naissant, et le degré auquel il m'est permis d'apprécier celles de l'auteur que je suis quelquefois obligé de lire ayant un dictionnaire à portée de ma main : cependant, combien cette préférence est, à quelques égards, profondément marquée! décide cela qui pourra. Je me borne à constater un fait que chacun, suivant sa pensée ou ses impressions, expliquera comme il croira devoir le faire, et je passe à la revue dont je vous ai dit que je ferais suivre celle de mes livres latins.

Et débutant précisément, Madame, par un des principaux objets de ce genre d'affection, en remarquant qu'il ne s'agit pas même d'un auteur du premier ordre, je vous dirai que j'ai plusieurs éditions de *Thomas Gray*, un poëte qui agit sur mon âme plus que je ne pourrais l'exprimer, peut-être, dans les termes usités. J'ai beaucoup lu dans ma jeunesse les *Nuits d'Young* et les *Méditations* d'Hervey; passant, avec le temps, des traductions à l'original, j'ai admiré ces deux auteurs dans leur propre langue sans chercher à me rendre compte de leurs défauts ; je me suis, plus tard, un peu refroidi pour eux, et il n'est pas impossible que le sujet habituel de leurs écrits, qui n'avait rien de repoussant par lui-même pour un très-jeune admirateur, ait exercé un peu moins de séduction sur celui qui commençait à dépasser l'âge où ce lugubre sujet nous semble encore si éloigné de nous. Mais le *Cimetière de Campagne* de Gray, je le lirai encore avec délices aux extrémités de la vie. Je le lus d'abord, presque enfant, dans une assez faible traduction en prose ; j'en fus remué plus que de toute autre lecture du même genre que j'eusse faite jusque-là. Je le lus ensuite dans d'assez beaux vers de M.-J. Chénier, je le lus dans d'autres vers français, je le lus dans des vers italiens, j'arrivai enfin à le lire en anglais : chaque fois, il m'impressionna un peu plus ou un peu moins, mais toujours à un degré que la répétition de mes expériences ne diminuait en aucune façon. Où serait donc cet effet en quelque sorte exclusif du style ? Car le style d'un auteur ne peut avoir toute sa force, ne peut, à son tour, être *lui-même* que dans sa langue naturelle. Non, Madame, Dieu me garde de méconnaître jamais le charme et l'irrésistible puissance du style ; mais le fond même, la poésie, la vérité des sentiments : voilà ce qui, avant tout, anime les tableaux de Gray, ce qui est l'*homme Gray*, dans quelque langue que ce soit, ce qui saisit, de prime-abord, ses lecteurs, et cela dans toutes ses œuvres sans exception, soit qu'elles appartiennent à sa mélancolie naturelle, soit qu'elles touchent à des sujets peu sérieux. Il est chez moi sous toutes les formes; mais j'ai surtout une édition faite avec amour à Éton, ce collége si cher à l'admirable poëte qui lui doit une de ses plus touchantes inspirations. L'on trouve dans ce beau volume in-8º une suite de délicieuses gravures, toujours appliquées avec un choix exquis aux lieux les plus aimés de Gray. Enfin, c'est une édition toute *sentimentale*, expression qu'on a un peu gâtée en France par l'abus qui en a été fait, mais devant laquelle les Anglais, eux, ne reculent point encore.

J'ai laissé l'excellente édition de Londres (1817), où se trouvent les *Mémoires biographiques* de Masson, poëte lui-même, mais moins illustre peut-être par ses propres écrits que par la tendre et constante amitié de Gray.

Plusieurs livres en langues étrangères offrent l'avantage, que j'ai apprécié dans quelques collections françaises, d'occuper peu de place, malgré mon éloignement de bibliophile pour cette forme de publication.

J'ai, par exemple, un *Shakspeare* en un volume, représentant au moins douze in-octavo ordinaires, *Stockdale's édition* (Londres, 1784), avec des notes prises de plusieurs commentateurs et un portrait, en un mot, contenant tout ce que pourrait renfermer de beau et d'utile la plus volumineuse édition.

J'ai bon nombre de ces charmantes publications de Walker : son *Milton*, livre d'une exécution merveilleuse, les célèbres *Lettres de Junius*, les *Essais de Morale et de politique de Bacon*, plusieurs autres encore du même genre et du même éditeur. Mais, en dehors de cet ordre de livres, j'ai le *Byron* imprimé par Didot et publié en 1825 par l'intelligent Baudry; il y a peu d'éditions anglaises du grand poëte plus notables que celle-ci.

J'ai emporté particulièrement quelques auteurs anglais pour lesquels je viens de signaler plus haut les prédilections de ma jeunesse : les *Nuits d'Young* (Londres, 1750) les *Méditations* d'Hervey (1761); ces trois volumes reliés comme il appartient à des livres amis de l'être, par feu Simier.

J'ai toujours aussi avec moi ma plus jolie édition de *Parnell*, poëte pour lequel je fais profession d'un goût qui a quelque chose de ma sympathie pour Thomas Gray; le *Vicaire de Wakefield* (Londres 1825), avec de ravissantes figures sur bois; les *Poésies* de l'auteur du *Vicaire*, le docteur Goldsmith; le *Voyage sentimental* de Sterne (Londres 1823); l'*Essai sur l'homme* de Pope (Glasgow, 1754), et les *Saisons* de Thompson avec des figures (Londres, 1769).

Les doubles de ces livres ne me manquent point;

entre autres l'édition illustrée du *Vicaire de Wakefield* (1833), où le texte est accompagné d'une traduction, ouvrage de la sœur d'un homme de lettres fort honorablement connu dans la presse quotidienne. L'on crut avoir un intérêt à ce que cette traduction parût sous le nom de Charles Nodier.

Je n'ai qu'un *Robinson Crusoé* de Dublin.

Enfin, car je ne voudrais pas trop étendre cette sèche nomenclature, j'ai une assez jolie édition d'*Ossian* (Glasgow), 2 vol. in-18 très-élégamment reliés; j'ai même la traduction en vers italiens par l'abbé Cesarotti, traduction qui jouit d'une très-grande estime même en Angleterre. Sur mon exemplaire est une note autographe de M. Arnault, l'auteur de *Marius à Minturnes*, d'où il résulte que ce livre lui fut donné par Cesarotti lui-même pendant un voyage que M. Arnault fit en Italie.

Je ne m'occuperai, en aucune façon, suivant mon usage, de la grande polémique qui s'éleva dans le temps, et qui s'est souvent ranimée depuis, touchant l'authenticité des poésies d'Ossian; mais il est tout à fait de mon sujet de constater la petite circonstance que voici :

J'ai recueilli une plaquette in-12, intitulée :

Fragments of ancien poetry collected in the Highlands of Scotland, and translated from the Gallic or else language. The 2[d] édit. Edimbourg, Hamilton and Balfour, 1760.

L'ancien possesseur a écrit sur une garde à l'encre rouge :

« Édition fort curieuse par sa date, la version an-
« glaise de Macpherson n'ayant été publiée qu'en
« 1765. »

Cela est fort curieux, en effet.

Je passe à mes livres italiens :

J'en ai un bien plus grand nombre que de livres anglais : c'est là une des premières langues que j'ai apprises, et, outre cette fraîcheur de mémoire dont j'ai parlé en commençant et qui a dû me la rendre plus familière que les autres, le temps, qui a passé sur les impressions que j'ai reçues de sa littérature, leur a donné une consécration qui a mis les grands écrivains de l'Italie au nombre des compagnons les plus chers et les plus habituels de ma vie intellectuelle : les collections du bibliophile ont dû naturellement s'en ressentir.

Je ne sais pas pourquoi le nom de *Machiavel* est le premier qui vient se placer sous ma plume. Ce n'est point, assurément, par suite d'une de ces prédilections dont j'ai parlé. Toutefois, dans mon opinion, il n'a mérité ni cette exécration qui, depuis trois siècles, s'attache à son nom devenu proverbe, ni l'admiration de ceux qui veulent absolument, comme Bacon et comme J.-J. Rousseau, interpréter à leur manière la politique de ses écrits. Machiavel est un profond pen- seur, c'est surtout un grand écrivain. En considération

de ces deux qualités, dont j'ai seulement à me préoccuper ici, je me suis rendu possesseur d'une de ses
éditions les plus estimées, celle de 1550, in-4°, la
meilleure parmi les cinq de cette date décrites par
M. Brunet. Mon exemplaire relié en vélin d'Italie, à
l'ancienne manière italienne, est, sur tous les points,
d'une étonnante conservation. Il appartient, par plusieurs côtés, à ma plus grande bibliothèque, ainsi que
deux suppléments d'œuvres inédites précieux à plusieurs égards.

Je me vante encore d'un autre in-4° italien, le beau
Decameron de Londres (1725), fait sur celui de 1527,
si célèbre en bibliographie : l'exemplaire est des plus
soignés : j'ai dû le laisser à côté du *Machiavel*.

Mais j'ai gardé sous ma main, du chef-d'œuvre de
Boccace, une des plus jolies éditions qu'on puisse voir
dans la forme Elzévirienne, c'est-à-dire le *Decameron*,
petit in-12 (Amsterdam, 1665). On attribue généralement ce charmant volume, du reste fort rare, aux
Elzévirs ; M. Brunet croit qu'il est de Jean Blaeu, mais,
vienne d'où vienne, je doute qu'il soit possible de
porter plus loin la correction d'un texte, la netteté
des caractères, en tout la beauté de l'exécution. C'est
un de ces livres qu'on mesure par lignes et par demi
lignes ; bien que ce genre ou plutôt ce degré de mérite
ne soit pas précisément au nombre de mes faiblesses,
il y aurait de la duperie à ne pas constater ici que
mon exemplaire est d'une très-satisfaisante grandeur.

Je possède aussi la *Fiammette amoureuse*, texte et traduction, volumineux in-42 de l'Angelier, assez recherché, disent les intéressés.

J'ai un bel exemplaire des *Nouvelles du Lasca*, François Grazzini, le célèbre fondateur de la célèbre académie de la Crusca (Londres, 1756), in-42, non rogné.

Qui serait sans sympathie pour l'admirable traité *Des délits et des peines* de Beccaria? j'en ai donc une édition assez belle, malgré l'époque fort peu bibliographique où elle fut faite : elle est in-4°, Paris, Boiste, 1796, papier vélin. L'on y trouve d'abord la traduction de l'abbé Morellet; ensuite, avec une pagination différente, le texte de Beccaria. Le volume est superbe et à toutes marges. Il n'y avait aucune raison pour le déplacer, muni que j'étais d'une excellente édition plus portative, celle de Molini (Paris, 1780).

Toute grande œuvre appelle les imitations. Un autre écrivain italien, Dragonetti, a fait un traité qui a pour titre: *Des vertus et des récompenses*. Cette production, qui n'est point sans mérite, est une annexe naturelle du beau livre qui l'a inspirée.

Puisque je me suis ainsi laissé gagner par les prosateurs, je dois citer encore dans des temps plus rapprochés de nous :

Les *Mémoires d'Alfieri*, ou, comme on disait tout uniment lorsque cette dénomination de *mémoires* n'était pas devenue la condition nécessaire de la vogue, et comme il a dit textuellement : *la Vie d'Al-fieri écrite par lui-même*, ce grand poëte que nous allons retrouver ailleurs ;

Les *Dernières lettres d'Ortiz*, ouvrage si remarquable à plus d'un titre d'Ugo Foscolo ;

Les *Prisons de Silvio Pellico*, cette œuvre évangélique sans précédent : belle édition de Turin (1832);

Son livre des *Devoirs*, sorte de corollaire des *Prisons* (Paris, 1834) ;

Enfin, les *Fiancés*, la *Colonne infâme*, la *Morale catholique* de Manzoni : tous écrivains pour qui j'ai plus ou moins d'entraînement et sur lesquels je reviendrai lorsque je m'occuperai des traductions.

Laissant maintenant de côté encore quelques ouvrages en prose et arrivant aux poëtes, ces véritables rois de la littérature italienne, j'abandonne, de prime-abord, tout prétexte, toute défense, et je me livre pieds et poings liés en ce qui touche le chantre de la *Jérusalem*, comme je l'ai fait, naguère, pour Phèdre, comme je serai peut-être, hélas ! obligé de le faire encore d'autres fois. Oui, Madame, lorsque j'ai remarqué qu'après Virgile mes poëtes les plus aimés se trouvaient parmi les poëtes anglais et italiens, c'était surtout le Tasse que j'avais dans l'esprit. Le mal s'était pris dès mon enfance dans la déplorable traduction de Mirabaud ; jugez ce que devint cette première impression lorsque je pus lire l'original. Virgile et le Tasse ont été la joie et, parfois, la consolation de ma vie. Si, en arrivant, avec l'âge, à la pensée littéraire, je me fusse trouvé seul en face de l'arrêt prononcé par Boileau, j'aurais peut-être dissimulé un peu cet amour que j'eusse pu croire plus ou moins illégitime, car il faut de la discipline dans les lettres comme en toutes choses. Par bonheur, la postérité compétente a frappé de nullité l'injuste expression de *clinquant*. L'on peut dire aujourd'hui, la tête haute, l'or du Tasse comme on dit l'or de Virgile, ce sont métaux de même nature : il n'y a de différence que dans les degrés.

Personne donc, dans cette situation morale du monde des lettres, ne trouverait étrange qu'un admirateur un peu vif du Tasse eût deux, trois, quatre éditions différentes de la *Jérusalem délivrée :* mais j'ose à peine le dire, Madame, j'en possède plus de vingt, en y comprenant, à la vérité, quelques traductions d'élite. Du reste, vous pensez bien que je n'entends pas énumérer ici ces éditions en totalité : je me renfermerai dans les principales, vous trouverez peut-être encore que c'est beaucoup.

Et d'abord, à tout seigneur tout honneur, car je ne suivrai point l'ordre chronologique par divers motifs.

Et d'abord donc : la magnifique édition de Venise (1745), grand in-folio, papier de Hollande, avec les figures de Piazzetta. Cette édition dédiée à l'impératrice Marie-Thérèse, dont elle contient un beau portrait, a conservé, disent les voyageurs instruits et les bibliographes, son ancien prix en Italie. En France elle se vend un peu moins cher qu'autrefois, bien qu'elle atteigne encore, surtout dans ce papier, un prix assez élevé. Mon exemplaire, au surplus, relié en superbe vélin, est d'une conservation fort rare, et je ne doute pas qu'un bibliophile spéculateur, comme il s'en voit encore parfois, ne trouvât dans la possession de ce beau livre un sujet *matériel* de satisfaction;

L'édition d'Urbin (1735), petit in-folio, bien exécuté, avec les figures du Tempesta et les notes de Gentili et de Guastivini; c'est, en tout, un volume remarquable et en très-bon état ;

L'on se défie généralement plus ou moins des livres imprimés dans un autre pays que celui de l'auteur quand ils ne l'ont pas été avec un luxe et, par suite, avec des soins hors de ligne; mais, outre que les livres italiens sont un peu moins soumis que les autres à ce fâcheux préjugé, la belle édition de la *Jérusalem délivrée* donnée par Delalain (Paris, 1771), pourrait satisfaire à la plus rigoureuse exigence des amateurs. Elle est en deux volumes, grand in-8°, et contient les figures si remarquables de Gravelot: c'est une de mes premières possessions ;

Encore une des premières éditions de la *Jérusalem* que j'ai recueillie et que je conserve soigneusement, celle de Prault (1744), date préférable aux dates qui ont suivi. Tout ce que j'ai de livres italiens appartenant à cette collection (et j'en ai beaucoup) a été traité de manière à former des exemplaires irréprochables à tous égards ;

Revenant aux éditions de ce poëme faites en Italie, j'ai une des plus anciennes où se trouvent les annotations de Gentili, lorsque la *Jérusalem délivrée* portait encore pour titre principal *le Godefroy*. C'est un petit volume imprimé à Venise en 1598, trois ans seulement après la mort du Tasse : il a les gravures sur bois obligées ;

J'ai aussi une assez jolie édition de Padoue (1763), petit in-12 avec des figures imprimées dans le texte : tout le caractère italien.

Je crois devoir omettre ici, Madame, la plupart de mes autres *Jérusalem* dont nous rencontrerons encore çà et là quelques-unes, et ne voulant d'ailleurs déflorer à aucun prix ce que j'aurai à vous dire plus tard d'un exemplaire d'une des éditions originales, Parme, *Erasmo Viotti*, 1581.

Je dois également vous épargner la liste de quelques belles éditions de l'*Aminte*, cet incomparable diamant, comme on l'a si justement nommé ; il faut savoir se borner.

Mais je ne puis me dispenser de vous faire connaître en détail une série de très-anciennes éditions in-18, que je n'ai pas réunies sans beaucoup de peine, et qui contiennent la presque totalité des œuvres du Tasse, la plupart publiées par le même éditeur de Venise, Evangelista Deuchino :

La Jérusalem conquise, ce poëme dans lequel le Tasse tenta de refaire la *Jérusalem délivrée*, soit excité par les critiques qui avaient été faites du premier poëme, soit, suivant d'autres, pour faire disparaître les éloges qu'il y avait donnés à la maison d'Este (Paris, l'Angelier, 1595, l'année même de la mort du grand poëte). Cette édition contient trois stances du xxᵉ chant, page 270, supprimées par arrêt du Parlement de Paris, *comme contenant des idées contraires à l'autorité du roi et au bien du royaume, et attentatoires à l'honneur du feu roi Henri III et du roi régnant Henri IV*. Ces trois stances, qui ne se trouvent pas dans tous les exemplaires, ont été conservées dans le mien;

Le Godefroy ou la *Jérusalem délivrée*, poëme héroïque du *Seigneur Torquato Tasso, avec l'allégorie*, etc. (Venise, Deuchino, 1612).

Dans un seul volume du même éditeur, le *Renaud* (1621), l'*Aminte* (1622), le *Roi Torrismondo* (1622), le *Bûcher de Corinne* et le *Phénix* (1621).

Toutes les pièces séparées du Tasse sous le titre général de poésies (*Rime*), toujours de Venise, les unes de 1620, les autres de 1621 : deux volumes;

Les œuvres en prose (*Prose*), divisées en cinq parties, la plupart sous la forme de dialogue;

Un volume contenant un grand nombre de pièces polémiques, quelquefois simplement littéraires, tant du Tasse que de l'Arioste ou autres écrivains moins célèbres du temps (Mantoue, 1585). Le tout rempli d'intérêt ;

Enfin, la *Vie* du grand poëte par son ami Manso (Venise, Deuchino, 1621).

Dans ces différents volumes, la poésie est en italique et la prose en caractères romains.

Nous voilà, je pense, bien quittes avec le chantre de la *Jérusalem délivrée,* du moins vous, Madame et autres lecteurs de cette lettre s'il y en a : quant à moi je crois ne l'être jamais.

J'ai pourtant dû me séparer temporairement d'une partie de ces douces possessions: les in-folio, les in-quarto appartenaient par nature aux grands rayons qui leur avaient été d'abord affectés, mais, en même temps que cette précieuse suite de vieux in-dix-huit, j'ai emporté plusieurs volumes du Tasse qui satisfont, à la fois, l'esprit et les yeux. Il ne serait même pas impossible que tel amateur un peu austère ne trouvât ma seconde bibliothèque encore trop riche de ce côté-là.

Après le Tasse, Madame, il faut absolument nommer l'Arioste, l'usage bibliographico-littéraire le veut ainsi. Quelques-uns, même, voudraient qu'on le nommât le premier; moi, si je suivais mon penchant, je ne le nommerais que le troisième, raison de plus pour que dans cette énumération, quelque arbitraire qu'elle soit, nous nous en tenions à ce qui est généralement établi. Du reste, je n'ai jamais compris qu'on pût

7

s'obstiner à ce rapprochement de tous les jours entre deux grands poëtes qui ont produit deux œuvres aussi profondément dissemblables. L'on peut soutenir sans doute qu'il fallait plus de génie inventif pour faire le *Roland furieux* que pour faire la *Jérusalem délivrée*, mais, lorsqu'on vient à une appréciation sérieuse des deux poëmes, une aussi grande opposition dans les genres repousse toute comparaison qui n'est pas une comparaison de détail. L'Arioste est incontestablement le premier poëte du genre comique de tous les pays, comme le Tasse est le premier de tous les poëtes épiques modernes: quand on a dit cela on a tout dit: le reste n'est que vaines subtilités.

Vous pressentez déjà que je n'ai pas couru les éditions de l'Arioste avec autant d'ardeur que j'en ai mis à recueillir tant de *Jérusalem*. J'ai l'excellent *Roland furieux* de Prault (1746), édition à laquelle se rattachent pour moi quelques souvenirs particuliers; je l'ai encore en deux jolis petits volumes destinés à la poche. Enfin j'ai les *OEuvres complètes* de l'Arioste, avec des éclaircissements (Bassano, 1771). Vous voyez qu'au fond je ne puis guère être accusé d'*indifférentisme* à son endroit.

J'ai fait peut-être moins jusqu'ici pour un poëte que j'affectionne pourtant bien autrement, pour Dante, ce sublime Dante, qui n'est ni le premier ni le second, qu'il ne faut pas chercher à classer d'une manière précise, pas plus que Milton, moins que Milton. Ce sont

là de ces génies à part, en dehors et souvent au-dessus
de la règle, dont il faut jouir dans ce qu'ils sont, laissant discuter, disputer ceux qui ont goût à le faire.
La bibliographie, Madame, nous l'avons déjà dit, nous
le répéterons peut-être encore, est chose, de soi, fort
indépendante. On ne nous reprochera pas, sans doute,
d'avoir jusqu'ici trop cherché à la *matérialiser*. On
ne peut pas, du moins, nous reprocher d'avoir jamais
appliqué notre froid *compas*, comme je l'ai vu appliquer parfois chez Sylvestre, aux livres rares; d'avoir
montré plus d'estime pour un *Lucain* Elzévir à belles
marges que pour un *Virgile* quelque peu *court;* mais
aussi gardons notre liberté tout entière pour l'appréciation des auteurs en eux-mêmes, et quand Dante
aura profondément ému notre âme, élevé notre imagination par-dessus les mondes créés, ne nous laissons
pas persuader aisément que c'est une jouissance illégitime que nous venons de goûter.

J'ai la *Divine Comédie* de Vérone (1749), avec les
commentaires du P. Venturi, trois beaux volumes
qui ne me quittent jamais: j'ai aussi l'édition de
Biagioli (1818), à laquelle je fus, dans le temps, un
des premiers souscripteurs.

Puisqu'on veut à toute force rapprocher les poëtes
plaisants des poëtes sérieux, je vous dirai que j'ai,
outre l'édition du *Seau enlevé* (Prault, 1768), celle
d'Orléans (1788), puis je fais un alinéa séparé pour
celle qui suit:

C'est une édition de Venise (1739), avec les éclaircissements de Salviani, et les annotations de Peregrino Rossi. Ce joli volume, qui contient quelques leçons particulières et une vie de l'auteur, par Muratori, est orné d'un charmant frontispice ainsi que d'un beau portrait du *Tassoni*. Grosley a écrit son nom sur le titre, et ce rapport avec le célèbre jurisconsulte champenois, si connu par ses tendances burlesques, a peut-être quelque chose d'assez curieux. Quelques mots écrits çà et là sont probablement de sa main.

Je possède aussi une assez bonne édition du *Malmantile Racquistato* de Lorenzo Lippi, poëme héroï-comique, qu'on devrait plutôt appeler un poëme local, et qu'ont dû, tout au plus, comprendre les contemporains et les compatriotes de l'auteur.

Citons encore un poëme plaisant fort renommé, le *Richardet* du cardinal Forteguerri; ensuite, négligeant d'autres poëtes comiques un peu moins connus, venons à des genres plus sévères qui présentent aussi des poëtes d'un ordre plus élevé.

Pétrarque, le grand Pétrarque, le savant Pétrarque! Et cependant je n'ai pas de ce poëte quelque chose d'aussi satisfaisant que ce que j'ai toujours eu l'intention d'acquérir. J'ai habituellement sous ma main une édition assez ordinaire, puis celle de la Société typographique de Milan (1805), publication d'une certaine valeur. Mais j'ai surtout une édition fort rare de Venise (1543), où se trouvent des planches qui ont les défauts, mais qui ont aussi les qualités du temps. Malheureusement ce volume a un titre refait à la main, il est vrai avec beaucoup d'art. Après tout, je suis porté à lui reprocher, comme une plus véritable imperfection, l'idée qu'a eue l'ancien possesseur d'y placer un frontispice *Louis XV;* Pétrarque et Laure vêtus comme des personnages de Boucher: il y a parfois de singuliers amateurs.

Et Métastase, le doux, le gracieux Métastase; le chantre du *Printemps* et de la *Parfaite indifférence;* le chantre de tous les sentiments vrais, un des poëtes de ma première jeunesse, comme de tous les temps de ma vie. J'ai l'édition de Venise (1800), une de celles où les poésies sont le plus complètes et qui a des gravures passables; mais l'édition de mon choix, l'édition où j'ai lu pour la première fois Métastase, et que je me suis plu à compléter en toute occasion, se compose de six volumes petit in-12 (Durand, 1773), des tomes VII et VIII ajoutés par Molini en 1783, et enfin de trois volumes d'*OEuvres inédites,* publiés à Vienne en 1795, renfermant entre autres choses une correspondance pleine d'intérêt: ce *Métastase* ne m'a jamais guère quitté.

J'ai, en charmants petits volumes, le *Pastor Fido* de Guarini, et *la Filli di Sciro* de Bonarelli. Ces deux productions forment, vous le savez, avec l'*Aminte,* qui reste toujours supérieur à tout, un ensemble de trois poëmes du genre pastoral, comme aucune autre littérature ne pourrait le présenter : on les a réunis dans quelques éditions.

J'en ai une fort bonne des *Tragédies* d'Alfieri faite en 1821 par les Molini de Florence, une émanation peut-être de celui qui fleurit si longtemps rue du Jardinet.

Enfin, outre des publications isolées comme la *Mérope* de Maffei et quelques pièces de *Monti*, avec un envoi de sa main, je retrouve ici, en tant que poëte dramatique, notre admirable *Silvio Pellico*, édition de Paris, édition de Turin.

Je mets un terme, Madame, à cet exposé déjà bien long de mes possessions en langue italienne, mais vous devez peut-être me tenir quelque compte de cette sorte d'abnégation, car, indépendamment de plusieurs ouvrages que j'ai jugés de trop peu d'importance pour les mentionner ici, je laisse de côté un assez bon nombre de petits scélérats de chefs-d'œuvre, dont il m'est, je crois, interdit, en conscience, de vous parler : il faut savoir s'arrêter à temps.

En ce qui touche mes livres espagnols, vous savez combien cette littérature est restreinte, pour ceux, du moins, qui ne veulent pas en faire l'objet d'une étude particulière : je ne suis pourtant pas à cet égard d'une indigence absolue.

J'ai d'abord, car il faut toujours commencer par là, une édition très-passable du *Don Quichotte* (Madrid,

1764), avec des figures sur bois : c'était l'exemplaire de l'amiral Freycinet.

J'ai aussi l'édition de Baudry, avec d'assez bonnes gravures; j'ai, de plus, les *Nouvelles* publiées par lui, la même année, 1835.

J'ai surtout de ces dernières une vieille et bonne édition de Bruxelles, 1625.

Depuis ma première jeunesse, je comptais parmi les livres qui m'avaient le plus impressionné le *Pasteur de la nuit de Noël* de l'évêque d'Osma, don Juan de Palafox. Je l'avais lu d'abord dans une traduction, et malgré tout ce qu'il y aurait à dire touchant cet ascétisme si alambiqué, si peu aimé parmi nous, ce *Pasteur* ayant produit son effet sur ma jeune imagination, un exemplaire, avec de petites gravures d'une étonnante vérité, avait pris rang parmi mes livres favoris. Après avoir appris l'espagnol, ma bonne fortune me fit mettre la main sur une charmante édition de Bruxelles, pays tout espagnol en 1662 dont elle porte la date : c'est aussi un in-18, et ces deux petits volumes, l'original et la traduction, ne se sont plus séparés de moi.

Une sorte de hasard m'a procuré un ouvrage de circonstance curieux par ses accessoires : *Exposition des faits et des machinations qui ont préparé l'usurpation de la couronne d'Espagne*, etc. *Madrid, de l'Imprimerie royale*, 1808, petit in-4°.

Cet exemplaire a été envoyé par l'auteur, don

Pedro de Cevallos, premier secrétaire du roi Ferdinand VII, au comte de Miranda, et porte un envoi de plusieurs lignes de la main de l'auteur.

J'ai les *Fables littéraires d'Yriarte*, recueil qu'aucune littérature ne serait en droit de traiter avec dédain (Madrid, de l'Imprimerie royale, 1802).

Je vous citerai avec quelque orgueil, en raison de son extrême rareté, même en Espagne, une production de Guillem de Castro : *la Jeunesse du Cid*, première et seconde partie, formant deux pièces dramatiques distinctes (Valence, 1796), in-4°, dos de cuir de Russie, non rogné.

J'ai les *Comédies de Moratin* (Paris, 1821). J'ai aussi les *Nuits lugubres* de Cadalso, livre qu'on peut lire avec plaisir, même après les *Nuits d'Young*, quoi qu'en disent maints critiques de sa nation.

Enfin, Madame, j'abandonne quelques autres ouvrages espagnols pour arriver le plus tôt possible au plus beau de mes livres, à celui qui reste, à tous égards, l'honneur de mon cabinet. Je tiens d'une main auguste et chère le superbe *Don Quichotte* de l'Académie espagnole, sorti en 1780 des presses d'Ibarra. Il n'est pas que vous n'ayez entendu parler de cette splendide édition, qu'on trouve aujourd'hui fort difficilement, et qui, comprise dans le catalogue de M. Debure, en 1853, ne fut pas vendue parce qu'elle avait été donnée en legs. Elle est en quatre volumes grand in-4°. L'incomparable beauté des caractères, la couleur locale des gravures, la perfection des moindres détails, enfin le travail littéraire de l'Académie royale de Madrid font de ce magnifique livre un véritable monument national. Et ce n'est pourtant pas là son plus grand prix à mes yeux.

Vous avez déjà compris, Madame, que je dois ici mettre fin à ma lettre : veuillez donc agréer, je vous prie, etc.

LETTRE VII

Encore un épisode, Madame : j'appelle ainsi la convenance ou la nécessité de consacrer une lettre tout entière à un seul volume, à un seul objet que sa nature et des circonstances plus ou moins intéressantes rendent plus ou moins intéressant. Ce sera même ici moins une digression qu'une sorte d'à-propos ; car, des deux grands poëtes qui vont être le sujet de cette étude, le plus ancien, par l'époque à laquelle il appartient, nous fait, sauf quelque anticipation de dates, rentrer naturellement dans l'*exposition* des livres français, qui est maintenant le point auquel nous sommes arrivés.

J'ai à vous entretenir, en effet, d'un exemplaire des *Poésies* de Malherbe, sur lequel se trouvent un grand nombre de notes de la main d'André Chénier. Je pourrais sans doute enfler quelque peu ici ma voix et proclamer la découverte d'un commentaire complet; car les amateurs de livres, je n'entends pas le nier, ont bien aussi parfois leur petit grain de charlatanisme. Je le pourrais avec d'autant plus de raison que cette suite de notes, quoique jetées peut-être un peu au hasard sur les pages d'un livre d'étude, n'en présentent pas moins, à quelques égards, une sorte d'unité; qu'elles ne semblent pas toujours avoir été là placées comme de simples jalons destinés à éclairer les travaux personnels de l'annotateur; et, enfin, que, loin de se renfermer dans les étroites limites de la critique verbale, elles s'élèvent parfois aux plus hautes considérations de l'art. Mais je ne prendrai pourtant point sur moi, Madame, de donner de ma propre autorité le titre peut-être un peu ambitieux de commentaire à ce très-remarquable travail d'André Chénier. Je n'ai rien de mieux à faire, je le sens, que de me livrer ici à une courte appréciation de l'ensemble et de quelques détails de ces notes. Je veux être seulement, comme d'usage, votre rapporteur littéraire : vous et le public vous jugerez.

Je vais même entrer, sans autre préambule, dans l'examen de cette suite d'observations; car je ne répéterai pas, à l'occasion de quelques réflexions critiques, ce qui a déjà été placé partout avec bien plus d'à-propos. Depuis les deux notes où, dans son im-

mortel ouvrage, dans le livre du dix-neuvième siècle,
M. de Chateaubriand, presque le premier, annonça
au monde littéraire un grand poëte de plus, on n'a
rien laissé à dire sur cet infortuné jeune homme que
les lettres pleureront éternellement. Que serait ma
faible voix après toutes les autres? Je restreindrai
donc mes propres remarques sur l'écrivain, comme
sur l'homme, à ce qui me sera suggéré par la direction de l'espèce d'analyse que j'entreprends.

La première pensée qui frappe l'esprit, Madame,
après avoir lu ce commentaire, c'est qu'il n'est pas
l'œuvre d'un commentateur de profession, d'un homme qui a pris la plume uniquement pour en initier
d'autres dans les secrets de l'art dont il est ou se croit
un des maîtres. L'on sent, dès l'abord, que c'est un
poëte, et un poëte d'un ordre supérieur, qui, cherchant dans un de ses pairs les beautés dont il porte
en lui le germe, témoigne tout son enthousiasme
lorsque la pensée poétique est rendue avec bonheur,
exprime son désappointement quand l'auteur lui
semble avoir failli, produit enfin son opinion personnelle sur les points qui peuvent être douteux. Mais
ce qui étonne le plus, Madame, c'est la science,
l'esprit d'analyse, la maturité de ce commentateur
de dix-neuf ans; car, bien que plusieurs de ces notes
paraissent avoir été faites à des époques différentes, il
en est une qui porte la date de 1781. Certes, il est plus
ordinaire, tout le monde le sait, d'enfanter à cet

âge un chef-d'œuvre que d'écrire quelques pages empreintes d'une saine et froide raison ; ce dernier avantage, il faut savoir le laisser aux écrivains d'un âge plus mûr ; lorsqu'on est à la fois et jeune et homme de génie, c'est un sacrifice qu'on peut faire aisément.

Eh bien ! parfois André Chénier se montre en même temps, dans ses réflexions littéraires, homme supérieur et critique d'un grand sens. Je ne veux pas dire, sans doute, que là déjà se révèle avec éclat celui qui devait prendre plus tard un rang si élevé dans les lettres. Assurément, si ce commentaire se produisait aujourd'hui sous un nom entièrement inconnu, les lecteurs ne s'écrieraient pas de prime-abord : Voilà le sceau d'un des premiers talents du siècle dernier. Il faut qu'en pareil cas, comme dans toutes choses, l'esprit soit un peu préparé d'avance. Hélas ! qui pourrait répondre que si les admirables élégies, elles-mêmes, n'avaient pas porté en quelque sorte, à leur apparition, la garantie d'un autre grand écrivain, déjà populaire, elles eussent été appréciées, du moins aussitôt, à leur véritable valeur ?

Mais, averti qu'on tient entre ses mains un ouvrage d'André Chénier, on éprouve un bonheur infini en retrouvant à chaque page le cachet de cette belle individualité. C'est là le mot consacré aujourd'hui, Madame ; et je confesse que, malgré l'esprit d'opposition classique, naturel à tout ce qui n'est plus jeune, c'est un mot que j'ai tout particulièrement adopté. J'aime passionnément, en effet, vous le savez, à suivre dans un écrit quelconque les traces de tout ce qui constitue l'existence morale de celui dont il est comme une sorte d'émanation. J'aime à y rechercher les qualités qui honorèrent son cœur ou son esprit, les passions qui marquèrent sa jeunesse, enfin jusqu'aux défauts que son temps lui reprocha. J'aime, en un mot, à retrouver l'auteur dans son ouvrage : aussi, à moins de circonstances toutes spéciales, je n'ai jamais guère compris l'anonyme dans ce qui est uniquement production de l'esprit; cela ne me paraît un avantage ni pour l'écrivain ni pour le lecteur.

Je ne voudrais pas, Madame, pour justifier ce que j'ai dit plus haut, diminuer votre plaisir d'avance en faisant de trop longues citations. Ce n'est point ici un article de journal destiné à faire connaître ce commentaire à ceux qui sans cela ne le connaîtraient jamais. Vous le lirez, vous, bientôt, à la suite du texte même de Malherbe; car un libraire, homme d'esprit et homme de goût, veut absolument que je l'autorise à le donner au public. Mais il m'est impossible de passer sous silence une des premières notes qui, en même temps qu'elle porte l'empreinte de cette douce tristesse, caractère dominant des ouvrages d'André Chénier, présente une triste analogie avec sa déplorable destinée.

Déjà une pensée de Malherbe sur de jeunes existences tranchées par une mort imprévue avait, dans les *Larmes de saint Pierre*, attiré son attention ; mais à la même pensée reproduite un peu plus loin dans ce vers :

Le soir fut avancé de leurs belles journées,

Chénier dit :

« Le même vers que j'ai noté, page 12. Peut-être à
« cette source nous devons le vers divin de La Fon-
« taine :

Rien ne trouble sa fin, c'est le soir d'un beau jour.

« Pétrarque a dit en un vers délicieux, par la bouche
« de Laure :

E compì mia giornata innanzi sera.

« Et moi dans une de mes élégies :

Je meurs ; avant le soir j'ai fini ma journée.

Qui ne serait profondément touché du rapprochement qui s'opère de soi-même entre ce passage et la malheureuse fin de Chénier ? Il n'est personne dont l'esprit ne se reporte alors à quelques années plus tard ; et ce vers, ainsi placé à la suite de la pensée de Malherbe, est plus frappant, selon moi, que dans l'élégie elle-même, où, se rattachant à une mort na-

'turelle, il ne laisse plus la même liberté d'application [1].

Vous trouverez encore, Madame, dans le cours de
ce commentaire, une ou deux traces des tendances
mélancoliques de notre admirable poëte. Mais ce qui
domine tout l'ouvrage d'un bout à l'autre, c'est le
soin du bon goût, de la véritable poésie lyrique et
des nobles sentiments : il n'est aucun mérite de style
auquel l'annotateur sacrifie de si grands intérêts :

« Cette strophe, dit-il (ode sur la Bienvenue de la
« reine Marie de Médicis), est très-élégamment écrite
« et poétiquement tournée ; mais les quatre premiers
« vers ont un sens obscène, et c'est une grande absur-
« dité. Il faut avoir bien peu de goût, de jugement,
« de bienséance, pour présenter une pareille image à
« une jeune femme qui vient se marier. Les épitha-
« lames antiques sont remplis de tableaux tendres,
« jeunes, voluptueux, mais jamais licencieux. »

André Chénier, comme je vous l'ai déjà dit, Madame, avait alors dix-neuf ans.

Et remarquez bien que ce n'est pas à un simple
sentiment pudique, assez naturel pourtant chez un
jeune homme bien élevé, qu'est due cette observa-

---

[1] Je dois remarquer, du reste, pour l'exactitude des dates,
que cette note, à partir du mot *Pétrarque*, est d'une écriture plus
récente. Il serait, en effet, trop merveilleux que la belle élégie
à MM. de Pange eût déjà existé en 1781, époque qu'une de ces
notes a précisée.

tion : c'est la chasteté de sa muse, c'est un goût formé sur les grands modèles, qui seuls se sont ici mis en révolte, car il termine ainsi la note dont il s'agit :

« Ces peintures libertines, qui excitent les sens
« lorsqu'on les trouve dans une ode bachique ou dans
« une priapée, choquent et déplaisent dans une occa-
« sion comme celle-ci. »

Aussi a-t-il dit particulièrement que c'était là une *grande absurdité*. Enfin, il pousse même si loin le respect pour les convenances littéraires proprement dites, que voulant, dans une ou deux occasions, flétrir les complaisances de la muse de Malherbe pour les amours illégitimes du roi et de quelques grands, il est amené par son indignation à se servir lui-même d'une expression si énergique, d'un mot tel, que je n'oserais pas, Madame, vous le répéter, même tout bas, et que c'est le seul de ce commentaire qu'on sera forcé de remplacer, à l'impression, par des points ou par une sorte d'équivalent.

Je vous ai cité ces deux notes, Madame, à cause du caractère particulier qu'elles présentent, et nullement parce qu'elles auraient sur les autres la moindre supériorité. On pourrait dire, au contraire, qu'en tant que notes elles sont peut-être les moins saillantes du commentaire. Vous y en trouverez, en effet, de bien autrement développées, de bien plus savantes, de bien plus remarquables sous le rapport de la critique littéraire. Le grand poëte était aussi, vous le savez,

8.

un excellent prosateur. Souvent, lorsque les observations sont un peu étendues, lorsque la matière a de l'intérêt, il s'anime et devient éloquent ; on voit bientôt qu'il n'est pas facile à un génie de cet ordre de se renfermer dans le simple rôle de commentateur.

J'ai dit plus haut l'ensemble des belles qualités qui dominent dans cette production inédite d'André Chénier ; mais je n'en ai peut-être pas suffisamment remarqué une qu'à la vérité semblent supposer les autres : je veux dire les rapprochements continuels qu'il fait avec les anciens. Il est aisé de voir que non-seulement il s'est nourri longtemps de cette excellente étude, mais qu'il la continue toujours, car il l'applique toujours. Dans une occasion, il avait relevé avec éloge une image qu'il croyait avoir été créée par Malherbe ; quelque temps après il ajoute :

« L'image des quatre derniers vers de cette seconde
« strophe n'est point moderne, comme je l'avais cru.
« La voilà dans Martial, etc. »

Il est rare que la plus légère imitation lui échappe, et son opinion est que cela n'ôte rien au mérite du poëte : non pas qu'il veuille que les ouvrages modernes ressemblent à une traduction des anciens, il a dit ailleurs son avis sur ce sujet ; mais il admire ces emprunts lorsqu'ils sont faits avec art. Il retrouve avec bonheur les traces des grands écrivains de l'antiquité. Il se complaît dans les reproductions des textes, et vous sentez, en vérité, jusque dans les citations, que c'est le poëte qui cite le poëte. Enfin, on trouve souvent ici, réunies à de sages réflexions critiques, des beautés de premier jet ; nulle part on ne sent faiblir cette main si ferme, et je suis persuadé que vous penserez comme moi, Madame, que c'est là un beau, un précieux travail.

Je viens de vous donner, moi, j'espère, pour mon propre compte, une bien grande preuve d'abnégation. Je n'ai apprécié cette œuvre que d'une manière fort insuffisante, sans doute, d'une manière fort abrégée ; mais enfin, il y a eu effort, il y a eu sacrifice ; car voilà longtemps que je vous entretiens du commentaire, du commentaire seul, et pas un seul mot encore du volume qui le contient. Il faut pourtant bien que le bibliophile ait enfin son tour ; il faut bien que je continue ici, en ce qui touche ce volume, la revue de livres plus ou moins curieux que j'ai commencé de faire avec vous. Parlons donc un peu de ce que l'impression prochaine du commentaire ne vous apprendra pas.

Mon volume est de l'édition de Barbou (1776), petit in-8°, avec une vie de Malherbe et quelques notes par Meunier de Querlon. Elle a toujours passé pour une des meilleures éditions du poëte lyrique ; M. Brunet l'a mentionnée en son lieu. Le livre, du reste, est relié en veau, doré sur tranches, et d'une fort *belle conservation*. Quant au commentaire, il est écrit avec plus de soin et de netteté qu'aucun des autographes de Chénier que j'aie pu avoir sous les yeux. Il n'offre pas une seule rature, et j'ai lieu de croire qu'André Chénier commençait par faire, sur un papier à part, les brouillons de ses notes, pour les reporter ensuite sur les marges du livre qu'il commentait. Une circonstance singulière indique même l'importance qu'il attachait à son volume ainsi qu'à ses observations, et vous allez en juger par une note qu'il convient que je vous fasse connaître ici, ne croyant pas devoir la joindre aux autres lors de l'impression de l'ouvrage, d'un côté, parce qu'elle se rattache à un point tout matériel, que rien ne rappellerait ; d'un autre côté, parce qu'elle me semble offrir quelque chose de juvénile, peu en rapport avec la gravité du reste de cette publication.

Deux feuillets du volume présentent une certaine réunion de taches d'encre qui ont atteint une assez grande partie de ces quatre pages, et qui sont évidemment le résultat d'un seul accident. Sur la marge de la première page André Chénier a écrit :

« J'ai prêté, il y a quelques mois, ce livre à un
« homme qui l'avait vu sur ma table et me l'avait
« demandé instamment. Il vient de me le rendre (en
« 1781) en me faisant *mille excuses*. Je suis certain
« qu'il ne l'a pas lu. Le seul usage qu'il en ait fait a
« été d'y renverser son écritoire, peut-être pour me
« montrer que lui aussi il sait *commenter* et couvrir
« les marges d'encre. Que le bon Dieu lui pardonne,

« et lui ôte à jamais l'envie de me demander des
« livres ! »

Les trois mots soulignés l'ont été par André Chénier.

J'ai dit tout à l'heure et je trouve, en effet, Madame, que la fin surtout de cette note n'a pas la gravité des observations littéraires qu'on lit sur les marges
de ce volume. Elle sent un peu trop, ce me semble,
le jeune étudiant contrarié. Mais faut-il pourtant vous
le dire ? eh bien ! cette note-là même, ayant par sa
nature quelque chose de plus personnel à celui qui
les a toutes faites, rappelant ainsi plus vivement son
individualité que celles où l'on oublie naturellement
l'annotateur pour s'occuper de l'objet de ses réflexions, a excité plus d'une fois mon attention particulière; plus d'une fois, considérant les traces de la
maladresse qui excitait l'indignation d'André Chénier,
je me suis surpris ne souhaitant point que son ami
eût été plus soigneux... Cet aveu fait, je termine brusquement ici ma lettre ; car si je m'appesantissais trop
longtemps sur la majesté de cette superbe tache
d'encre, je pourrais bien me faire appliquer avec
justice, sinon par vous, Madame, par quelqu'un de
moins indulgent pour nos faiblesses, peut-être même
par quelque bibliomane honteux, la spirituelle et
très-plaisante épigramme de Pons de Verdun.

Agréez, etc.

P.-S. Je crois, Madame, que c'est ici l'occasion d'un

énoncé, au moins partiel, de mes éditions de Malherbe, qui sont en assez grand nombre, et presque toutes dignes d'être mentionnées dans cette lettre:

D'abord, la plus complète que je connaisse parmi les plus anciennes, la troisième (Troyes, Jacques Balduc, 1635). Elle renferme, outre les poésies, quatre-vingt-dix-sept lettres et diverses traductions. C'est un fort volume in-8°, relié en vélin, et ayant bien soutenu l'effort du temps;

L'édition des frères Barbou, avec les observations de Ménage et les remarques de Chevreau (1723);

La très-belle édition des poésies, seulement, donnée par Saint-Marc (J. Barbou, 1757);

L'édition faite avec un soin tout patriotique par feu J.-J. Blaise, originaire de Caen, qui l'a dédiée à sa ville natale : un volume de poésies, et un volume de lettres, (1822).

Bouquet de fleurs de Sénèque, poésies inédites de Malherbe (poésies de sa jeunesse) publiées à Caen, et tirées à petit nombre (1834, grand in-8°);

Enfin, Madame, l'édition donnée en 1843 dans la bibliothèque Charpentier, où l'on trouve, avec le commentaire d'André Chénier, une vie de Malherbe par mon fils (qui, en littérature, est le père) et la présente lettre, comme introduction des notes du grand poëte commentateur : M. Brunet a cité cette édition avec bonté.

J'ai trouvé dans ces différentes éditions de Malherbe

les moyens de faire aisément le partage que je n'ai
pas toujours exactement indiqué depuis quelque
temps, et que je cesserai entièrement d'indiquer
désormais, tant pour éviter les redites que parce que
le petit nombre des exemplaires rendra souvent le
partage difficile, ou que la nature même des ouvrages
me le fera moins désirer.

LETTRE VIII

VIEUX LANGAGE

ÉCRIVAINS SOUS LES VALOIS, SOUS HENRI IV, SOUS LOUIS XIII,
COMMENCEMENTS DU XVIIe SIÈCLE.

Je vous disais dans ma dernière lettre, Madame, que Malherbe nous faisait rentrer naturellement dans l'exposé des écrivains français dont je possède les ouvrages : c'est qu'en effet l'on serait bien tenté de ne pas faire remonter ses collections de livres, du moins ses collections *pratiques*, beaucoup plus haut que Malherbe ; non pas que les choses produites dans les premiers commencements de notre langue ne méritent bien un grand intérêt. Je me suis, pour mon compte, livré sur cette matière, à des études, à des recherches, souvent à des travaux suivis ; je me suis, plus d'une fois, évertué à bien comprendre le roman du *Renart*, à effeuiller, en détail, le roman de *la Rose* ; je lis avec grand plaisir une ballade de

Villon, un sonnet de Du Bellay, surtout une églogue
de Remy Belleau ; mais parvenu, avec quelque effort,
au terme de cette jouissance, il m'arrive parfois, j'en
conviens, de m'écrier, avec un peu de lassitude :
Enfin Malherbe vint. Pour tout dire, en un mot, je
révère beaucoup ces premiers noms de notre littérature ; j'admire tout ce que leurs œuvres, plus ou
moins incultes, présentent souvent de véritable
poésie dans la pensée, de naïveté dans l'expression,
de vive énergie dans le langage ; mais j'admire aussi
la jeunesse, la fraîcheur, la vivacité spirituelle de la
paysanne languedocienne, la beauté, la candeur, la
douceur ingénue de la *Bergère des Alpes,* j'admire,
dis-je, infiniment celles qui réunissent tant de qualités
gracieuses, mais, ma foi, je ne les épouse pas. Ma
poétique comparaison, Madame, veut dire tout simplement que les intérêts de l'histoire littéraire entrent
pour beaucoup chez moi, comme chez la plupart des
amateurs sérieux, dans le culte rendu à nos écrivains
primitifs, et qu'ils ne m'attireront jamais, de la part
de personne, le reproche d'avoir recueilli vingt éditions différentes du même auteur. Cela serait, du
reste, fort difficile, car elles n'ont pas été assez mul-
tipliées pour cela. Mais il est indispensable d'en avoir
au moins une, et, autant qu'on le peut, la meilleure ;
avec les mœurs que vous me connaissez vous comprenez bien que je n'y ai guère manqué.

Non-seulement je n'y ai guère manqué, mais j'ai

traité avec un soin particulier tout ce qui tient au vieux langage, et j'ai eu le plaisir d'entendre plusieurs de nos habiles me complimenter beaucoup sur ce point.

J'ai, par exemple, un très-beau *Joachim Du Bellay* (Morel 1573), l'édition la plus rare et la plus recherchée. Mon volume est relié en vélin fort présentable encore. C'est pour moi une véritable douleur quand la reliure primitive d'un vieux livre, plus ou moins précieux, est en assez mauvais état pour déparer un exemplaire beau d'ailleurs, et pour m'obliger à lui donner même la plus belle reliure moderne : je n'ai pas eu ce chagrin pour mon *Du Bellay*.

Mais c'est ce que je me suis vu forcé de faire pour un *Remy Belleau* (Mamert-Patisson, 1578), cette édition devenue aujourd'hui si difficile à trouver, du moins les exemplaires en bon état. J'ai eu la douceur d'entendre, plus d'une fois, Charles Nodier me dire : « Ma foi ! si je n'avais pas mon *Remy Belleau*, je voudrais avoir celui-là. » Le sien, en effet, n'avait d'autre avantage sur le mien que d'avoir été soigneusement *lavé*, ce que me proposait de faire faire mon relieur, et ce que je refusai : j'ai peut-être été un peu trop religieux à cet égard.

J'ai, des *Poésies de Charles d'Orléans*, deux exemplaires de l'édition primitive de Grenoble (Giroud, 1803) ; l'un était celui de feu M. Auger qui l'a orné d'un joli portrait ; l'autre est en feuilles, avec un nouveau titre, de Paris (Warée, 1809). Enfin, j'ai l'édition faite en 1842 par M. Champollion-Figeac, sur le manuscrit de Grenoble, conféré, suivant le vœu de M. Brunet, avec ceux de Londres et de Paris.

Comme c'est le bibliophile qui parle ici plus que le disciple de Boileau, il faut que les mânes du grand critique me permettent de *ronsardiser* un peu, suivant l'expression de Malherbe, c'est-à-dire de faire ressortir un très-bel exemplaire de *Ronsard*, édition de Lyon (1592), complétée par un sixième volume plus particulièrement affecté à celle de 1617, volume qui contient des pièces retranchées dans les premières éditions. «Il ne faut rien perdre quand il s'agit de si bonnes choses, » dirait le vieux satirique s'il était là pour se moquer de nos modernes retours dont quelques-uns, cependant, sont de justes réparations.

Je suis en mesure d'obtenir un demi-pardon du grand maître, car j'ai tout près de Ronsard, deux éditions de celui dont il a vanté *l'élégant badinage, Clément Marot :* la meilleure, celle qui se réunit aux Elzévirs (La Haye, 1700), et celle de 1714 qui a, de plus, un portrait de Marot.

Je n'ai de *maître Adam Billaut* que l'édition moderne de 1806, qui, du reste, se recommande un peu aujourd'hui par la valeur que lui a donnée son entier écoulement.

Mais je possède, Madame, un des plus beaux exemplaires qui se puissent voir de la collection bien complète dite de *Coustelier*, du nom du libraire qui la donna de 1723 à 1724. J'ai eu, quand je l'ai formée, beaucoup de peine à me procurer des exemplaires de chaque auteur séparé assez grands ou assez purs pour porter avec avantage la seconde reliure que je me proposais d'y faire adapter. J'ai surtout trouvé fort difficilement le *Pathelin* originaire, celui de 1723, remplacé aujourd'hui dans beaucoup d'exemplaires de la collection par une réimpression de 1762. Enfin, arrivé au terme de mes recherches, j'ai fait relier uniformément, et avec une extrême élégance, les dix volumes, lesquels contiennent comme vous savez : *Pathelin, Villon, Guill. Cretin, Coquillart, Jean Marot, la Légende de fai feu, Martial de Paris,* et mon client *Racan.* Cette superbe collection, mise ainsi en état d'amateur, et offrant tout l'aspect d'une reliure sur brochure, ne reculerait aujourd'hui, comme je viens de le dire, devant aucune comparaison.

Je veux, au surplus, consigner ici, à l'occasion du double *Pathelin,* une observation qui puisse épargner à quelque confrère les petites tribulations qu'il m'a suscitées pendant quelque temps.

J'avais remarqué à la suite du *Pathelin* de 1723, trois ballades paginées séparément 1, 2, 3 et 4, et précédées de cette note en italique :

« Les pièces suivantes sont tirées d'un Ms. du
« commencement du seizième siècle, qui est dans

« une des plus magnifiques bibliothèques de Paris.
« Plusieurs personnes distinguées par leur érudition
« et par leur bon goût, les ont trouvées si ingé-
« nieuses que nous avons cru devoir les donner au
« public. »

La *Bibliographie instructive* de Debure n'avait pas
manqué de dire qu'un exemplaire de cette édition
n'était complet que lorsque les trois ballades s'y trouvaient. Je n'avais que la réimpression de 1762, et
j'étais fermement décidé à ne clore tout ce qui était
relatif à cette collection que quand j'aurais mis la
main sur la bonne édition du *Pathelin*. Je la rencontre enfin chez un des libraires le mieux réputés
de Paris : les trois ballades n'y étaient pas ! je fais
l'objection ; le libraire maintient que son volume est
irréprochable, et moi, sans trop croire à cette assertion qu'on ne les y trouvait pas toujours, mais imbu
du système des pierres d'attente, je prends ce qu'on
m'offrait. J'allais toujours cherchant un exemplaire
avec les trois ballades, lorsque, parcourant le *Villon*,
je trouve commençant au bas de la page 61 des *re-
pues franches*, pour finir à la page 64 de ce second
ordre de pagination, je trouve, dis-je, les trois fameuses ballades précédées de la même note, aussi en
italique, comme à la suite du *Pathelin*. Il devint
alors évident pour moi que l'éditeur Coustelier
n'avait, certainement, fait tirer qu'à petit nombre
ces trois pièces pour les joindre au *Pathelin* (le pre-

mier volume publié) comme une sorte d'annonce, et les avait ensuite réunies au *Villon*, soit pour étendre leur publicité, soit plutôt par une pensée d'analogie. Quoi qu'il en soit, il suit de ce qui précède que le possesseur de la collection entière n'a pas besoin que ces trois ballades soient à la suite du *Pathelin* de 1723, auquel tout annonce, notamment la pagination distincte, qu'elles n'avaient point été attachées d'une manière définitive, et qu'il les possède, parmi les poésies de Villon, où elles ont été placées beaucoup plus convenablement.

J'arrive, Madame, à trois femmes poëtes, toutes les trois représentées chez moi par des éditions modernes: deux, au surplus, ne l'ont jamais été autrement.

Marie de France, avec la traduction de toutes ses poésies en regard, publication fort distinguée de M. de Roquefort, faite en 1820. C'est la première femme qui ait fait des vers français. A ce titre elle avait toutes sortes de droits aux égards d'un bibliophile : ils ne lui ont pas manqué.

Louise Labé, surnommée la *Belle Cordière*, édition donnée en 1824 par des amateurs de Lyon, ses compatriotes, quelques-uns mes amis, qui s'en partagèrent les exemplaires : j'ai ajouté au mien, outre deux beaux portraits, le testament de Louise, et une seconde notice, ces deux dernières pièces publiées séparément par M. Breghot, qui voulut bien m'en gratifier dans la nouveauté.

Enfin, Madame, il faut, quand on a quelque prétention en bibliographie, un peu de résolution pour
oser nommer la troisième. Mais comme je suis, au
fond, plus bibliophile que bibliographe, et comme,
ainsi que je vous l'ai dit ailleurs, je suis disposé à
jouir effrontément, et sans rigoureux examen, de tout
ce qui a le pouvoir de me faire plaisir, j'affronte le
sourire doucement ironique des savants, et je pro-
clame ici ma troisième muse : C'est.... *Clotilde de
Surville*.

Mais vous savez bien, me dira l'un, que Clotilde de
Surville n'a jamais existé? Mon Dieu ! répondra un
autre, rien n'empêche que M. de Surville n'ait eu
parmi ses ascendantes une aïeule de ce nom ; mais,
dans ce cas-là, c'était probablement, comme les nôtres, une bonne femme, en état, tout au plus, de faire
les comptes de sa cuisinière : les vers que vous admi-
rez tant sont une fraude poétique de son petit-fils.
Bah ! dira un troisième, ce n'est pas plus ce pauvre
émigré que sa grand'mère qui est l'auteur de ces
poésies. C'est évidemment M. de Vanderbourg, lui-
même, le premier éditeur de Clotilde. Ainsi s'accu-
mulent les objections, Madame, et je dois dire qu'en
général elles sont assez raisonnablement motivées.
L'on cite, en effet, des anachronismes historiques,
biographiques, scientifiques ; une orthographe arbitraire, d'autres impossibilités ; mais nul n'arrive à
dire : c'est un misérable pastiche, ce sont de médiocres

vers; tous se réunissent, au contraire, dans une grande admiration pour tout ce que cette œuvre offre de sentiments vrais, d'expressions naïves ou énergiques, en un mot de véritable poésie. Et moi de dire alors: puisqu'il en est ainsi, prouvez-moi, si vous le voulez, que c'est là l'ouvrage du jardinier de M. de Surville ou du concierge de M. de Vanderbourg, il n'en résultera aucun affaiblissement dans ma prédilection pour le livre lui-même. Certes, je l'ai dit souvent, personne plus que moi ne tient à retrouver dans un livre l'individualité de l'auteur; je serais heureux de pouvoir croire un peu plus fermement que je ne le fais à l'existence réelle de Clotilde de Surville; je serais heureux qu'elle tînt dans mes convictions bibliographiques la place qu'elle occupe dans mon imagination ; mais enfin elle est cantonnée là, elle y est depuis plus d'un demi-siècle, et je m'en trouve si bien que l'en laisser arracher aisément serait de ma part un trop mauvais calcul.

Comme je me sens ému, rajeuni lorsque je remémore le prodigieux effet que produisit la première apparition de ces poésies, notamment sur certains esprits, j'ai presque dit sur certains cœurs que des circonstances particulières semblaient avoir disposés tout exprès pour cela ! J'avais à peine vingt ans ; je me trouvais en *villégiature* chez une parente, dans un vieux château du Périgord, auquel ne manquaient pas même ces vitraux devant lesquels Desenne a fait rêver son idéale figure. Il y avait là beaucoup de jeunesse; il y avait bon nombre de têtes blondes, très-aptes à porter la poétique coiffure, et dont quelques-unes se penchaient déjà, comme celle de Clotilde, sur le berceau d'un *cher enfantelet*. Tout le monde était fort gai, comme on l'est d'ordinaire dans les réunions de campagne. Les fronts ne s'assombrissaient un peu que lorsque quelqu'un ramenait la pensée commune sur des temps que regrettaient les plus vieux d'entre nous par souvenir, les plus jeunes par tradition. Voilà que, tout à coup, arrive d'abord un journal donnant de longues citations du livre nouveau, et presque aussitôt après, le livre lui-même. Le premier jour on le lit, on le dévore en commun; l'on y revient ensuite séparément. Ce sont des cris, des transports universels. Ah! vous croyez que s'il y avait là, par hasard, quelque bibliographe en herbe il fut tenté de faire du métier! Ah! vous croyez que, retrouvant tous nos sentiments personnels dans ces admirables vers, nous songions à nous demander si la délicieuse héroïde à Bérénger n'était pas pleine d'allusions directes aux choses de l'époque, si par conséquent elle n'était pas l'œuvre d'un contemporain, et si ce n'était point là une raison d'estimer un peu moins le livre? nous étions, ma foi, tout prêts, au contraire, à l'en estimer bien davantage. Animés donc par la foi politique, nous laissions les jeunes femmes relire entre elles à haute voix:

O cher enfantelet, vray pourtraict de ton père,
Dors sur le sein que ta bouche a pressé.

Les jeunes filles chanter sur un air qu'elles y avaient adapté:

Corridon, qu'az faict de la foy
Qu'au mien ton cueur avoit jurée?

mais nos vieux serviteurs de l'ancienne monarchie, et nous jeunes échappés de collége, nous allions répétant toute la journée:

Rien n'est tel qu'un héroz soubz la pourpre des royz!

Et lorsque nous nous rappelions la charmante préface de M. de Vanderbourg, le plus délicieux roman littéraire qui fut jamais (si décidément c'est un roman) nous admirions comment M. de Surville, fusillé quelques années auparavant, au Puy-en-Velay, avait bien suivi sa loyale maxime:

Mourir plustôt que trahyr son debvoir.

Enfin, quand vint un terme à cette réunion de proches parents, d'amis intimes, de coreligionnaires, et que chacun regagna son manoir, nous étions tous comme des gens qui viennent d'être frappés d'un grand événement social ou politique : les vers de Clotilde nous avaient complétement hallucinés.

Ainsi, Madame, j'abandonne entièrement la question bibliographique, qui, je le sens bien, ne peut guère se soutenir; mais vous respecterez plus que personne sinon mes illusions du jeune âge, du moins mes impressions du temps que je viens de rappeler, devenues, au moyen d'impressions encore plus anciennes, une sorte de réalité. Cette *réalité idéale*, je l'ai *matérialisée* sous toutes les formes, je veux dire sous tous les formats: j'ai *Clotilde* in-8°, in-18, in-32. Je l'ai avec toutes les gravures dont elle a été successivement ornée. Je l'ai fait relier souvent avec luxe, toujours avec élégance; je supprime les détails par un reste de pudeur de bibliographe, mais je me suis complu dans cette confession.

Je crois devoir vous citer, Madame, à la suite de nos vieux poëtes, deux recueils qui leur sont plus particulièrement affectés.

L'un fut fait chez Barbin en 1692. Ce choix, qui commence à Villon pour finir à Benserade, n'est pas l'œuvre d'une intelligence commune: les notices sur chaque auteur passent même pour être de Fontenelle, et j'ai lu quelque part qu'un de ses contemporains, qui avait été le témoin oculaire de sa coopération, ne tenait aucun compte de ce que l'illustre centenaire l'avait entièrement oubliée.

L'autre n'est pas précisément un recueil, mais c'est mieux qu'un recueil: c'est un travail publié, il y a quelques années, sous le titre trop modeste de *Catalogue de la bibliothèque poétique* de M. Viollet-le-Duc. C'est là qu'on peut prendre peut-être l'idée à la fois la plus juste et la plus complète des premiers poëtes de notre langue, de nos poëtes de tous les temps.

Si j'ai dû m'arrêter, Madame, vu la nature même des choses, à la résolution de ne pas procéder dans un ordre bien rigoureux, du moins suis-je forcé quelquefois de procéder par groupes, qui ne sont pas toujours dans un rapport parfait avec ce qui les entoure. Je placerai donc ici, outre les prosateurs des temps encore peu avancés de notre littérature, plusieurs écrivains, prosateurs ou autres, dont quelques-uns ont écrit soit au début soit à d'autres époques du siècle de Louis XIV, mais ne sont pas, malgré cela, comptés *littérairement* dans la grande période. Je comprendrai aussi dans ce groupe, quoiqu'il n'en faille rien inférer au détriment de la généralité, plusieurs de ces poëtes ou prétendus tels que la réprobation dont Boileau les poursuivit a relégués parmi ceux qu'on ne lit pas beaucoup plus que les auteurs qui, les premiers, ont bégayé notre langue; et je dois d'autant plus les rendre l'objet de cette mention spéciale que, chose étrange! ces poëtes prennent place dans les collections d'amateur précisément à titre de *Victimes de Boileau*. Je vais même commencer par eux: personne, pour cela, ne courra le danger de les confondre avec les écrivains plus estimables du même temps qui les suivront ou les avoisineront.

Et d'abord la *Pucelle* de Chapelain, très-bonne édition (Courbé 1656), bel exemplaire, quoique de seconde reliure, et qui m'a coûté plus cher, *proh pudor!* que ne l'eussent fait, réunis, l'*Énéide*, le *Paradis perdu* et la *Jérusalem délivrée;*

Le *Clovis* de Desmarets anathématisé par Racine comme par Boileau: belles gravures;

Le *Saint Paulin* de Perrault: jolies vignettes: c'est toujours cela ;

Saint Louis du père Lemoine: là, du moins, quelques vraies beautés. Superbe exemplaire, auquel le jeune Crozet, en me le vendant, ne pouvait assez me recommander de laisser sa reliure primitive: je l'ai fait;

Et *la Pharsale aux provinces si chère*, sinon Elzévir, du moins une édition telle que je m'applaudirais beaucoup de rencontrer aussi bien pour un meilleur livre. Mais *la Forêt*, mais d'autres morceaux remarquables; enfin l'on veut absolument aujourd'hui, à Paris encore plus qu'en *province*, qu'un bibliophile ait cela : *fiat;*

Joseph ou *l'Esclave fidèle*, du père Dom Galien de Morillon, Turin (Tours, pays de l'auteur) 1679, édition devenue fort rare, parce que plusieurs passages, notamment la déclaration de la femme de Putiphar, ayant été trouvés trop vifs par les Bénédictins, confrères du père de Morillon, tous les exemplaires furent retirés du commerce. J'ai aussi l'édition de 1705, ainsi que d'autres ouvrages de ce père, qui n'était pas sans talent;

Le *Faut mourir* de Jacques Jacques, œuvre en vers tristement burlesques, et qui fait (Dieu seul sait pourquoi) partie nécessaire de la bibliothèque d'un amateur;

Les *OEuvres de Théophile*, recherchées encore pour elles-mêmes, malgré les railleries de Boileau. Joli exemplaire relié en vélin;

Saint-Amant : *Moïse* et le reste ;

Amitiés, amours, amourettes, de Le Pays; *Nouvelles œuvres*, du même. Est-ce que j'ai pu empêcher qu'Abrah. Wolfgang ne fît de tout cela des éditions qui vont avec les Elzévirs?

Et les *Poésies de Bonnecorse*, ravissante édition trouvée en feuilles, conséquemment reliée avec toutes marges, en cuir de Russie, etc.;

Et les *OEuvres de Perrin*, de l'admiration duquel Despréaux croyait pouvoir se passer, où l'on trouve le premier opéra représenté en France.—De la vente de M. Auger;

Et les *Poésies mêlées* de Pinchesne, avec un envoi de Pinchesne à Perrault;

Et l'un des hommes le plus déshonoré, littérairement parlant, que l'on connaisse, plus déshonoré, en vérité, qu'il ne le mérite, qui le mérite assez, toutefois, pour qu'on le rencontre ici malgré les dates, *Gacon* qui a écrit de sa main sur le titre de son *Poëte sans fard* (jolie écriture ma foi !) : *Ex dono autoris, synceri poetæ ad syncerum synceri carminis amatorem;*

Et les *OEuvres de M. de Bouillon*, le concurrent de La Fontaine pour l'*Histoire de Joconde*, le premier poëte condamné, mais celui-là du moins condamné en prose, par Boileau.

Enfin, Madame, ainsi que je vous le disais tout à l'heure d'un autre auteur, ce n'est pas ma faute si les Wetstein, d'Amsterdam, imaginèrent en 1752 de faire des *OEuvres complètes de Scarron* une des plus jolies choses qui aient jamais pris place sur les tablettes d'un amateur. Cela dit, vous trouverez tout simple, sans doute, que je n'aie pas repoussé avec horreur un charmant exemplaire que je rencontrais broché. Peut-être me pardonnerez-vous moins d'avoir fait mettre à ces sept jolis volumes une reliure bien splendide pour l'œuvre. Mais c'était à prendre ou à laisser. Il est de règle chez nous, quand on rencontre une magnifique édition et un bel exemplaire, que, quel qu'en soit l'auteur, il faut ou laisser le livre où il est, ou le traiter comme il convient à son simple mérite d'exécution : j'ai satisfait à cette loi.

Je n'ai pas autant de prosateurs que de poëtes des époques plus ou moins reculées, redescendant jusqu'à celle que nous aborderons incessamment ; c'est qu'ils sont aussi moins nombreux, ou plutôt un peu moins connus, et je remarquerai à ce sujet que c'est surtout parmi les prosateurs qu'il faut comprendre Scarron, dont *le Roman comique* peut racheter bien des mauvais vers. Cela justifie aussi un peu ma belle reliure. Du reste j'aurai, en général, à excuser moins souvent le luxe de mes vieux prosateurs, car il semble que ce soit pour les poëtes que les bibliophiles les moins poétiques réservent toutes leurs coquetteries.

Ainsi je suis fort satisfait de l'état d'un *Philippe de Commines* (Anvers, 1597). Volume dont je fais grand cas, et qui n'a qu'une vieille reliure primitive en vélin, à la vérité assez bien conservée.

Je ne veux pas pour les *Essais de Montaigne* (1635), mieux que leur reliure actuelle, la première aussi. J'ai, de plus, le *Montaigne* de Coste, bonne édition, exemplaire de l'abbé Morellet avec quelques notes de sa main. J'y ai joint le *Voyage en Italie* et la traduction de la *Théologie naturelle* de Raymond Sebon.

J'ai dû laisser aussi ce qu'il était le *Charron* de 1601, l'une des deux éditions originales avec la signature de du Broussin.

Mais ce qui n'était que tolérance systématique pour ce vieux *Traité de la Sagesse* est devenu chose d'un grand luxe pour les *OEuvres complètes de Charron*, (Paris, Jacques Villery, 1635). Magnifique volume in-4°, magnifique reliure primitive en maroquin du Levant : c'est assurément un des plus beaux livres dont je sois possesseur.

J'ai encore la réimpression de la *Sagesse* (Chaignieau, 1797), édition elzévirienne faite sur celle de 1601.

J'ai, des *Cent nouvelles nouvelles*, une édition assez ordinaire de Cologne, mais avec les cent figures dessinées par *Hooge*.

Je suis obligé d'avouer humblement que, comme pour plusieurs des anciens auteurs, je n'ai de *Rabelais* que deux éditions modernes ; l'une, à la vérité, fort remarquable à beaucoup d'égards, celle qui fut donnée chez Desoer, en 1820, par M. de Launaye ; l'autre, excellente aussi, celle du bibliophile Jacob, M. Lacroix, si justement louée par M. Brunet, dont j'ai le beau travail sur Rabelais.

Une édition à demi-moderne du *Cymbalum mundi* ;

Mais, du moins, de la *Satyre Ménippée* une édition dont le luxe rachète la nouveauté, l'édition de Nodier (de Langle, 1824).

Il faut, Madame, que je glisse tout doucement ici, sans que vous en sachiez rien, si cela se peut, un très-mauvais livre, *le Moyen de parvenir*, qu'on est forcé d'avoir dans sa bibliothèque, sous peine de passer pour un amateur en dehors des bonnes traditions.

En bibliographie surtout, les plus grands connaisseurs ont leurs préjugés : je suis en droit, je crois, d'appeler ainsi une sorte d'éloignement que montre, en toute occasion, Charles Nodier pour le délicieux *Daphnis et Chloé* du Régent : mais il a beau faire :

Tout Paris révolté s'obstine à l'admirer ;

10.

il n'est, certes, pas de bibliophile qui ne fût heureux de compter au nombre de ses plus beaux livres l'irréprochable exemplaire de cette édition qui figure parmi les miens. C'est un de ceux de M. de Cangé, le secrétaire du Régent, exemplaires qui se reconnaissent, comme on sait, aux grands *ramages* dorés des gardes, et au placement, après coup, de la fameuse gravure. Mon volume relié par Derome, en maroquin rouge, est des plus purs entre les purs.

Mais là ne pouvait pas se borner ce que je devais avoir de ce doux chef-d'œuvre de la Grèce, et aussi de la France dans la langue d'Amyot.

J'ai donc encore :

L'édition qui a précédé immédiatement celle du Régent (1717), également in-12, avec figures aussi, et dans l'épître dédicatoire de laquelle on fait allusion aux dessins dont il était déjà connu dans le monde des arts que le duc d'Orléans s'occupait ;

Celle de 1745 avec les notes de Lancelot, et les mêmes figures qu'une précédente (1731), que je possède aussi ;

La traduction de Mulot en français moderne ; — Encore celle d'Amyot dans un petit Cazin avec une coquine de figure fort jolie ;

L'édition de M. Renouard avec le fragment de Florence à la fin du volume ;

Enfin, malgré ma profonde répulsion pour les

pastiches, la traduction de Paul-Louis Courier, avec le fragment de Florence placé en son lieu.

Mais voilà qu'avec mon projet de réserver les traductions pour une lettre particulière, j'ai traité *Daphnis et Chloé* comme un original : c'est qu'en vérité c'est une sorte d'original, un original, ainsi que je l'ai déjà dit, dans la langue d'Amyot, et l'illusion que j'éprouvais à cet égard me semble encore si naturelle que j'en laisse subsister ici le résultat sans honte comme sans remords. Au reste, je l'ai répété plus d'une fois, je ne fais point un cours de littérature, et comme c'est assurément moins qu'un cours de littérature, il faut du moins que j'y trouve l'avantage d'échapper à un assujettissement qui n'est commandé par aucun motif sérieux. Cela dit, je reviens aux prosateurs qui ont marqué sous les Valois, sous Henri IV, sous Louis XIII et même dans les commencements du règne suivant.

J'ai le *Journal de L'Estoile* pour les règnes de Henri III et de Henri IV, avec tous les suppléments, toutes les adjonctions qu'on y a successivement rattachés;

Le même *Journal,* avec le titre de *Mémoires pour servir à l'histoire de France* (Cologne, 1719), édition curieuse, ornée de bonnes gravures, et contenant, outre les passages supprimés en France, des parties entières qui font remonter ce journal plus haut que les autres éditions;

Un joli volume in-18, ne contenant que le *Journal de Henri III* et quelques-unes des pièces satiriques du temps.

J'ai les *Mémoires de Sully*, le petit in-folio appelé des V. V. V. verts, celui dont l'excellent abbé T****, l'ami de cœur du feu cardinal de Cheverus, dans ses préventions contre les Jésuites, allait me répétant : « Ne croyez jamais à aucune autre édition, Monsieur, gardez-vous d'en consulter jamais une autre. »

Et cet autre fidèle serviteur de Henri IV, Philippe de Mornay : j'ai aussi ses *Mémoires*, l'exemplaire de Saumaise avec son nom écrit de sa main ;

Le Baron de Fœneste, roman politique de d'Aubigné, qui porte en tête ses *Mémoires*, précieux complément de ceux de Mornay (1729).

Je possède aussi un petit livre qui se rattache de très-près aux affaires de la Ligue, et qui est assez difficile à trouver : *le Dialogue d'entre le Maheustre et le Manant*. On l'attribue en général à Louis Morin, dit Cromé, un des Seize. C'est l'édition originale avec la reliure distinguée due à tous les livres sans exception dès que le mot rareté a été prononcé.

J'ai même ce vieux volume, si intéressant dans sa singulière naïveté : les *Histoires tragiques de notre temps*, par François de Rosset, où, à travers quelques niaiseries tenant à l'époque, on trouve parfois de grands points historiques pris sur le fait. Mon exemplaire, de l'édition de Lyon (1742), porte la signature de Chardon de la Rochette.

J'ai les *Mémoires de Gaston d'Orléans*, ou plutôt de Martignac qui les rédigea sur les notes du prince ;

Ceux de *Montrésor* (1665), les deux parties. Exemplaire de madame la duchesse de Berry, avec les armes ;

L'édition vraiment primitive : la première partie (1663), la deuxième (1665) ;

Les *Mémoires de Bassompierre* (Amsterdam, 1692) ;

Les *Ambassades*, exemplaire très-beau et très-complet de cette édition qui va avec les Elzévirs. Il est rare qu'il ne manque pas quelque ambassade : aucune ne manque ici ;

Les *Remarques du maréchal de Bassompierre*, sur les vies de Henri IV et de Louis XIII par Dupleix, remarques faites pendant sa prison ; rare et curieux ;

Enfin les *Nouveaux Mémoires de Bassompierre*, recueillis par le président Hénault (Paris, an X).

J'ai les *Mémoires du duc de Rohan* (Elzévir, 1646) ;

Les mêmes avec le *Voyage en Italie* (Paris, 1665) ;

Les *Intérêts et maximes des princes*, autre ouvrage du duc de Rohan.

Il paraît singulier au premier abord de ne pas réserver au grand siècle l'œuvre du précepteur du grand roi. Mais la *Vie de Henri IV* n'ayant pas pu faire de M. de Péréfixe un grand écrivain, je crois devoir le placer ici en qualité d'aimable, d'excellent biographe

de l'aïeul de son élève, et il n'a nullement à se plaindre, mis, comme il l'est, en compagnie d'autres qui
lui sont supérieurs.

Je me trouve dans une sorte de transition bibliographique en ce qui touche le *Sire de Joinville*, et
voilà peut-être pourquoi il vient aussi tard. Je ne sais
pas jusqu'à quel point je puis me faire honneur d'une
très-jolie réimpression de l'édition originale, désho-
norée pour son propre compte, par les altérations.
La mienne est de 1595, sans indication de lieu. « Aucun bibliographe n'en a parlé, » me disait, en triomphant singulièrement de ce silence, le libraire qui
me la vendit assez cher. Sa véritable recommandation est une ancienne, une admirable reliure, avec
des tranches dorées, guillochées, des ancres aux
coins des plats qui ont dû me toucher particulièrement le cœur, et autres ornements également à
froid. Ce serait, en tout, quelque chose de véritablement séduisant pour un demi-amateur.... *Tout en
est beau.... hormis.... etc.*

Expliquera qui pourra comment il se fait que le livre
des *Femmes fortes* du père Lemoyne, même quand il
n'est pas Elzévir (car c'est encore là une des perles des
Elzévirs), comment il se fait, dis-je, que ce livre garde
dans la librairie ancienne un très-confortable prix.
Enfin j'en ai une édition très-passable, avec des gravures très-passables aussi : je suis en règle même
avec les mystères du métier.

L'on est heureux, Madame, de rencontrer un excellent écrivain dans un grand saint. J'ai plusieurs éditions du beau livre de l'*Introduction à la vie dévote* de saint François de Sales; mais j'ai surtout la charmante publication faite en 1855 sous les auspices d'un de nos plus illustres amateurs, chez lequel la science bibliographique n'occupe que le second rang.

Il m'a semblé apercevoir l'aurore du grand siècle lorsque mes yeux sont venus à tomber sur les œuvres du vieux Rotrou. Son *Venceslas*, en effet, postérieur à quelques tragédies de Corneille, et, en tout, l'élévation de son talent permettraient de le placer à côté de nos grands maîtres. J'ai beaucoup de ses pièces originales; j'ai aussi un volume fort rare contenant ses poésies diverses. J'ai enfin l'édition complète de M. Viollet-le-Duc.

Je nomme ici avec sympathie un de nos anciens bibliographes, Gabriel Naudé. J'ai son œuvre la plus retentissante sinon la meilleure : ses *Considérations politiques sur les coups d'État* (1712 et 1723). L'un de mes exemplaires était celui du médecin Baron, et porte la devise ordinaire de ses livres : *Mihi res non me rebus.*

J'ai aussi son *Apologie pour les grands hommes soupçonnés de magie* (Amsterdam, 1712), avec la note suivante d'Anquetil du Perron :

« Excellent morceau de critique dont les principes

« sont applicables à toutes les sciences, mais surtout
« à celle des opinions et des faits. »

J'ai les *Lettres* (il est là tout entier) du tendre ami
de Naudé, avec lequel il était en grande solidarité
d'opinions de toute sorte, le médecin Guy-Patin, le
plus grand écho des anecdotes du temps, et, quoiqu'en
dise Voltaire, d'anecdotes aussi généralement vraies
qu'elles sont souvent piquantes. Avec beaucoup de
soins et de peine je l'ai entièrement complété.

Les dates et quelques autres motifs amènent naturellement ici les noms de plusieurs de nos écrivains,
restés, à divers titres, malgré de grands défauts, en
bon rang dans les lettres françaises : Balzac, Voiture,
Sarrasin. Je les ai tous, plus ou moins remarquablement représentés. J'ai notamment tout le *Balzac*, dans
ses petits volumes bien choisis, Elzévirs et autres : il
est fort recherché dans ce format.

Je vous citerai encore ici, Madame, faute de pouvoir les classer ailleurs avec plus de précision et de
convenance, tous les livres qualifiés *Testament politique*. Si ce ne sont là, pour la plupart, que des ouvrages supposés, comme cela semble établi, je ne conçois
pas que les noms des véritables auteurs n'aient point
été pénétrés de prime-abord, car plusieurs de ces testaments ont un mérite très-réel, particulièrement celui
qui est attribué au cardinal de Richelieu, dont Voltaire seul, du reste, persiste à contester l'authenticité.

J'ai aussi presque tous les *ana* connus : *Scalige-*

rana, Perroniana, Longueruana, Sorberiana, etc.
Et avant tous, et hors de toute comparaison, le *Menagiana* dont La Monnoye a fait une chose si profondément intéressante, comme de toutes les choses
auxquelles il a touché. Je l'ai avec tous les cartons,
toutes les variantes qui ajoutent tant à son prix.
J'avoue ma faiblesse pour ce genre de recueils : ils ne
se présentent d'abord que comme un moyen de
distraction agréable, et quelques-uns sont des trésors
d'érudition historique et d'informations précieuses à
recueillir.

Enfin, nommons ici uniquement *pour mémoire,* et
sans tenir un compte rigoureux des dates, Malherbe,
sur lequel nous avons déjà tout dit. Peu importe que
nous venions de passer en revue plusieurs écrivains,
plusieurs poëtes qu'il a précédés d'un certain nombre
d'années. Ce n'est pas une date, c'est l'esprit, c'est
l'impulsion de Malherbe que le maître a voulu caractériser par le cri de satisfaction poétique annonçant
sa venue, et cette impulsion a trop imparfaitement agi
sur la plupart de ceux que nous avons nommés pour
en faire le cortége obligé du grand réformateur :
c'est dans une tout autre sphère que nous allons
trouver ceux dont il n'est pas seulement le prédécesseur, mais le promoteur légitime : Malherbe est venu,
les grands écrivains du grand siècle vont venir.

Je terminerai, Madame, en plaçant à côté de Malherbe son plus notable contemporain, une des figures

les plus énergiques, les plus saisissantes de la
langue, le grand satirique Regnier. Oh! Madame,
comme il sait racheter, à force de vérité, de naturel
et de poésie, tout ce que Boileau lui a, du reste,
justement reproché! Comme il ressemble peu aux
autres mauvais sujets de la littérature ultra-érotique!
Celui-là, du moins, est libertin comme il est poëte :
c'est un poëte et un libertin de bonne foi. Mais vous
ne me demandez point son apologie à laquelle vous
n'accéderiez à aucun prix; vous voulez savoir quelle
figure il fait sur mes tablettes. J'en ai sept éditions,
Madame, que je n'aurai pas l'audace de vous exposer
en totalité. Je me bornerai à citer un charmant in-12
de 1667, publié chez Billaine; le bel in-4º du *Commentaire* de Brossette (Londres, 1729), la nouvelle et
très-remarquable édition de ce commentaire, avec
des augmentations et des modifications par Lenglet
du Fresnoy; la jolie édition elzévirienne de M. Viollet-
le-Duc.... Mais je finirais par vous les nommer toutes,
et je me hâte de mettre fin à cette demi-indiscrétion
en mettant fin à la lettre qui l'a forcément amenée[1].

Agréez, etc.

[1] Depuis que ceci est écrit le temps a marché. Un libraire,
homme d'esprit, ce qui se voit fort souvent, homme d'infiniment
de goût, ce qui est un peu moins commun, enfin amateur passionné des livres, ce qui est assez rare chez ceux qui les vendent,
a fondé une collection elzévirienne des anciens écrivains français, avec notes, notices, etc. Il ne m'appartient pas de proclamer
trop haut combien cette collection mérite son titre, ayant pris

une humble part à son exécution littéraire. Mais je suis bien obligé de dire, en me restreignant aux auteurs qui appartiennent spécialement à cette lettre, que des éditions nouvelles sont venues rajeunir mes rayons, et que j'ai dû y placer : le *Baron de Fœneste* annoté par M. Mérimée, *Villon* accompagné aussi de notes par le bibliophile Jacob, le *Saint-Amant* de M. Livet, le *Roman Bourgeois* de MM. Fournier et Asselineau, le *Lescurel* de M. de Montaiglon, le *Coquillart* de M. d'Héricault, enfin les *OEuvres complètes de Racan*, où j'ai fait tous mes efforts pour qu'elles ne restassent pas trop loin des belles publications que je viens d'énumérer.

LETTRE IX

Parvenu naturellement, Madame, aux véritables grands écrivains du grand siècle, je débuterai par celui qui se présente, de prime-abord, à l'esprit. D'ailleurs, de Regnier à Boileau la transition est toute faite. Quand je dis que Boileau est le poëte de l'époque où nous entrons, qui s'offre, le premier, à la pensée, je n'entends préciser, en aucune manière, le rang qu'occupent nos auteurs les plus éminents dans les fastes du génie. Je nomme d'abord Boileau, parce qu'il semble que ce soit en lui que se résume, si l'on peut s'exprimer ainsi, la *civilisation littéraire* du xviie siècle, et, surtout, parce que c'est lui qui a tracé, qui a *fixé* des règles dont les esprits les plus indépendants n'ont pas pu s'affranchir entièrement depuis.

Ainsi, sans plus longs développements, je viens au grand régulateur : Boileau Despréaux.

Si, curiosité à part, on aime à recueillir les éditions primitives pour observer, en les rapprochant de moins anciennes, la marche progressive du talent, ce rapprochement a surtout de l'intérêt lorsqu'il s'agit de celui qui est resté, à la fois, le législateur et le modèle de tous les autres.

Cependant, soit que cela ait été pour moi une question d'à-propos, soit que je n'aie pas rencontré d'exemplaire qui me satisfît entièrement, soit, enfin, que j'aie donné à mes recherches moins de suite que s'il se fût agi de la première publication absolue de Boileau, toujours est-il que je n'ai point la première édition des satires réunies (1666), mais :

J'ai l'édition in-4° de 1674, la première qui porte le titre d'*OEuvres* et qui contient, outre les neuf premières satires, quatre *épîtres*, l'*Art poétique* et le commencement du *Lutrin* : l'exemplaire est très-beau de conservation : j'ai aussi l'in-12 de la même date qui offre quelques singularités.

J'ai d'autres éditions originales dont quelques-unes ont été l'objet de controverses dans certains détails, 1683, 1685, etc., jusqu'à celle de 1701, dite, à bon droit, par Boileau, sa *favorite*, car c'est, en effet, la plus intéressante des éditions faites de son vivant, et aussi la première à laquelle il ait mis son nom ; toutes ces éditions, en exemplaires parfaitement purs et

11.

parfaitement complets, de gravures comme d'autres accessoires, ce qu'elles n'offrent pas toujours, même dans les plus grandes bibliothèques publiques et privées.

J'ai la belle copie hollandaise, faite par Shelte, en 1702, de l'édition de 1701. Ce libraire est le premier qui ait eu l'heureuse idée de donner au bas du texte les passages des anciens imités par Boileau.

Je possède aussi l'in-4° de 1713, dernière édition originale commencée par Boileau et continuée par ses amis Renaudot et Valincourt.

Des éditions qui ont suivi la mort du grand classique, j'ai d'abord celle du *Commentaire* de Brossette (1716), deux beaux volumes in-4°, où se trouve, pour la première fois, la satire de l'*Équivoque* qui n'avait pas été admise dans l'édition de Renaudot;

La magnifique réimpression faite en Hollande, 2 vol. grand in-folio, avec les figures de Bernard Picart, et le commentaire augmenté, modifié dans certains passages par Dumonteil. C'est un superbe exemplaire; relié en veau fauve, doré sur tranches, et irréprochable de tout point. On y trouve même le portrait de la princesse Wilhelmine qui manque le plus souvent;

La première édition de l'abbé Souchay, 2 vol. in-12 (1735), avec une gravure satirique contre Brossette, qui n'est pas dans tous les exemplaires. Édition saisie dans le temps pour une note janséniste;

La seconde édition (veuve Alix, 1740, 2 vol. grand in-4°), exemplaire auquel ont été ajoutées, par surcroît, les belles figures de Cochin.

Enfin, et en laissant de côté plusieurs reproductions en divers formats de ces différentes éditions, ainsi que quelques autres publications de Hollande renfermant de nombreuses satires faussement attribuées à Boileau, ou même dirigées contre lui :

J'ai les trois excellentes éditions (nos contemporaines) de MM. Daunou, de Saint-Surin et Berriat Saint-Prix ; exemplaires de choix : la seconde est reliée avec magnificence : elle avait plus d'un droit à cette distinction.

Ainsi, Madame, voilà, de bon compte, en omettant celles que par égard pour vous j'ai eu la bonne grâce d'oublier, quatorze éditions anciennes ou nouvelles de Boileau. Mais aussi c'est Boileau, et j'ai dû m'arranger pour pouvoir mettre du Boileau à foison dans les deux localités où rien d'essentiel ne devait manquer.

J'aurais, certes, maintenant, plus d'une observation bibliographique à jeter tout autour de ces différentes éditions de Despréaux ; mais que dire après son exact, son scrupuleux éditeur, M. Berriat Saint-Prix, exact jusqu'à produire parfois quelque confusion, suite de l'excès ; scrupuleux jusqu'à donner fréquemment des inquiétudes sans motif aux bibliophiles qui en prennent le moins aisément ? M. Berriat Saint-Prix choisit ses exemplaires de Boileau en homme qui a vieilli sur la matière, autant qu'en véritable connaisseur; puis, chaque exemplaire une fois adopté, il le considère comme le seul vrai type de l'édition entière, et, par ses énoncés *absolus*, semble signaler comme défectueux tous les exemplaires qui n'ont pas une rigoureuse conformité avec le sien. Ce serait là un procédé fort naturel pour apprécier des éditions contemporaines. On les a vues naître et croître sous ses yeux; l'on sait, au juste, de quels éléments elles se composent, ce qu'elles doivent avoir de gravures, etc., etc. Mais M. Berriat Saint-Prix ne se rend pas bien compte de toutes les modifications matérielles que subissait quelquefois un livre pendant l'impression il y a deux cents ans; par exemple : il n'était pas rare, au moindre accident qui arrivait à une planche, et à une planche qui n'était pas toujours isolée mais qui se trouvait souvent appliquée soit à un faux titre, soit même à une page du texte, il n'était pas rare, dis-je, qu'on ne substituât bien à la planche dégradée, ou celle d'un dessin qui avait déjà servi dans quelque édition précédente, ou une planche qu'on improvisait exprès en toute hâte et, par cela même, avec peu de bonheur. D'autres fois, la gravure était remplacée par un léger fleuron, ou même par un simple feuillet blanc, l'on n'y regardait pas alors de si près. Cependant, de tels accidents pouvant arriver au milieu, comme tout au commencement du tirage, la moitié ou plus de cette édition ne devait pas être, pour cela, frappée d'une demi-défaveur. Au reste, cette rigueur d'appréciation de M. Berriat Saint-Prix a produit, en ce qui me concerne, le bon effet que produit souvent une discipline trop rigoureuse. C'est dans mes recherches actives, pour me procurer ce qu'il m'avait persuadé qui manquait là ou là, que j'ai reconnu, par des faits matériels, la source de ses méprises. Il en est résulté pour moi des exemplaires *plus que complets* : tant pis pour les amateurs qui se tourmenteront sur son dire (du reste assez souvent fondé) sans chercher, comme moi, les moyens de retrouver la sécurité bibliographique. Jamais, en quoi que ce soit, l'on n'arrive à rien de parfait sans un peu de peine et de souci.

Après Boileau, son ami Racine. Je ne me suis pas, toutefois, autant évertué à courir après les premières éditions de nos trois grands dramatiques, Corneille, Racine, Molière qu'après celles de Despréaux, parce que, outre que chacun a ses tendances et que j'avais les miennes, le genre de productions, le caractère de ces trois auteurs, enfin la nature de leur génie supposaient plutôt les qualités d'un premier jet qu'une progression qui dût appeler, au même degré que les ouvrages de Boileau, l'attention et l'examen littéraires. En effet, dans Racine surtout, peu de variantes; dans les deux autres quelques changements que ne reproduit pas toujours la suite des éditions. Je n'ai donc guère (à part plusieurs doubles) que de belles et bonnes éditions modernes de ces trois grands écrivains, comme pourrait les avoir le premier commissaire-priseur venu, un peu lettré. Je fais surtout un cas particulier, ne fût-ce que par suite d'anciennes préventions amicales, du beau *Molière* de M. Auger, auquel j'ai ajouté les deux petites pièces nouvellement recueillies, et données à part, dans le temps, par le même libraire-éditeur, feu Desoer.

J'ai un peu plus multiplié mes *La Fontaine*. Dominé par le charme de ce génie, à la fois fécond et naturel, je ne puis pas me séparer un instant de ses *Fables*, et j'en possède un bon nombre d'éditions particulières, sans avoir jamais trop visé au luxe que je réserve pourtant d'ordinaire à mes livres favoris. Quant aux œuvres générales, j'ai l'excellente et belle édition de Lefèvre (1822), où l'on a recueilli, sur mon observation, un vers qui, omis dès les premiers temps, semblait définitivement perdu. Cependant M. Walcknaer avait, depuis plus de trente ans, dans sa bibliothèque, nous dit-il quand je fis remarquer l'absence de ce vers, le volume de madame Ulrich où je l'avais puisé. J'ai donc ce volume de madame Ulrich, assez peu rare mais précieux. J'ai aussi celui de Barbin, *La Fontaine et Maucroix ;* j'ai la jolie petite édition des associés, etc., etc.

Maintenant j'ai des éditions convenables de tout ce qui forme l'escorte de ces grands maîtres de la poésie, escorte composée d'hommes qui seraient des maîtres

eux-mêmes, s'ils s'étaient trouvés un peu moins rapprochés de plus grands qu'eux; et d'abord, immédiatement après les premiers, tout près des premiers,
Regnard, cet inimitable comique qui laisse loin de lui
la plupart de ceux qui le suivent. J'ai Dancourt, Du-
fresny, Baron, Brueys et Palaprat, Boursault et autres; j'ai tous ces poëtes, les premiers dans des genres
plus secondaires : Chaulieu, Lafare, madame Deshoulières, Segrais, Sénecé[1], Chapelle, Ducerceau, avec un
envoi de sa main : *à M. de Sénecçay*, car c'est ainsi
qu'on écrivait alors ce nom. J'ai notamment de l'abbé
de Chaulieu, outre l'édition originale et les deux
petits volumes de Saint-Marc, la belle édition donnée
par sa famille en 1774, papier de Hollande, non rognée, à laquelle j'ai ajouté les *Lettres inédites* publiées
depuis par M. de Bérenger. Enfin, vous pouvez nommer vous-même, Madame, tout ce que doit contenir,
même en auteurs du second ordre, parmi ceux du
XVIIe siècle, une bibliothèque d'amateur, vous aurez
la certitude qu'ils figurent dans la mienne; car tel
écrivain que j'aurais pu négliger d'acquérir, s'il eût
appartenu à une autre époque, je l'ai reçu de celle-ci
les yeux fermés. Pour peu, en effet, qu'un auteur de
ce temps-là ait gardé l'empreinte du siècle des lettres,

---

[1] A tout ce que j'avais déjà de Sénecé, je viens de joindre
la très-remarquable et très-intéressante édition elzévirienne de
MM. Emile Chasles et Cap, augmentée d'un volume entier
d'œuvres posthumes et inédites.

j'ai voulu lui tenir compte d'avoir été un contemporain du grand roi.

Je ne puis me dispenser, Madame, de retirer du nombre des auteurs que j'ai cités tout à l'heure, pour leur consacrer quelques mots particuliers, deux grands vauriens du siècle de Louis XIV, deux vauriens, il est vrai, d'un type tout à fait à part : je veux dire Chapelle et Bachaumont. Si quelqu'un vient à trouver que ce ne sont pas là les deux écrivains du même ordre auxquels je devais réserver une mention exceptionnelle, ce sera tout simplement une preuve que j'aurai failli deux fois.

Quoi qu'il en soit, Chapelle et Bachaumont, malgré tout ce que semble avoir de frivole, au premier abord, cette renommée collective, sont loin d'être exclus des tables de la loi bibliographique. Celui qu'il faut toujours citer en tout et partout, M. Brunet, vous dira que leurs œuvres complètes furent réunies par Saint-Marc, en 1755, petit in-12, que cette édition est assez jolie, et qu'il y en a des exemplaires en grand papier, recherchés des curieux : « 9 à 15 fr., » ajoute-t-il. C'est bien raisonnable pour un tout petit volume in-12.

Vous comprenez bien, Madame, que j'ai, moi, ce grand papier, magnifique exemplaire ; j'ai aussi le papier ordinaire, non rogné, les deux reliés avec une extrême distinction.

Eh bien ! cette jolie édition, dont les amateurs

recherchent le grand papier, a été stigmatisée par Saint-Marc, lui-même, d'une note qui en révèle toute l'imperfection :

« L'édition de 1732 (avait dit Saint-Marc, dans cette
« note) diffère en beaucoup d'endroits de toutes les
« autres, mais elle est venue *trop tard* à ma connais-
« sance pour que j'en fisse tout l'usage que j'aurais
« pu. J'avertis seulement ici *qu'on ne doit point*
« *réimprimer le Voyage* sans consulter cette édition
« dont quelques leçons sont préférables aux ancien-
« nes, et même à celles du texte de M. de La Monnoye
« que j'ai suivi. »

Le peu de souci qu'on a eu depuis de mettre à profit cet important et loyal avis, la singulière distraction avec laquelle, dans des éditions postérieures, d'ailleurs d'une remarquable exécution, l'on reproduisait niaisement la précieuse note en son lieu sans en tenir aucun compte pour la révision du texte, m'avaient causé parfois des impatiénces telles que l'habile éditeur de la Bibliothèque Elzévirienne m'ayant pris dans un de ces moments pour me demander de lui faire un livre, je lui proposai *Chapelle et Bachaumont*, qui sans cela, peut-être, n'eussent pas été *le premier auteur* de mon choix. Au reste, je ne cherche nullement à m'excuser ici d'avoir préparé cette édition en la rejetant sur une boutade bibliographique. Le *célèbre Voyage* est assurément un des livres du domaine public qu'on réimprime le plus souvent, et puisqu'il en est ainsi, je ne sais pas si la conscience des bibliophiles n'était pas engagée à substituer enfin une édition exacte et correcte à des éditions où les plus belles apparences recouvraient de grandes défectuosités.

Adoptant donc la distribution et la forme de l'édition de 1755, qui a ses bons côtés, mais prenant pour base du fond celle de La Haye, 1732, après m'être assuré par le rapprochement de la presque totalité des textes connus que Saint-Marc n'avait pas assez dit en faveur de celui-ci, et que c'était là le meilleur, le véritable texte des œuvres de Chapelle et de Bachaumont, j'apportai tous mes soins, les soins d'un amateur qui travaille, en quelque sorte, pour sa bibliothèque, à ce que l'édition dont je m'étais chargé laissât le moins possible à désirer au public éclairé. Le jour de la publication arrivé, cette édition, compris ma faible notice, reçut dans les grands journaux et des plumes les mieux taillées [1], cette consécration sans laquelle un auteur ou un éditeur n'est jamais bien sûr, sinon du mérite, au moins du succès de son travail. Cependant, vous pouvez m'en croire, Madame (et c'est une des choses que je vous dois de ne pas vous laisser ignorer, afin que vous sachiez bien quelle est chez les bibliophiles la force des idées reçues), si le libraire, amateur comme nous tous, n'avait pas eu

---

[1] MM. Sainte-Beuve, Cuvillier-Fleury, de Belleval, et ce si regrettable et si universellement regretté Rigault.

soin de faire tirer des exemplaires sur *papier fort,* quelques-uns même sur papier de Chine, il est certain que la plupart de ceux qui se piquent d'être connaisseurs, moi peut-être tout le premier, nous eussions continué de considérer comme le *Chapelle et Bachaumont* le plus désirable le *grand papier* de cette médiocre édition de Saint-Marc, qui, faute d'autres, a été recommandée par le *Manuel.*

Je suis amené à indiquer aussi à part deux hommes que, par divers motifs, je n'ai pas classés parmi les autres victimes de Boileau, et qui cependant ne peuvent être rapprochés dans l'esprit de personne que par cette fâcheuse confraternité. L'un, le doux Quinault, qui finit par acquérir dans un genre spécial une supériorité aujourd'hui reconnue; l'autre, Pradon, le sec Pradon, indissolublement lié au xviie siècle par le singulier patronage d'une femme justement célèbre, patronage presque aussi honteux pour madame Deshoulières que peu profitable pour lui : J'ai Quinault, j'ai Pradon.

Continuant de procéder par les poëtes, si le mot poëte peut être prononcé quand on vient de nommer Pradon, je rappellerai encore ici des écrivains d'un talent secondaire sans doute, mais qui appartiennent rigoureusement à ce siècle, qui en sont dignes sous certains rapports, et dont quelques-uns ont, par d'autres points que les titres littéraires, dû appeler mon attention.

Ainsi, je citerai la jolie et singulière édition des *Madrigaux* de *la Sablière*, encadrée de rouge (Duchesne, 1758), livre dont Charles Nodier avait jugé qu'on pouvait prendre la peine de former, feuille par feuille, un exemplaire de choix ;

Les poésies du père Sanlecque, première édition, publiée sous le titre de *Poésies héroïques, morales et satyriques* (Harlem, 1696), avec un envoi de l'auteur. Dans ce volume, assez curieux, se trouve la satire des *Directeurs* (à la main), offrant des passages fort différents de l'imprimé, plus une autre pièce restée, je crois, en portefeuille. J'ai aussi la dernière et la meilleure édition de ces poésies : une assez jolie plaquette, 1726 ;

L'agréable conteur Vergier dont la plupart des critiques jugent à propos de parler avec quelque dédain, pour mieux constater la supériorité de La Fontaine ;

L'ami de Chapelle, Alexandre Lainez, poëte honoré de l'estime de Boileau, ce fruit si rare ;

Le chevalier de Cailly, plus connu sous l'anagramme *d'Aceilly*, dont on a d'assez jolies épigrammes, où l'on remarque particulièrement une des grandes qualités du genre, la brièveté ;

Le conseiller des aides Ferrand, auteur certain de poésies gracieuses, et auteur plus que douteux des pièces libres qui lui sont attribuées ;

Enfin, je terminerai en mentionnant avec une distinction toute particulière, cette charmante *Guirlande de Julie*, offerte à mademoiselle de Rambouillet par M. de Montausier, sorte d'*entreprise* collective de galanterie, où de médiocres, de mauvais écrivains se sont trouvés transformés en poëtes passables, et qui put inspirer à Desmarets lui-même un très-joli madrigal qu'on cite encore. J'ai l'édition de l'imprimerie de Monsieur, 1784, la première imprimée séparément sur le manuscrit original [1].

Je viens heureusement d'écrire le nom si universellement vénéré de M. de Montausier. Sans cela, voulant passer aux prosateurs du XVII⁰ siècle, comment, après avoir cité, quelques pages plus haut, Chaulieu, Lafare, Chapelle et autres, pourrais-je prendre sur moi de prononcer les grands noms de Pascal, de Bossuet, de Fénelon? Du reste il a été convenu plus d'une fois, Madame, que dans ces lettres comme sur mes tablettes, nous serions de la plus facile composition pour le classement, si classement il y a. Je ne m'arrête donc point à cette première impression, et je poursuis.

Mais, à propos d'impression, il en est une qui n'est pas, je crois, plus déraisonnable que tant d'autres, et qui m'a constamment dominé dans les dispositions

---

[1] C'est à la suite de la *Vie de Montausier* par le jésuite Nicolas Petit que se trouve la première édition imprimée de la *Guirlande de Julie*.

que j'ai pu prendre touchant certains livres du temps
que je rappelle ici.

Tout en maintenant mes prédilections pour les éditions primitives, je n'ai jamais répugné, tant s'en
faut, à voir les grands poëtes, les littérateurs proprement dits, revêtus de toutes les splendeurs de l'imprimerie et de la reliure modernes : ceux-là me
semblaient toucher d'assez près à la *gaie science* pour
en arborer les couleurs. Mais de savants théologiens,
de grands orateurs de la chaire, de graves moralistes
par état, je me suis toujours plu à les voir sous la
forme simple, modeste, souvent austère de ces hommes eux-mêmes, portant la reliure peu éclatante de
l'époque, en un mot, avec tout cet extérieur, pour
ainsi dire religieux, dû, en partie, à l'empreinte
laissée par le temps.

J'ai donc acquis, de préférence, les écrits les plus
notables de Pascal, de Fénelon, de Bossuet, en anciennes éditions, en éditions estimées, de longue
main, parmi les plus estimables, sans me préoccuper
d'aucun autre genre de distinction.

J'ai particulièrement l'édition originale du *Discours
sur l'histoire universelle* (Cramoisy, 1681, in-4º); un
bel exemplaire de l'édition de 1703, in-12, revue
par Bossuet lui-même, et la dernière donnée de son
vivant. J'en ai une troisième plus moderne avec le
volume ajouté. J'ai l'*Histoire des variations*, l'*Exposition de la doctrine de l'Église catholique*, les *Maxi-*

mes sur la comédie, le volume si curieux et si controversé de la *Justification des réflexions sur le nouveau Testament,* ainsi que d'autres œuvres de Bossuet; mais je mets surtout un prix que vous comprendrez, Madame, à un exemplaire des *Instructions sur la version du nouveau Testament, imprimée à Trévoux,* avec un envoi de la main du grand évêque, adressé à son néophite Saurin, la dernière année de la vie de Bossuet.

J'ai diverses éditions des *Provinciales* et des *Pensées* de Pascal, j'ai la première de ses *Traités de l'équilibre des liqueurs* (1668). Rare et recherché : comme disent les catalogues de vente.

J'ai, entre autres éditions du *Télémaque,* celle des Wetsteins, 1725, avec les odieuses notes des réfugiés, volume toujours un peu couru, bien que n'ayant plus l'aiguillon de l'à-propos et de l'opposition politiques. J'ai la première des *Directions pour la conscience d'un roi,* exemplaire tout à fait *in puris.* J'ai l'édition originale du livre des *Maximes des saints* (Paris, 1697), avec le privilége qui n'eût pas été obtenu un peu plus tard. Enfin j'ai réuni, avec la plupart des autres ouvrages de Fénelon, un grand nombre de pièces du temps faisant partie des différentes polémiques qu'il a soutenues, et que je me suis toujours inutilement efforcé de lire sans un peu de partialité pour lui.

Dans la ligne de Pascal, j'ai comme une sorte d'ascendance et de descendance, les Arnauld, les Nicole, les de Sacy, toute cette austère famille de Port-Royal à laquelle sembleraient faire violence des tranches dorées, du moins des tranches dorées d'hier.

Mais je me garderai bien d'entrer dans le détail des innombrables écrits sur le jansénisme, sur le molinisme, sur le quiétisme, qui couvrent les rayons de ma bibliothèque. Cependant quelles observations curieuses n'y aurait-il pas à faire sur toutes les aberrations de l'esprit humain, sorties de ces différentes questions nées dans une époque de dissensions religieuses! Feu Aimé-Martin n'a pas pu s'empêcher de consigner sur un de mes volumes une réflexion à ce sujet, jetée avec l'énergie habituelle de sa manière, de sa manière *parlée*. Je ferai aussi une remarque du même genre quoique dans un sens opposé. La voici : que des hommes aussi pieux que savants n'aient pas cru voir dans les cinq fameuses propositions de Jansénius, dans les cent et une du père Quesnel, le germe d'hérésie que d'autres hommes d'une égale science et d'une égale piété prétendaient y exister, cela se conçoit parfaitement ; mais qu'un homme de l'opinion dite janséniste ait fait graver avec soin cent et un médaillons de formes variées, pour y faire insérer ensuite, avec le même soin, les *Cent et une Propositions de Quesnel*, condamnées par Rome, et les déifier ainsi, en quelque sorte, parmi toutes les autres du même livre, uniquement, sans doute, parce qu'elles ont été condamnées, voilà ce qui me paraît dépasser toutes les bornes de la déraison, mais non pas, heureusement, les bornes de la fantaisie, mon unique affaire. J'ai donc ce joli volume (car au fond c'est un joli volume) qu'il serait plaisant de mettre en pendant avec la charmante édition, encadrée aussi, des *Madrigaux* de la Sablière : je suis fort aise également d'avoir un des plus beaux exemplaires de la *Protestation de Quesnel*, un de ceux qui portent sa signature autographe. Enfin, dans le bord opposé, j'ai recueilli la plupart des folles productions ascétiques de madame Guyon : peu d'amateurs assurément iront sur ce point, plus loin que je ne l'ai fait.

A la suite de Fénelon et de Bossuet viennent les noms du sévère Bourdaloue, du disert Fléchier, de Mascaron, dont le siége et la chaire sont si dignement occupés aujourd'hui, enfin de Massillon qui, par la date de ses principaux triomphes oratoires, notamment par la date de son immortel *Petit Carême*, aurait pu être réservé aux commencements du xviiie siècle, si son admirable perfection classique ne m'avait pas entraîné à le nommer ici, ce que j'aurais été porté à faire d'ailleurs pour ne pas briser le groupe de ces quatre orateurs hors de ligne, qui, avec des formes de style différentes et à divers degrés, surent revêtir les grandes vérités de la religion tantôt de l'éclat d'une haute éloquence, tantôt du simple charme du bien dire, mais toujours de la puissance irrésistible d'une profonde conviction.

Et dans un autre ordre d'esprit, surtout dans un autre ordre d'idées :

La Bruyère, le grand peintre La Bruyère ;

La Rochefoucauld, le profond La Rochefoucauld ;

Saint-Evremond, le sceptique Saint-Evremond.

J'ai des deux premiers tout ce que j'ai pu recueillir d'éditions originales, et la plupart de celles qui, depuis, furent laborieusement employées à l'amélioration des textes. C'est surtout ainsi qu'on peut suivre avec un immense intérêt les progrès du talent, sous l'inspiration du génie. Quant au matériel des choses, choix des exemplaires, soins de reliure, tout a été fait d'entière convenance et d'ardente sympathie. Je n'ai rien à me reprocher.

Je me suis un peu moins mis en frais pour Saint-Evremond. J'ai dû m'en tenir à la meilleure édition des douze volumes d'un auteur qui n'a été un remarquable écrivain que dans un petit nombre de pages, quoiqu'il n'en demeure pas moins une étonnante individualité.

J'ai *le Roman bourgeois* du satirique Furetière, la première et curieuse édition.

Ce n'est point parce que je viens de nommer La Rochefoucauld que j'évoque ici le souvenir de deux femmes dont la société charma et embellit ses derniers jours ; c'est parce que je ne vois guère d'écrivain que, pour l'élégance, pour la variété, quelquefois pour l'énergie du style, il convienne de placer avant

madame de Lafayette et l'illustre Sévigné : Pourquo
n'y joindrais-je pas madame de Maintenon?

J'ai de la première et de la seconde les collections
les plus soignées et les plus complètes ; et, puisque
j'ai touché à des auteurs de *Mémoires*, c'est-à-dire à
La Rochefoucauld, à madame de Lafayette, à madame
de Sévigné qui, elle-même, nous a donné, dans ses
Lettres, d'admirables Mémoires, mentionnons-en
d'autres qui ont tous plus ou moins de droits à être
nommés ici.

Mentionnons l'ami de madame de Caumartin, de
madame de Grignan et de sa mère, cet éloquent, cet
impossible cardinal de Retz, je dis impossible, car ce
qu'on soupçonnait de ses vues, de ses moyens d'action,
de ses actes intimes, qui jamais eût osé l'avouer aussi
effrontément, même à la plus sûre amitié. J'ai l'édition la plus belle et la plus recherchée (Amsterdam,
Frédéric Bernard, 1731-1738). J'ai aussi celle où, depuis, les plus étranges passages ont été rétablis. J'ai
enfin l'édition de Genève (Barillot, 1751) : la première
a été remarquablement reliée par Derome le jeune.

Nommons encore d'autres femmes :

La sage madame de Motteville dont le témoignage,
par la confiance qu'elle commande, ferait seul, sur
certains points, si cela se pouvait, le contre-poids du
cynique cardinal de Retz ;

La nièce de madame de Maintenon, l'ingénieuse, la
ravissante madame de Caylus ;

La grande, la noble, la singulière Mademoiselle de Montpensier;

La spirituelle de Launay, madame de Staal, fixée ici par sa spécialité;

Nommons encore :

Lafare, déjà cité comme auteur de poésies légères; le sémillant abbé de Choisy, l'aventureux Laporte, l'insolent Gourville, Perrault, qui reprend, comme auteur de Mémoires, une partie des avantages qui lui ont manqué comme littérateur ; cette mauvaise, mais sincère et fine langue, Tallemant Des Réaux.

Mais avant tous les auteurs de Mémoires de toutes les époques et de tous les pays, nommons cet effrayant et, malgré quelques préjugés sur les hommes et sur les choses, ce véridique duc de Saint-Simon, flambeau de l'histoire, flambeau des vies privées, avec lequel aucun doute n'est possible, car ce qu'il a vu il nous le fait voir, et, par là, ne laisse pas la plus petite place à la négation. Qu'importe le moment où il fut lu? il pensa, il écrivit presque en naissant.

Qu'importe aussi où je nomme l'aimable Hamilton, agréable poëte, excellent prosateur, que je pourrais citer aussi comme auteur de Mémoires, ou tout au moins comme biographe, si je n'étais pas un peu dis-posé à considérer la charmante histoire du charmant comte de Grammont comme une sorte de plaisanterie poussée un peu trop loin?

Qu'importe enfin que je place à côté de la gracieuse

figure d'Hamilton celle de l'austère Jacques Abbadie, dont mesdames de Coulanges et de Sévigné lisaient et se racontaient réciproquement les élucubrations théologiques et morales, comme nos dames lisent et se racontent aujourd'hui le roman-feuilleton du jour? J'ai de son beau *Traité de la vérité de la religion chrétienne*, compris l'*Art de se connaître soi-même*, outre une des plus anciennes éditions, celle de la Haye (Néaulme, 1771), reliée avec luxe et non rognée.

Il a été fait aussi bonne et convenable part à la philosophie : j'ai Descartes, le père Malebranche et Leibnitz.

Je ne saurais trop vous répéter, Madame, pour expliquer un peu, pour excuser, au besoin, les disparates de mon cabinet, que les mobiles du faiseur de collections ne sont pas toujours, tant s'en faut, des mobiles purement littéraires. J'ai réuni, avec une assez grande peine, la totalité des ouvrages de cet *insupportable* Bussy de Rabutin (c'est ainsi, je crois, que le qualifie très-justement Voltaire), ses *Lettres*, ses *Mémoires;* ce livre, la grande faute et la grande infortune de sa vie, deux volumes fort rares, le *Supplément* aux Mémoires et aux Lettres, sans date et sans désignation de lieu; enfin, comme annexe nécessaire, les lettres de son gendre qui, en définitive, font peu d'honneur aux trois intéressés.

J'ai aussi presque tous les ouvrages (quelques-uns devenus peu communs) du panégyriste juré de Bussy, le père Bouhours, qui a souvent mieux employé un savoir, un mérite réels.

Mais une collection à laquelle j'attache un tout autre prix, c'est la collection la plus complète que j'aie connue des écrits en tout genre de Pellisson. J'ai réussi dans la recherche de ses moindres opuscules au delà de tout ce qu'il m'était permis d'espérer.

Je possède deux éditions complètes des *OEuvres* de l'abbé de Saint-Réal, notamment la plus jolie de toutes, celle d'Amsterdam (1740), exemplaire remarquable sous tous les rapports.

J'ai, du diamant de cet écrivain (je veux dire la *Conjuration des Espagnols contre Venise*), outre le délicieux in-18 de l'imprimerie de Monsieur, 1781, qui fait partie indispensable de toutes les bibliothèques d'amateur, outre l'édition sur plus grand papier, sortie de la même imprimerie en 1788, j'ai l'édition *princeps* (Barbin, 1674), beau volume in-12, de première reliure, doré sur tranche, et d'une irréprochable conservation. Le petit in-18 a été, comme il lui appartenait, relié avec luxe en maroquin de choix.

Je rappellerai, à l'occasion de cet ouvrage, un petit livre italien, resté célèbre et cité par Saint-Réal comme un des principaux documents qui se rattachent à la *Conjuration des Espagnols :* le *Squitinio della libertà veneta*. Je l'ai cherché assez longtemps sans pouvoir le rencontrer. Enfin un exemplaire de l'édition de 1619 fut dédaigneusement jeté dans les *lots* d'une

vente qui eut naguère quelque retentissement. C'est
là que j'ai eu la satisfaction de recueillir ce que de
plus habiles sans doute n'avaient pas jugé digne de
leurs collections.

Enfin, il est des écrivains qui viennent également
à l'esprit, soit qu'on songe au XVIIe, soit qu'on songe
au XVIIIe siècle, parce que, comme plusieurs de ceux
dont j'ai parlé dans ma dernière lettre, ils forment,
à quelques égards, une demi-transition d'un siècle à
un autre ; ainsi, sans trop m'arrêter à l'époque où ils
ont le plus écrit, le plus *marqué*, je m'impressionne
toujours comme malgré moi, de la pensée que Fontenelle, Lamotte, Rollin, Vertot, l'abbé d'Olivet, Jean-
Baptiste Rousseau, Lesage (et à ce sujet je remarquerai que j'ai le *Gil Blas* de l'infortuné Roucher),
que même l'abbé Prévot, appartiennent tous au grand
siècle, soit en ligne directe, soit en ligne collatérale.
Ce sont, comme dit le poëte anglais : *Kindred Spirits*,
et, dans les soins que j'ai eu à leur donner, j'ai
constamment été fidèle à cette pensée.

Tel est, Madame, l'ensemble des écrivains du règne
de Louis XIV, auxquels je rends, dans mon cabinet,
le culte matériel et moral qui leur appartient. Le
nombre en est moins considérable que celui des écrivains des temps précédents, et que celui des écrivains
du temps qui a suivi ; mais il en est ainsi, vous le
savez, de toutes les choses d'élite ; et si ma lettre est
aussi moins longue, si je me suis moins arrêté sur

des éditions rares, sur de petits détails de fantaisie, c'est que le fond a dû emporter la forme, et que j'eusse été honteux de me laisser entraîner par des niaiseries bibliographiques, à l'occasion de ces grands noms qu'il suffisait de prononcer pour commander l'intérêt. J'en ai, du reste, passé un certain nombre; les uns parce qu'ils étaient d'une moindre importance, les autres parce que j'aurai à vous en parler plus tard. Enfin, peut-être en est-il que j'omets involontairement, tout en les ayant là presque sous les yeux. Quel est celui qui, s'occupant de combiner une réunion d'amis intimes, n'a pas oublié parfois d'y appeler telle de ses bonnes relations qu'il aurait été pourtant fort heureux d'y voir?

Agréez, etc.

LETTRE X

ÉCRIVAINS DU XVIIIe SIÈCLE, COMMENCEMENT
DU XIXe.

J'aborde, Madame, sinon la partie la plus importante, du moins la partie la plus étendue et la plus
variée du long exposé de ce qui fait le fond de mes
deux dépôts de livres, sorte de catalogue raisonné par
lequel j'ai cru devoir établir la généralité d'une bibliothèque qui, fût-elle beaucoup plus considérable, ne
pourrait me fournir la matière de lettres spéciales que
par de rares et notables exceptions. Ce catalogue
intime, que je qualifie ainsi parce que, contrairement
à ceux qui sont une œuvre de spéculation, celui-là me
touche au cœur, ce catalogue, je le terminerai par la
série des écrivains de divers ordres qui ont brillé
dans le XVIIIe siècle; par celle des auteurs qui ont
marqué les commencements du XIXe, soit que leur

13.

carrière littéraire ait pris son point de départ dans le siècle précédent, soit qu'ils appartiennent exclusivement au nôtre ; enfin, par les traductions de tout genre qui, toujours utiles, parfois indispensables, et souvent recherchées pour leur propre valeur, ne doivent pas manquer à une réunion de livres où tout peut être appelé à servir dans un moment donné.

Je dois, pour le premier point, reprendre les choses exactement où je les ai laissées, n'ayant fait alors que prononcer les noms de quelques écrivains qui appartiennent au XVIIe siècle par la date de leurs débuts dans le monde des lettres, mais qui, par la prolongation de leur existence littéraire, ont pris rang dans le siècle qui a suivi.

J'ai réuni tout ce que j'ai pu du savant, de l'aimable Fontenelle, qui, à un grand nombre d'égards, est un de mes auteurs d'affection. J'ai même ce livre que lui attribue un simple titre, sans autre autorité : l'*Histoire de la république des Ajaoiens*, qui n'est pas de lui, suivant quelques-uns, mais dont l'auteur est resté complétement inconnu, m'a positivement assuré feu M. Barbier. J'ai la première édition des *Mondes*, qui ne contenait encore que les cinq premiers *soirs*.

Outre les meilleures éditions des divers ouvrages de Vertot, j'ai la première des *Révolutions de Portugal*, publiée en 1689, sous le titre de *Conjuration* : l'on trouve en tête une épître dédicatoire à Madame la Dauphine, qui a été supprimée dans les éditions suivantes, je ne sais pourquoi ; j'aurais dû dire, en parlant de Fontenelle, que j'ai un exemplaire du *Jugement de Pluton* qui porte la signature, assez rare, de l'abbé de Vertot, et, à côté, son nom imprimé en lettres rouges : ce volume provient de la bibliothèque de M. d'Argenson.

Mais un nom qui se lie étroitement à Fontenelle, c'est le nom du spirituel Lamotte. J'ai un bel exemplaire de ses *OEuvres complètes*. J'en ai un de ses *Fables* qui fut celui de l'abbé Terray. J'en ai un, surtout, de ses *Odes*, avec un envoi de plusieurs lignes à son confrère Danchet.

Enfin, de Jean-Baptiste Rousseau, un des membres de cette pléiade intermédiaire dont je rappelle ici quelques noms, j'ai réuni un assez grand nombre d'éditions primitives, notamment celle de Soleure (1712), la première que donna Rousseau lui-même, voulant atténuer, par là, le mauvais effet de ces odieuses publications que j'ai aussi, dont les libraires hollandais faisaient, à force de pièces, supposées quelquefois, quelquefois très-authentiques, des objets de curiosité. J'ai recueilli tout ce qui se rattache au procès des fameux couplets, et, par surcroît, le *Mémoire* de Boindin, publié séparément avec le corps du délit, gravé en *fac-simile*. Rousseau s'est assez bien soutenu, comme poëte, contre nos singuliers dédains, mais j'ai peine à m'expliquer la sorte d'oubli dans lequel est tombée sa *Correspondance* très-peu remarquable sans doute, en tant que production épistolaire, mais où les matières littéraires sont souvent entourées de beaucoup d'intérêt.

Après avoir lié par des nuances plus ou moins indécises le règne de Louis XIII à celui de Louis XIV, et celui de Louis XIV aux temps qui l'ont immédiatement suivi, j'arrive directement à ceux des écrivains du xviiie siècle qui sont sans aucune relation avec le siècle précédent, et d'abord :

Le premier, le plus grand de tous, Montesquieu, grand selon toutes les acceptions morales du mot. Entraîné par quelques circonstances de bibliographie matérielle, j'ai déjà prononcé le nom de Montesquieu, j'ai dit ce que j'avais d'éditions générales de l'illustre président. J'ai dit aussi quelques mots de ceux de ses ouvrages dont j'avais soigneusement recueilli les éditions primitives, notamment les *Lettres persanes* (Amsterdam, 1721), véritable première édition ; une autre de la même date (Cologne, Pierre Marteau), exemplaire sur lequel on trouve les notes de la main de Gueullette, dont j'ai parlé, notes assez curieuses en ce qu'elles donnent la clef de quelques allusions ; j'ai la première édition de son chef-d'œuvre, les *Considérations sur la grandeur des Romains*, celle du *Temple de Gnide*, avant sa division en chants ; j'ai l'édition de *l'Esprit des lois* (1764), que le genre des notes rend fort remarquable ; j'ai, enfin, séparément aussi, les Publications posthumes, supplément intéressant.

Je me suis vu également amené, par le mouvement du début, à mentionner mes éditions générales de Voltaire et de J.-J. Rousseau. J'ai déjà cité aussi un exemplaire des *Lettres philosophiques*, accompagné de curieux accessoires. J'ai encore, du même livre et de la même date (1734), cette édition du libraire Jore, de Rouen, qui a tant encombré les premiers temps de la correspondance de Voltaire d'affirmations, de dénégations, de terreurs tantôt vraies, tantôt feintes, en un mot de tous ces dires si divers qui n'ont jamais manqué à celles de ses publications d'où pouvaient sortir pour lui de simples mécomptes. Cet exemplaire, qui était celui de M. Barbier, contient deux annotations du célèbre bibliographe, dont l'une présente comme auteur d'une réponse à ces lettres qu'on a jointe au volume, René de Bonneval, désignation que M. Barbier a rectifiée depuis dans son édition des *Anonymes*, de 1820. J'ai la première édition de l'ouvrage qui, le premier, donna au nom de Voltaire cet éclat qui a toujours été en grandissant depuis, sa tragédie d'*OEdipe*. J'en ai même un exemplaire qui me causa, lorsque je le rencontrai, une bien vive émotion d'amateur. Il est encore, dans sa *brochure* originaire, étonnamment conservé, tel, en un mot, qu'il sortit des magasins du *Barba* de 1719, au milieu du coup de feu des premières représentations. J'ai aussi la première édition de *la Henriade*, sous le titre de *la Ligue*, avec la signature de Richer, le fabuliste ; j'ai la comédie de *l'Écossaise*, chargée de variantes d'une main inconnue. J'ai, comme un autre genre de curiosité, composés en anglais, son premier travail sur les temps de la Ligue, et son *Essai sur la poésie épique*, ainsi que la traduction du premier par l'abbé Granet, du second par l'abbé Des Fontaines, le tout devenu aujourd'hui d'une grande rareté. J'ai enfin une innombrable quantité d'ouvrages séparés ou de pamphlets originaux tant de Voltaire lui-même que de ses antagonistes habituels: Des Fontaines, Clément, etc., etc.

Mais ce que j'ai de plus précieux en ouvrages séparés de Voltaire, ce sont d'abord ses *Éléments de Philosophie de Newton*, avec un envoi de deux lignes à l'abbé de Sade, signé, comme il ne signa guère depuis, *de Voltaire;* et surtout un exemplaire de *la Henriade* (édition de Londres, 1730), auquel ont été ajoutés par lui cinquante-quatre vers, en trois passages différents: ce volume provient de la belle bibliothèque de M. Jérôme Bignon.

J'ai de J.-J. Rousseau, pour lequel je me sentis toujours un peu plus de prédilection, la presque totalité des éditions originales :

Son premier, son célèbre *Discours*, couronné par l'académie de Dijon. Je l'ai, non rogné, réuni sous un seul cartonnage à toute la polémique à laquelle il donna lieu. Sur les marges du discours sont de nombreuses notes, d'une assez belle écriture qui m'est restée jusqu'ici inconnue. Ces notes critiques, très-souvent justes, sont habituellement modérées;

J'ai les éditions primitives du *Contrat social*, de la *Nouvelle Héloïse*, de l'*Emile* et de la *Lettre à M. de Beaumont*, ces deux derniers *in puris*. Aucun accessoire de quelque importance ne manque aux exemplaires que j'ai recueillis;

J'ai les *Lettres de La Montagne* avec la signature de M. Lainé.

En souvenirs directs de Rousseau, j'ai, outre l'*Imitation*, qui a été l'objet d'une lettre spéciale, un volume composé de pièces de divers auteurs, auquel il a fait une table et mis d'autres indications de sa main; mais j'ai une plaquette à laquelle j'attache beaucoup plus de prix. J.-J. Rousseau écrivait à Madame de Créquy, le 16 octobre 1751, qu'elle verrait, avant le public, sa *Lettre en réponse* à M. Gauthier, touchant son premier discours. Eh bien! la plaquette dont je parle est un exemplaire de sa réponse avec cet envoi autographe: *A Madame la Comtesse de Créquy*. C'est là, bien certainement, la communication à laquelle il s'était engagé.

Du reste, comme je l'ai fait pour Voltaire, comme je le fais pour tous les auteurs dont les ouvrages ont donné lieu à de graves controverses, j'ai recueilli toute réfutation sérieuse des principes de J.-J. Rousseau, notamment le *Déisme réfuté par lui-même*, de Bergier. J'ai, touchant Voltaire, plus d'une édition du livre si remarquable de l'abbé Guénée : les *Lettres de quelques Juifs portugais*. Enfin, sur Voltaire comme sur Rousseau, j'ai tout pamphlet un peu piquant.

J'ai souvent entendu dire à maint professeur qu'après avoir réglé le rang des quelques premiers sujets dans tous les genres de sciences, il n'y avait plus guère moyen d'établir un ordre de capacité, croissant ou décroissant. Cela est vrai aussi des hautes intelligences arrivées à leur zénith, des bons écrivains d'une grande époque. Après ceux que j'ai nommés les premiers, Montesquieu, Rousseau, Voltaire, Buffon (toujours en réservant les grandes illustrations de notre temps), l'on peut bien éprouver, arrêter des préférences suivant le sujet et la nature des écrits, suivant les principes qui en forment le fond, mais les degrés, les nuances du talent échappent à une appréciation rigoureuse, et restent entièrement livrés au goût plus ou moins sûr, ou plutôt à la sympathie personnelle des lecteurs. Je prendrai donc ici comme toujours, Madame, ces écrivains en masse, mentionnant rarement mes préférences particulières, et me bornant à indiquer mes principales possessions.

J'ai donc, soit dit sans distinction de poëtes et de prosateurs (ce qui n'est pas toujours aussi aisé à trancher que pour le siècle précédent), les éditions complètes de d'Alembert, de Marmontel, de Diderot, de Duclos, de Vauvenargues, de Crébillon, de Des-

touches, de Gresset, de Bernard, de Thomas, de
Moncrif, de Desmahis, de Dumarsais, de Bernis, de
Chamfort, de Saint-Foix, de l'abbé Barthélemy, de
Saint-Lambert, d'Helvétius, de Lebrun, de Rhulières,
de Rivarol, de l'abbé Delille, de Cazotte, de Boufflers,
de Saurin, de Beaumarchais, de Lemierre, de Parny,
de Bertin, de Bonnard, de Gilbert, de Florian, de
Malfilâtre, de Léonard, même de Dorat, même de
Pezay; que sais-je? de quelques autres qui m'é-
chappent ou que je n'ose nommer, soit à cause
de leur faiblesse littéraire, soit parce que la force
dont ils pourraient se prévaloir n'est pas toujours
de très-bonne compagnie. Dans notre métier,
Madame, quand on veut avoir de tout, l'on est sujet à
faire de mauvaises rencontres. Mais il reste à faire
alors comme on fait souvent dans le monde. Rien
n'oblige à confesser hautement certaines relations
qu'on n'eût pas choisies, mais que les circonstances
vous ont imposées : l'on accépte avec le moins de
mauvaise grâce possible, et l'on se tait.

Maintenant, et sans trop tenir compte de mon plus
ou moins de prédilection pour tel ou tel des écrivains
dont je viens de dire que je possède les œuvres complètes, j'ai acquis, dans l'occasion, tantôt les éditions
primitives de leurs ouvrages, tantôt celles de leurs
éditions partielles qui pouvaient, à certains titres,
exciter mon intérêt. Enfin, j'ai recueilli différents
écrits qui, assez remarquables pour avoir rendu leurs

14

auteurs célèbres, n'ont pas toujours été réunis sous un titre général, ou que je ne tenais à posséder que séparément.

Parmi ces derniers écrivains il en est un que, sans aucun égard à l'époque de son apparition dans le monde, je me hâte de nommer ici parce qu'il est impossible de le désigner simplement comme un auteur ordinaire du xviiie siècle, et parce que son immense renommée, en tant qu'orateur et homme politique, la place qu'il a tenue dans les plus grands événements de la monarchie, enfin le caractère particulier de ses écrits, le mettent, pour ainsi dire, en dehors et quelquefois au-dessus de la littérature proprement dite : le fameux comte de Mirabeau.

J'ai recueilli de Mirabeau une suite de productions restées plus ou moins célèbres, dont les unes excitent l'indignation des âmes honnêtes, les autres un étonnement mêlé d'intérêt, le plus grand nombre une admiration involontaire pour cette colossale individualité. J'ai la plupart de ses anciennes publications : le livre des *Lettres de cachet et des Prisons d'État*, l'*Essai sur le despotisme*, les *Mémoires* de ses étranges procès, les plus curieux et les plus rares, quelques-uns corrigés de sa propre main ; son *Histoire secrète de la Cour de Berlin*, avec la condamnation par arrêt du Parlement ; j'ai même un second exemplaire bien remarquable de cette aventureuse publication. Voulant aider son libraire, Lejay, dans des affaires embar-

rassées, il lui avait livré son manuscrit en lui disant:
« Tenez, je vous sauve, mais je me perds. » Eh bien !
ce livre, qu'il avait tant d'intérêt à ne pas avouer, il
n'a pas craint de faire, de sa main, sur un premier
tirage, un assez grand nombre de changements, dont
plusieurs, par leur nature, ajoutaient encore au danger. Ensuite, et en nous rapprochant d'une époque
désastreuse, que j'ai, par ce motif, mise un peu à part
dans le siècle qu'elle terminait si effroyablement, j'ai
ses travaux, ses *discours* à l'Assemblée constituante,
son travail posthume sur l'*Éducation publique*, avec
un envoi de l'éditeur, le médecin Cabanis. J'ai les
Lettres du Donjon de Vincennes, publiées par Manuel;
j'ai sa correspondance avec Chamfort; enfin j'ai de
lui, Madame, d'autres écrits qui ne pourraient guère
être nommés ici, et j'aime mieux vous raconter ce
qui m'est arrivé à l'occasion d'une lettre autographe
de Mirabeau. Quelques lecteurs donneront peut-être
à l'anecdote plus d'attention qu'elle n'en mérite ;
d'autres, au contraire, pourront n'y voir qu'un simple
hasard peu digne de la leur; mais personne, assurément, ne pourra lui contester une assez grande singularité.

Je voulais acquérir une entière certitude touchant
quelques annotations qui, suivant toute vraisem-
blance, étaient de la main de Mirabeau. Je connaissais
déjà, par le renom du monde, ce que j'ai connu depuis
par de longues et douces relations, l'obligeance par-

faite, la bonne grâce en toutes choses de son fils adoptif, le digne M. Lucas de Montigny. Je me rendis donc chez lui avec pleine confiance, et j'en reçus, dès l'abord, l'accueil qui attendait tous ceux qui venaient l'entretenir de l'objet de son culte. Après avoir un peu causé avec moi, et m'avoir donné son opinion sur la pièce que j'étais venu lui communiquer : « Sans doute, me dit-il, que vous avez bien d'autres autographes de Mirabeau que celui-ci ? » « Mais non, lui répondis-je, et c'est là ce qui me rend mon volume doublement précieux. » « Oh ! reprit-il en se levant, vous ne sortirez pas d'ici sans être muni de quelque chose de mieux. » Et prenant une échelle de bibliothèque, malgré ma petite résistance obligée, il monte jusqu'à des cartons placés dans le voisinage de la corniche, il en ouvre un, et parcourt d'abord une lettre, puis une seconde : « C'est que, me dit-il, je vous cherche une pièce signée ; l'on ne fait plus guère cas aujourd'hui que des autographes signés — ah ! voilà qui est bien, » poursuivit l'excellent M. de Montigny, et redescendant auprès de moi, il me remit la pièce que, par une politesse de rigueur, je n'examinai point ; je me bornai à lui en témoigner ma vive gratitude, et je le quittai, fort heureux de son gracieux présent.

Mon Dieu, Madame, ce que j'ai à vous dire à ce sujet ne vaut peut-être guère la peine de s'être fait attendre si longtemps ; mais, enfin, les moindres choses doivent suivre leur cours, et voilà le dernier mot de mon petit conte.

Arrivé chez moi, je cours jeter les yeux sur le cadeau de M. de Montigny. C'était une lettre adressée du Donjon de Vincennes au correspondant ordinaire de Mirabeau, M. Boucher. Le fond et la forme ne manquaient pas d'un certain intérêt, mais tout le mystère était dans la date : cette lettre, Madame, était datée de l'année, du mois, du jour même où je suis né.

Qui n'a pas remarqué, parfois, ce rapport étrange, instantané, provenant l'on ne sait d'où, qui se produit tout à coup, comme par une sorte d'électricité morale, entre des choses ou des personnes et d'autres choses ou d'autres personnes d'identique nature? L'on parle d'un homme qui n'est nullement attendu : il entre. L'on converse autour de vous pendant que vous feuilletez un livre : un mot de la conversation vient frapper votre oreille au moment même où ce mot tombe sous vos yeux. Quand on parlé du soleil on en voit les rayons, dit le vulgaire, impressionné par ces rapports aussi fréquents qu'imprévus, et des philosophes spiritualistes en ont tiré un argument de plus en faveur de l'existence d'un monde intellectuel. Certes, parmi les faits du même genre, il en est peu d'aussi frappants que cette circonstance d'une lettre que Mirabeau écrivait *l'année, le mois, le jour*, à l'heure peut-être où je venais au monde, et qui, enfouie dans des cartons parmi des milliers d'autres, tombait, après

14.

une suite d'hésitations dans le choix, sous la main d'u fils de celui qui l'avait écrite, pour m'être gracieusement offerte un si grand nombre d'années plus tard.

Chacun, suivant la direction de ses idées, appréciera cela comme il voudra. Quant à moi je n'insiste, en aucune façon, là-dessus. Je ne suis point un promoteur de tables tournantes: je raconte purement et simplement un fait singulier qui se rattache d'une manière indirecte aux choses dont je m'occupe. Au reste, ce fait, je lui ai donné la permanence en plaçant mon autographe à la fin du volume des *Lettres inédites* de Mirabeau, publié par son ami Vitry, et je suis prêt à le livrer en pleine communication à tout habitué des soirées de Robert-Houdin qui pourrait le désirer.

Bien qu'il ne fût pas fort étonnant que là où Mirabeau a contribué, pour sa part, à une espèce de miracle, on en vît faire à d'Alembert, Diderot et autres, je doute qu'il se trouve encore sur mon chemin de pareilles singularités. De d'Alembert, outre plusieurs ouvrages séparés qui ont subi certains changements, j'ai un exemplaire de ses éloges avec un envoi de sa main. Ces envois de la main de d'Alembert ne sont pas communs.

J'ai beaucoup d'éditions primitives des divers ouvrages de Marmontel. J'ai, entre autres, le *Bélisaire* avec toutes les publications relatives à ce livre. J'ai parmi ses pièces de théâtre, sa tragédie des *Héraclides,* avec un envoi signé à Madame du Boccage. J'ai un autre envoi de lui sur son discours de réception à l'Académie. J'ai enfin l'*Héroïde d'un disciple de Socrate aux Athéniens*, qui n'a pas été recueillie dans ses œuvres, mais qui lui est positivement attribuée par M. Barbier.

Il est, parfois, de simples écrits de circonstance qui prennent les proportions d'œuvres historiques. J'ai, comme tout le monde, les *Comptes rendus* de M. de La Chalotais, mais j'ai pu y joindre son *Essai d'éducation nationale*, dans sa brochure originaire, avec un envoi de trois lignes du célèbre magistrat. Tout en me défendant de mon mieux contre le goût exagéré des autographes en général, j'ai toujours, comme vous savez, attaché plus ou moins de prix aux quelques mots dont les grands écrivains, ou simplement les écrivains distingués, peuvent avoir accompagné l'envoi de leurs livres, même à leur seule signature sur d'autres ouvrages que les leurs. Ainsi, outre ce que j'ai déjà cité dans un genre et dans l'autre, outre ce que je pourrai citer encore, j'ai rencontré avec un très-grand plaisir un joli exemplaire de l'*Usage des passions* du père Sénault, avec la signature de Regnard : livre, du reste, que j'aurais déjà dû nommer ailleurs.

J'ai des éditions séparées de tous les ouvrages du président Hénault, notamment *Cornélie*, imprimée en 1768 à Strawberryhill, dans l'imprimerie particulière d'Horace Walpole, et tirée à deux cents exemplaires, dont cent pour l'auteur, dit M. Brunet. C'est chose fort rare et fort recherchée. Cependant je fais plus de cas d'une sorte de trouvaille que j'ai faite récemment, savoir un manuscrit (dressé sans doute par l'ordre, et probablement sous les yeux du président Hénault) de ses différentes pièces de théâtre, avec beaucoup de variantes, quelques-unes ajoutées de sa propre main, et un opéra, inédit je crois, d'*Hippomène et Atalante*, dont le prologue a été imprimé sous le titre de *Temple des Chimères*, et mis en musique par le duc de Nivernais. Ce manuscrit forme un gros volume in-8°, relié en parchemin vert, et porte la gravure d'armoiries attachée d'ordinaire aux livres du président. J'ai enfin ses piquants *Mémoires* édités par un de ses neveux, M. le baron de Vigan.

J'ai presque tous les ouvrages séparés de Duclos, particulièrement *Acajou et Zirphile* qu'il faut avoir ainsi pour posséder, en même temps, les planches sur lesquelles a été fait ce singulier conte, et qui étaient, comme on sait, destinées, dans l'origine, à un autre roman qui a été perdu.

J'en ai beaucoup aussi de Diderot, principalement plusieurs de ces publications qui lui ont été attribuées quelquefois sans une entière certitude, comme le livre de *l'Éducation publique* dont M. Barbier, au contraire, est porté à croire Crevier le véritable auteur. J'ai, surtout, un élégant, un charmant volume in-12 disposé par un amateur plein de goût, et où se trouvent réunis à la *Lettre sur les aveugles* de Diderot les *Petites lettres sur de grands philosophes* de Palissot, la piquante plaisanterie de Moreau, le *Nouveau mémoire pour servir à l'histoire des Cacouacs*, enfin un autre pamphlet, en sens opposé, *l'Aléthophile*, premier coup d'essai de Laharpe, qui donna lieu, dans le temps, à bon nombre d'anecdotes, et qui est une vive satire contre Fréron.

Puisque j'ai nommé l'ancien historiographe de France, M. Moreau, j'ajouterai que j'ai son *Pot-pourri de Ville-d'Avray*, joli volume in-18, tiré à très-petit nombre, et seulement pour quelques amis. Tout ce qui vient de M. Moreau me touche d'ailleurs infiniment par le profond souvenir que je garde à son excellente et spirituelle fille, Madame de C....., souvenir qui se lie à d'autres également précieux à mon cœur.

Le nom de Palissot me rappelle, à son tour, un recueil où sa comédie des *Philosophes* est suivie des innombrables pamphlets auxquels elle donna lieu, et où l'on trouve une grande quantité de jolies gravures du temps contre Palissot lui-même et contre d'autres. Ce volume, assez curieux, vient de la bibliothèque de M. Rozet de Folmon.

Vous ne sauriez croire, Madame, tout ce que les recueils de ce genre, je veux dire les recueils de pièces diverses, présentent, parfois, de morceaux intéressants. Il est bien rare, à la vérité, qu'un goût

éclairé, que la pensée d'un véritable amateur ait pré-
sidé à leur composition ; mais alors la marche à suivre
est bien simple : l'on retire la perle du fumier où une
main inhabile l'avait ensevelie, et l'on fait une plaquette à part du précieux opuscule qui acquiert ainsi,
de son isolement même, une plus grande valeur.
Je ne vous accablerai pas du détail de tous les petits
diamants que j'ai créés de cette manière : il faut pourtant que je vous en cite quelques-uns.

La réponse de Gresset au discours de réception de
d'Alembert fit, dans le temps, beaucoup de bruit, et
le mit dans un état de demi-disgrâce à la cour, à
cause d'un passage sur la résidence des évêques qui
atteignait un assez bon nombre de prélats plus ou
moins marquants. J'ignore pourquoi ce discours, cité
dans toutes les biographies de Gresset, n'a jamais
pris place parmi ses œuvres ; mais, enfin, c'est dans
une des mauvaises associations dont je parlais tout à
l'heure que je me le suis procuré ;

J'ai pu faire aussi, par une semblable dislocation,
un joli petit volume de son discours du 4 août 1774,
également remarqué pour lui avoir assez peu réussi
sous d'autres rapports, et qui porte un *ex-dono* de sa
main ;

C'est ainsi encore que j'ai rencontré un pamphlet
fort rare contre la cour de Louis XV, longuement
déduit, longuement expliqué par Ch. Nodier, dans ses
Mélanges tirés d'une petite bibliothèque, et par M. Bar-

bier dans son *Dictionnaire des anonymes*. Je me bornerai à le désigner par son titre : *les Soupers de Daphné et les dortoirs de Lacédémone*. Mon exemplaire a une clef, ce qui ajoute beaucoup à son mérite et à sa rareté ;

J'ai trouvé de la même manière un opuscule anonyme du cardinal de Bernis, *Myséis ou le visage qui prédit;*

Enfin, c'est aussi d'un semblable recueil que j'ai retiré une brochure de Beaumarchais portant quelques mots d'envoi : ce sont des observations sur un mémoire de la cour de Londres faites avec sa véhémence accoutumée.

Mais un recueil qui n'a point été formé de pièces réunies au hasard, ni pour un seul possesseur, comme ceux que je viens de citer, qui se compose, au contraire, d'une réimpression commune d'opuscules habilement choisis, c'est le recueil publié en 1783 par Sautereau de Marsy avec ce titre : *Tablettes d'un curieux*. Ces deux volumes renferment, en effet, un grand nombre d'ouvrages de courte haleine, remplis d'intérêt, qu'on ne trouvait que très-difficilement avant cette publication. J'ai eu pourtant la bonne fortune de rencontrer séparément la première édition du discours du père Guénard sur cette question : *En quoi consiste l'esprit philosophique*, modèle d'éloquence et de logique, couronné par l'Académie française en 1755. Je ne l'avais possédé, jusque-là, que dans le recueil de Sautereau de Marsy. Ce n'est pas, assurément, aujourd'hui celui de mes petits volumes que j'affectionne le moins.

Mais suspendons, du moins pendant quelque temps, l'énumération de ces petits bijoux, dont quelques-uns, il faut bien l'avouer, ne sont des bijoux que par leur rareté, par leur reliure, quelquefois par une curiosité de mauvais aloi ; ils pourront se représenter ailleurs. En attendant revenons à des œuvres plus consistantes, sinon plus dignes de votre attention.

Je m'accuse, Madame, de compter parmi mes livres les plus soignés un des auteurs dont je réprouve le plus les principes, un auteur que je ne suis jamais parvenu à lire tout entier : Helvétius. Il paraît, du reste, que tout le monde n'est pas du même goût; car un amateur a pris soin de réunir toutes les premières éditions de cet écrivain en quatre gros volumes in-8°. Il a joint au livre de *l'Esprit* le fameux *errata* comprenant les suppressions du censeur Terrier, de qui on se moqua au moyen de ce prétendu *errata* qui offrait la reproduction littérale de tous les passages supprimés. Il y a également réuni toutes les condamnations, toutes les censures, civiles ou ecclésiastiques, formant une énorme annexe. Enfin, il a placé en tête de chacun des quatre volumes le beau portrait peint par Vanloo, et il a parfaitement fait relier le tout. Cet amateur, contemporain d'Helvétius, ne se doutait guère probablement alors qu'après une certaine amélioration de la raison publique, je payerais toutes ces belles choses aussi bon marché que je l'ai fait.

J'ai, de plus que les *OEuvres complètes* du poëte Lebrun, plusieurs de ses ouvrages qui ne s'y trouvent pas ou qui n'y ont été admis que par extraits : *l'Ane littéraire*, la *Wasprie*, ses *Odes républicaines*. Mais j'anticipe pour ces dernières. J'ai un exemplaire assez précieux de son *Ode à Voltaire* sur la petite-fille du grand Corneille. Elle porte des corrections importantes de la main de Lebrun, et l'on peut suivre, dans quelques-unes de ces corrections, la marche des idées du poëte, ce qui a toujours un grand intérêt.

J'ai, par époques de publication, les divers ouvrages de Rhulières, y compris l'*Histoire de l'anarchie de Pologne*, publiée en 1807 par M. Daunou, édition qui donna lieu alors à quelques cancans politico-littéraires. J'ai, notamment, un exemplaire de ses *Éclaircissements sur l'édit de Nantes*, avec un envoi de trois lignes, signé.

J'ai un beau volume formé des éditions originales des principales pièces de Piron avec un envoi de sa main.

Je vous ai dit, Madame, que cette dernière particularité, celle des envois autographes, m'allait droit au cœur : c'est surtout, naturellement, quand déjà l'auteur est en faveur auprès de moi. Aussi ai-je été ravi de trouver un *ex-dono* assez étendu de l'abbé Dubos en tête de son excellent livre des *Réflexions critiques sur la poésie et sur la peinture.* J'ai réuni la plupart de ses autres ouvrages à celui-ci. Quelques-uns, comme l'*Histoire des quatre Gordiens,* ne se trouvent pas aisément.

Un peu d'eau de rose, Madame.

Les amateurs font cas de la première édition des *Lettres péruviennes,* Peine, sans date (1747), mais ce petit in-12 n'a son véritable prix que lorsqu'on peut y joindre l'édition, première aussi, des *Lettres d'Aza,* même format (par M. de Lamarche-Courmont) sans désignation de lieu (Amsterdam), 1749. Ce dernier volume est d'une extrême rareté. J'ai pu me procurer l'un et l'autre et je leur ai donné l'uniformité qui convenait.

J'ai aussi, outres les *OEuvres complètes* de Madame de Graffigny, ses curieuses lettres sur son séjour auprès de Voltaire et de Madame Duchâtelet, et une plaquette d'œuvres posthumes qui ne se trouvent point ailleurs.

J'ai souvent des transitions assez brusques, et je m'applaudis de ce que ma bibliothèque, par sa composition même, m'oblige à cela. Mais on peut nommer le chevalier de Boufflers après Madame de Graffigny, d'autant plus que c'est de sa succession que sont provenues les lettres écrites de Cirey. Je me suis plu à réunir plusieurs éditions générales et particulières de ce gracieux écrivain, moins comme monuments littéraires que comme études des mœurs ou plutôt des formes de son temps. Par malheur c'est son pauvre livre du *Libre arbitre* qui porte le plus bel envoi du monde : je l'eusse, de beaucoup, préféré sur un ouvrage plus analogue au genre de talent de l'auteur.

J'ai l'œuvre couronnée de Madame d'Epinay, les *Conversations d'Émilie ;* j'ai ses singuliers *Mémoires*, je dirais ses Mémoires impossibles, comme je l'ai dit de ceux du cardinal de Retz, si elle n'avait pas pris la précaution de les écrire sous la forme d'un roman. J'y ai joint, comme complément nécessaire, la *Correspondance* de l'abbé Galiani. J'avais déjà les spirituels *Dialogues* de celui-ci, *sur le commerce des blés*, ainsi que la longue et ennuyeuse réponse de Morellet. J'ai les *Mémoires* de ce dernier, qui se font lire avec plus d'intérêt.

Mais j'ai réuni tout ce que j'ai pu des livres d'un abbé autrement sérieux, même sous le rapport littéraire, que l'abbé Galiani et l'abbé Morellet : le savant, le sage, le judicieux abbé Pluquet. J'ai sa charmante collection des *Livres classiques de la Chine* (Debure et Didot, 1784), que je ne réserve point pour le chapitre des traductions, à cause de leur passage à travers plusieurs langues et des améliorations du dernier traducteur. J'ai son excellent livre de *la Sociabilité*, son *Traité philosophique et politique sur le luxe*, avec un envoi de sa main ; j'ai surtout son *Dictionnaire des hérésies*, chef-d'œuvre de savoir, de talent et d'impartialité. Celui-ci porte également un envoi de l'abbé

Pluquet, qui restera toujours pour les bons esprits un auteur de choix.

J'ai quelques éditions plus ou moins curieuses des ouvrages de Rivarol, et principalement son célèbre *Discours sur l'universalité de la langue française* avec un envoi de l'auteur.

J'expliquerai ailleurs, ou j'excuserai, si l'on tient à ce mot, ma faiblesse pour les plus faibles ouvrages de Florian. En attendant, je me bornerai à remarquer ici que j'ai réuni, en papier vélin, toutes ses éditions primitives in-18, un des plus charmants produits des presses de Didot; et, du même papier, du même format, toutes les premières publications posthumes, ce qui est assez peu commun. Cette collection est avouée des amateurs les plus difficiles, et ce point-là une fois reconnu qu'importe le mérite des ouvrages? Suivant nos *us et coutumes*, je n'ai plus rien à justifier. Mais je puis me vanter, sans aucun remords de conscience littéraire, de tout ce que j'ai en différentes éditions de l'œuvre vraiment supérieure de Florian, son recueil de *Fables*. D'abord, la première et peut-être la plus jolie édition, celle de Didot (1792), sur tous les papiers; quelques autres encore, et enfin la très-belle édition de Neveu (1821), avec une grande quantité de gravures à laquelle j'ai joint encore un beau portrait de Florian, et un billet où il annonce que Don Quichotte est fini et qu'il n'attend plus que le travail du graveur Queverdo.

Peut-être devrais-je, à ce propos, parler des innombrables fabulistes français que présente ma bibliothèque ; mais c'est surtout ici qu'après en avoir nommé un tout petit nombre de supérieurs, l'on ne rencontre plus que des esprits plus ou moins distingués ; et, comme chacun se réduit à un ou deux volumes, l'énumération qu'il faudrait en faire serait hors de proportion avec l'importance morale des ouvrages qu'elle indiquerait.

J'ai peu d'éditions particulières de l'abbé Delille, que j'aime à lire à son dernier point de perfection, et dans la belle édition de Michaud (1824). J'ai pourtant la première édition de la traduction des *Georgiques* et quelques éditions successives du même ouvrage, parce que c'est une des productions où l'on peut suivre avec le plus de fruit, la marche graduelle de son talent. Je n'en dirai pas autant de la traduction du *Paradis perdu*, ni même de celle de l'*Énéide* : Delille, du premier jet, y est arrivé au degré de perfection qu'il lui était donné d'atteindre, et quels que soient les préjugés actuels, ceux de ma jeunesse, moins fondés peut-être, me font encore regarder ce point-là comme assez élevé.

Mais puisque, par divers motifs, je recherche curieusement les premières éditions des auteurs dont j'ai déjà les œuvres complètes, je me plairai à vous en citer ici, Madame, quelques-unes qui sont parmi celles que j'ai recueillies avec le plus de bonheur et disposées avec le plus de luxe. Je veux parler surtout des éditions primitives de presque tous les ouvrages de Gilbert. C'est bien là qu'on peut suivre, avec autant d'étonnement que de jouissance littéraire, la marche du prodigieux talent qui, parti d'un aussi faible recueil que le *Début poétique*, est arrivé, en peu d'années, à la belle satire du *Dix-huitième siècle*, et qu'on peut apprécier la grandeur et la variété d'un génie qui, semblant d'abord exclusivement voué à l'énergie, produisit, huit jours avant la catastrophe qui termina sa courte et malheureuse carrière, ces tendres, ces admirables stances que les amis de l'art citeront éternellement.

L'on retrouve les deux grandes satires de Gilbert dans un petit recueil en deux volumes des *Poésies satiriques du dix-huitième siècle*, joli recueil à tous égards, et qui devient précieux à un certain degré lorsqu'on rencontre, à la fin du deuxième volume, deux feuillets qui ne sont pas dans tous les exemplaires, et qui ne pouvaient pas manquer dans le mien.

Je ne sais pas jusqu'à quel point ce sera vous faire ma cour que de vous dire le soin extrême que j'ai apporté à réunir la plupart des premières éditions de Parny, d'autant plus que ce que cette réunion présente de plus remarquable est son regrettable poëme, avec une longue suite de variantes qui font de ce volume, disposé pour une édition qui n'a pas été faite, une chose de quelque intérêt. J'ai aussi plusieurs éditions primitives des *Poésies* de son ami Bertin, notamment l'*Épître à M. Desforges-Boucher,* tirée seulement à douze exemplaires, suivant le premier catalogue de M. de Saint-Mauris. J'ai bon nombre des éditions séparées de Léonard, particulièrement ses *Poésies pastorales,* avec un envoi de sa main.

A propos de poésies pastorales, je possède un poëte qui s'est fait une assez belle renommée par une seule, mais charmante églogue, l'abbé Mangenot: je fais cas de mon beau volume in-8° qui n'est pas rogné.

Nous avons déjà remarqué, Madame, au commencement et à la fin de chacune de ces périodes littéraires qu'on s'est accoutumé à nommer un siècle, par une sorte d'extension figurée, nous avons remarqué, dis-je, des nuances qui adoucissent la transition. C'est ainsi que nous sommes insensiblement arrivés aujourd'hui à des écrivains qui, ayant produit la plus grande part de leurs ouvrages avant 1800, ne semblent pourtant guère pouvoir être décidément classés dans le xviiie siècle. Au reste, ne me trouvant enchaîné ici par aucune doctrine absolue, décrivant une bibliothèque et nullement des époques littéraires, je me sens fort à mon aise là-dessus. La plupart du temps, ainsi que je vous l'ai annoncé d'avance, je cède à mes seules impressions, même sans chercher à me rendre compte, à part moi, de ce qui les détermine, et je ne sais pas, en effet, pourquoi je vous parle aussi tôt ou aussi tard de Bernardin de Saint-Pierre, de Ducis, de Fontanes, des deux Chénier, après vous avoir parlé, ou avant de vous parler de quelques autres qui ont vécu, agi, écrit en même temps qu'eux : mais enfin les voici :

Oh ! de Bernardin de Saint-Pierre, j'ai, avec tout ce qu'il y a de plus complet en éditions modernes, ses éditions primitives sans aucune exception, à commencer par son premier livre, le *Voyage à l'île de France*. Mais j'ai surtout de son chef-d'œuvre, je pourrais dire de ses deux chefs-d'œuvre, *Paul et Virginie* et *la Chaumière indienne*, tout ce qui en a été fait de plus remarquable. La première édition d'abord, ce ravissant in-18 de 1789, plusieurs exemplaires habillés, attifés de toutes les façons ; l'édition grandiose de 1806, splendide in-4º, avec un envoi de Bernardin de Saint-Pierre ; la très-belle édition de Méquignon-Marvis (1823), grand papier vélin, dont les dessins, faits à Paris, furent gravés à Londres. Enfin, sans m'arrêter à d'autres éditions plus ou moins jolies, j'ai cette édition monumentale de Curmer, que je n'essaierai point de décrire, exemplaire choisi, magnifiquement relié, auquel j'ai ajouté deux pages autographes de Bernardin de Saint-Pierre certifiées par Aimé Martin.

De son ami Ducis (ces deux génies si divers étaient étroitement liés), j'ai toutes les pièces dramatiques, et toutes les autres poésies, à leur date de publication, la plupart avec des envois.

Viennent ces deux infortunés Chénier, car j'ai la conviction que Marie-Joseph a été, moralement, aussi malheureux que son frère, sa haute intelligence, comme ses tendances naturelles, ayant dû constamment lui faire sentir tout l'odieux des voies où les passions du temps l'avaient entraîné. J'ai, d'André Chénier, tout ce que le monde a connu de lui, et vous avez vu, dans une lettre précédente, que j'ai contribué à augmenter un peu ce trésor déjà d'une si grande valeur. Quant à Marie-Joseph, pour lequel je suis loin d'avoir le même genre de sympathie, j'ai, outre la belle édition de ses *OEuvres*, réunies à celles de son frère, tout ce que j'ai pu recueillir de ses publications faites séparément, tant littéraires que politiques, parce que, curiosité d'amateur à part, il y a fort à observer dans ce miroir confus des mœurs de l'époque. Du reste il s'y trouve aussi quelques raretés dignes d'attention, telles, par exemple, que ses *Poésies lyriques* (Didot aîné, an VII), admirable petit volume numéroté par Chénier lui-même, 57 sur 250, avec un envoi de sa main.

Les deux Chénier! ce nom est venu m'arracher, comme par un coup de tonnerre, à mon doux rêve bibliographique, et me remettre en présence de l'effroyable tempête qui contrista, qui épouvanta mon enfance. Je parlais, tout à l'heure, des nuances littéraires qui fondent un siècle avec le siècle qui le suit; mais ici c'est, au contraire, un affreux contraste auquel on ne peut assigner que sa date purement matérielle, car la période révolutionnaire proprement dite, celle de la Terreur, n'appartient pas plus, moralement parlant, au XVIIIe qu'au XIXe siècle. Tous les deux doivent subir, du plus au moins, cette terrible responsabilité ou en être dégagés tous les deux. C'est sans doute cette impression qui, à mon insu, me faisait hésiter sur le classement de quelques écrivains, lesquels, après avoir, en se vouant au silence, survécu à cette épouvantable période, ont repris, continué leurs travaux dans des temps un peu plus sereins. Cependant cette période, Madame, la moins littéraire assurément de l'histoire de notre pays, occupe, elle-même, un certain recoin de ma bibliothèque. Mais comment assujettir quelque chose d'aussi exceptionnel par sa nature à la forme de nos exposés accoutumés! Que de déductions, que d'explications et quels développements ne faudrait-il pas, sans pouvoir, en définitive, donner à tout cela un caractère quelque peu bibliographique! Laissons donc à cette déplorable littérature (si littérature il y a) sa destination véritable, celle des cabinets politiques ou des cabinets de curieux. Moi, par exemple, ainsi que je viens de le dire, j'ai la plupart de ces étranges productions, je possède à peu près toutes celles que M. Géruzez a si bien caractérisées dans sa belle *Histoire de la Littérature française pen-*

dant la Révolution ; j'ai toutes ces choses-là, j'en conviens, c'est mon état ; mais je ne dois raisonnablement
vous en indiquer qu'une bien faible partie.

Et d'abord ce que tout le monde peut avouer, les
Mémoires de l'époque, les Mémoires caractérisques
s'entend, ceux des vrais contemporains, sauf à faire
la part des passions du narrateur, et non des Mémoires faits après coup sur des Mémoires. J'ai les
Mémoires des hommes qui, dès l'origine, ont paru
sur la scène politique, ceux de Bezenval, de Bouillé,
de Dumouriez, puis de madame Roland, de Sénart, de
Louvet, ces derniers avec un envoi autographe à
Ginguené ; ceux de Fréron, de Riouffe, de Cléry, de
l'abbé Edgeworth, de Madame de La Rochejaquelein,
et plusieurs autres. Dans ces divers exposés, tous les
bons, tous les mauvais principes, toutes les opinions,
toutes les folies, toutes les nuances de folie, et puis la
folie en action après avoir été ou avant d'être en récit.
Les procès les plus atroces du temps, celui du malheureux Favras, et tous les écrits, plus ou moins curieux,
qui s'y rattachent, procès si peu connu avant l'excellent travail de mon infortuné compatriote, feu M. de
Vallon ; celui du baron de Bezenval, la ridicule affaire
du prince de Lambesc, le procès sacrilége du saint Roi
et tout ce que vomirent d'horribles calomnies ses
malheureux juges, et des discours ! (c'était le siècle des
discours), les discours qu'ont prononcés, sur tous les
sujets, les Mirabeau, les Cazalès, les Maury, les Bar-

nave, les Vergniaux, les Robespierre, les Danton, les
Saint-Just, les Barrère, leurs adversaires, leurs adhé-
rents, parfois une rude, une grande éloquence, parfois
les plus étranges aberrations; et puis les retours, les
réactions, les récriminations, le tout merveilleusement
rendu par les hommes de la chose : « C'est nous qui
sommes les victimes, qui sacrifions tout à la *vertu*.
Vous êtes, vous, d'affreux conspirateurs, les ennemis
de votre pays. » Ainsi parlait chaque parti, chaque frac-
tion de parti à son tour ; et les journaux de l'époque,
et les milliers de pamphlets ! j'ai de toutes ces hor-
reurs-là, au moins un choix abondant.

Et faut-il le dire ? ceux pour qui, comme pour moi,
ces temps malheureux sont aujourd'hui à l'état de
souvenir *personnel*, en sont peut-être moins doulou-
reusement impressionnés que ceux qui ne les ont pas
vus, soit par la satisfaction secrète d'avoir échappé à
un horrible danger, soit par quelque autre mystère
de l'âme. Toujours est-il que ces différentes collections
sont loin d'être sans prix à mes yeux, que je les ai
composées non pas au moyen de belles réimpressions,
mais de préférence avec les éditions même du temps,
faites sur le vilain papier brouillard de l'époque ;
offrant un texte ridiculement fautif, en un mot tout ce
qui pouvait me rendre plus présent ce que j'avais vu,
lu ou entendu dans ma première jeunesse. Et, à travers ces différents écrits dont quelques-uns sont si en
dehors de la véritable sphère des lettres, j'ai toujours

flairé, j'ai toujours excusé avec moi-même, autant
que je l'ai pu, autant que je l'ai osé, tout ce qui portait un cachet quelque peu littéraire, ou un nom qui
refoulait un peu moins les sympathies, comme ce
pauvre Rouget de Lisle qui, croyant de la meilleure
foi du monde ne composer qu'une hymne patriotique,
produisit cet odieux chef-d'œuvre, odieux seulement
par l'application qu'en fit bientôt la fureur populaire,
et que je suis charmé de posséder, avec d'autres
poésies de l'auteur et un morceau inédit écrit de sa
main. Mais je n'ai pas le courage de m'arrêter plus
longtemps dans ces terribles régions, et, comme dit
Dante, dans le dernier vers de son immortel poëme,
je me hâte de sortir *à riveder le stelle.*

La première étoile que j'aperçois, Madame, c'est le
dernier nom prononcé avant cette triste digression, le
nom de M. de Fontanes; je laisse le *Monsieur* à celui-
là parce que nous l'avons tous vu, tous connu avec
cette bonne grâce, cette distinction de manières, avec
ces belles qualités de l'âme, cette haute supériorité
d'esprit, tel, en un mot, que l'a peint, dans son admirable discours de réception, le plus digne successeur
que pût lui donner l'Académie française, M. Villemain.
J'ai, outre son édition générale, plusieurs de ses anciennes et nouvelles publications, ses magnifiques
discours politiques de toutes les époques, son délicieux
morceau du *Verger* (aujourd'hui un poëme), avec un
envoi de sa main à Bernardin de Saint-Pierre, enfin

cette belle traduction en vers de l'*Essai sur l'homme*, qui, avant la réimpression de 1824, était presque introuvable, et à laquelle, indépendamment de quelques variantes assez curieuses, je crois, en vérité, que je tiens compte du mérite rétrospectif de la rareté.

M. de Fontanes, Madame, d'un côté par la nature de son talent, si éminemment classique, de l'autre par une certaine indépendance d'idées, convient merveilleusement pour former dans ce simple exposé un lien naturel entre le xviiie siècle où prit commencement sa belle carrière, et le xixe, à l'illustration duquel il contribua sous tant de rapports. Il convient d'autant mieux pour cela qu'il fut, en quelque sorte, non pas précisément l'introducteur (le génie sait bien se produire de lui-même), mais le premier, le plus juste appréciateur de ce grand phénomène littéraire qui eut nom Chateaubriand. Quand je n'aurais pas répété jusqu'à satiété que n'indiquant aucun rang spécial à mes livres, je veux encore moins en indiquer un aux auteurs, certes, aucun écrivain contemporain, pas même ceux qui, à plusieurs égards, ont le droit de se dire ses égaux, ne s'étonnerait de voir nommer ici M. de Chateaubriand le premier. Il est convenu, en effet, aujourd'hui, que c'est lui qui ouvre littérairement le xixe siècle, même par la date matérielle, et j'observe cet ordre avec d'autant plus de liberté que les véritables rivaux de l'éminent écrivain se trou-

vent parmi ceux qui, par bonheur, vivent encore, et
que, dans le rapide exposé des livres de ma bibliothèque, je vois plus d'une difficulté à nommer dans un
ordre quelconque des auteurs vivants; non pas sans
doute que ces illustres vivants soient trop en minorité
dans mon cabinet, ils s'y trouvent, au contraire, en
très-grand nombre, et ils y ont été placés, la plupart,
avec une sympathique admiration, quelques-uns avec
la satisfaction d'une tendre amitié, heureuse de les
voir, à juste titre, comptés parmi les premiers. Ce
n'est pas, non plus, dans la crainte que quelque
omission, fruit du simple hasard, ne vînt blesser de
justes susceptibilités. Quel écrivain, d'une véritable
valeur, pourrait considérer comme un mécompte de
n'être pas mentionné dans ces humbles pages? Mais
les premiers littérateurs de l'époque sont presque tous,
en même temps, d'éminents professeurs, de célèbres
publicistes, parfois de grands hommes d'État: comment caractériser d'un seul trait, suivant mon usage,
des titres si divers et si justement acquis? Comment
réduire aux proportions d'un exposé si abrégé par
sa nature de si nombreuses éditions, des éditions
si savamment, si fréquemment améliorées? Je me
bornerai donc, comme je l'ai déjà fait, à citer leurs
beaux noms lorsque je m'y trouverai naturellement
amené par le sujet, heureux alors de cette occasion
d'en vivifier mes déductions bibliographiques, mais
en ne nommant, dans le cas actuel, que des auteurs

morts qui sont toujours, eux, et sur toutes choses, de bien meilleure composition.

J'ai donc de M. de Chateaubriand, dont les écrits exaltèrent ma jeunesse, et qui, par un peu d'amitié, honora mon âge mûr, j'ai d'abord sa grande, sa véritable édition, celle de Ladvocat, et tout ce qui s'y est joint depuis de posthume. J'ai plusieurs éditions primitives des ouvrages séparés, quelques publications de circonstance devenues rares, des feuilles volantes qui ont leur intérêt; enfin j'ai la première édition de son livre le premier publié en France, *Atala*, édition que M. de Chateaubriand eut, un jour, beaucoup de peine à se procurer, lui-même, je ne me souviens plus dans quelle vue, et qui se lie à quelques-uns de mes plus doux souvenirs: je passe sur les soins de divers genres dont j'ai entouré les œuvres de celui qui, pour moi, ne fut pas seulement un grand écrivain.

Après avoir donné à M. de Chateaubriand, comme je l'ai fait, en motivant mon silence, l'escorte anonyme de ses pairs encore vivants, je citerai, au hasard, les écrivains qui, connus un peu avant ou un peu après lui, n'en font pas moins partie de la même période littéraire, et dont les ouvrages, dans leur généralité ou avec quelque choix, ont pris place dans mes collections :

Et d'abord deux hommes qui, à plusieurs égards, ses émules, marchèrent longtemps l'un à côté de l'autre, et tous deux à côté de lui, pour se voir ensuite bien tristement séparés, M. de Bonald et M. de Lamennais. Ce dernier a trouvé moyen, dans une occasion, de se moquer un peu de l'innocente fantaisie de ceux qui, comme moi, mettent du prix même à la simple signature d'un homme célèbre. Ayant eu connaissance, lors de la première vente de sa bibliothèque, en 1836, de cette petite manie des amateurs, il écrivit d'une écriture bien évidemment récente, bien flamboyante sur tous ses livres : *F. de Lamennais,* afin qu'ils se vendissent un peu mieux et un peu plus cher : nous méritions, ma foi, bien cela ;

Les deux de Maistre, madame de Staël, Benjamin Constant, tous avec des accessoires de quelque intérêt. J'ai particulièrement de madame de Staël son premier ouvrage : les *Lettres sur J.-J. Rousseau,* que je n'annoncerais pas ici avec fracas si je n'avais appris dans un catalogue récent (c'est là souvent la source de notre érudition) que cette édition, la première (1788), a été tirée à moins de cinquante exemplaires destinés aux seuls amis de l'auteur. Le mien fut adressé à M. Emmanuel de Grouchy ;

Et l'un des plus aimables représentants du dix-huitième siècle, mais que le dix-neuvième réclame à tant d'égards, ne fût-ce que pour ne pas le séparer du digne fils que le corps académique fit asseoir à côté de lui, ce charmant comte de Ségur, le frère du charmant vicomte, l'ami du prince de Ligne, ce der-

16.

nier aussi, brillant reflet du siècle précédent; de combien de productions variées n'ont-ils pas enrichi mes possessions! J'ai pourtant mes préférences et je lis surtout avec délices les *Mémoires* où M. de Ségur a si bien raconté, dans le plus beau langage du plus beau monde, les années de sa vie qui précédèrent la révolution. Je les rapproche avec un vif intérêt de ceux du savant écrivain militaire, le général Mathieu Dumas, publiés, en 1839, par son digne fils le loyal général Christian Dumas. Enfin, dans cette ligne d'hommes éminents qui, après avoir vu d'autres jours, ont honoré les nôtres, ce héros si éloquent de la piété filiale, le noble comte de Lally Tolendal, dont les admirables défenses sont loin de se trouver facilement: j'en possède un exemplaire des plus complets.

Dans un autre ordre littéraire, notamment dans le genre dramatique et dans la poésie légère, presque toujours avec quelques mots de l'auteur :

J'ai un volume disposé avec luxe de toutes les comédies originales de Collin d'Harleville ;

Celles de Picard, d'Andrieux et d'Étienne. De Picard, outre le plus grand nombre de ses comédies, son opéra comique des *Visitandines*, devenu, depuis longtemps, sous ce titre, d'une extrême rareté ; avec les pièces d'Étienne, tout le procès relatif à *Conaxa*, accessoire obligé mais rendu ici d'un intérêt plus qu'ordinaire ; du spirituel Andrieux, la presque totalité de ses œuvres dramatiques et le volume de poésies, publié en 1800 ;

Les choses les plus remarquables de Baour-Lormian, surtout un volume fort curieux imprimé à Bordeaux, en 1803 et tiré à très-petit nombre, où l'on trouve, à la suite des *Satires*, sa polémique d'épigrammes avec divers auteurs du temps, particulièrement avec Lebrun ;

Toutes les tragédies d'Arnault, et l'édition la plus complète de ses *Fables*, imprimée à Bruxelles en 1816 ;

Indépendamment des *OEuvres complètes* de Legouvé, plusieurs exemplaires exceptionnels de pièces séparées, mais, par-dessus tout, la charmante édition de Didot du *Mérite des femmes* (an IX), avec un envoi de l'auteur ;

L'édition complète des ouvrages de M. Roger, édition si remarquable par ces charmantes préfaces qui forment, à tout prendre, des mémoires très-intéressants. J'y ai joint, en publications partielles, en accessoires divers, tout ce que de longues et douces relations avec le si aimable, le si spirituel académicien m'avaient mis en mesure de recueillir.

J'ai aussi, vous l'imaginez bien, les œuvres de cet admirable Casimir Delavigne, homme de génie la plume à la main, un enfant, un ange pour la douceur et pour la bonté ;

J'ai celles de Luce de Lancival, auteur dramatique

de talent, mais qui a eu les honneurs d'une édition générale, tandis que d'autres, qui étaient loin de lui être inférieurs, ont vu leurs pièces rester éparses dans la circulation.

Enfin, puisque je suis entré dans cette ligne des écrivains dramatiques plus ou moins rapprochés de nous, je remarquerai que je possède séparément toutes les pièces qui, à diverses époques, ont constitué tantôt un événement littéraire, tantôt un épisode politique, presque toujours, à tel ou tel égard, un triomphe particulier, quelquefois un triomphe exceptionnel dans la carrière de l'auteur.

Ainsi : *l'Ami des lois*, de Laya ; *l'Agamemnon*, de Lemercier ; *les Templiers*, de Raynouard ; le *Sylla*, de Jouy ; *l'Assemblée de famille*, de Riboutté ; la *Clytemnestre* de Soumet ; *les Macchabées*, de Guiraud ; le *Louis IX*, d'Ancelot, et plusieurs autres pièces ou un peu moins remarquables ou un peu moins remarquées.

J'ai beaucoup d'autres œuvres isolées, des œuvres qui ont pris un rang honorable dans le monde littéraire, et dont quelques-unes même ont paru avec un grand éclat.

Cet admirable, ce singulier poëme en prose de Grainville, *le Dernier homme*, si longtemps ignoré de l'indifférent public, et qui l'eût peut-être été longtemps encore sans le tardif patronage de quelques hommes de lettres plus connus que l'auteur ;

Le Printemps d'un proscrit, de Michaud, œuvre de sentiment qui, en même temps qu'elle ramène les impressions de nos grands désastres, ne perd rien de la grâce et du prestige d'un talent réel ;

Les nobles et touchantes *Élégies* de Treneuil ; *le Génie de l'homme*, de Chénedollé ; *la Navigation*, d'Esménard, toutes choses qui ont eu leur jour de bruit plus ou moins retentissant, leur jour de succès plus ou moins mérité.

Les deux jolis poëmes de Campenon, que nous avons connu vous et moi, poëte aimable, et, chose bien plus rare, poëte modeste, remplacé à l'Académie française par un des esprits les plus distingués, par un des écrivains les plus éminents de notre époque, M. Saint-Marc Girardin ;

Les Plantes de René Castel, doux et poétique reflet d'une âme honnête, troisième édition disposée pour une quatrième, et où le digne M. Castel ajouta depuis, pour moi, une ou deux corrections de plus ;

Et le spirituel poëme du spirituel Colnet, *l'Art de dîner en ville*, et celui de Berchoux, si célèbre dans le genre, et cette sorte de jeu d'esprit dont Brillat-Savarin a fait un chef-d'œuvre. Telle est l'action qu'exerce un livre, quel qu'en soit le sujet, dès qu'il touche à la perfection, que *la Physiologie du goût* m'a fait acquérir deux opuscules de l'auteur : la *Théorie judiciaire* et un *Essai sur le duel*, avec quelques mots de sa main, productions qui rappellent un mot connu : *il sait même un peu de droit.*

Et d'aimables muses qui, comme M. de Chateaubriand, ont leurs véritables rivales parmi celles qui vivent encore : l'élégiaque madame Dufresnoy; madame Verdier qui, dans un petit nombre 'de morceaux, compte des chefs-d'œuvre; madame de Vannoz; madame de Salm, sœur de M. de Theïs, auteur distingué lui-même; celle surtout que les lettres ont perdue il y a peu d'années, madame de Girardin; madame d'Haupoult, madame de Beauharnais; j'ai de cette dernière une lettre autographe assez curieuse, adressée au chevalier de Boufflers, et dont celui-ci a orné l'exemplaire qui est dans mon cabinet.

Mais je m'aperçois que j'omets deux femmes célèbres qui doivent naturellement être placées ici, et cette distraction s'est produite par deux motifs entièrement opposés.

L'une, la marquise d'Antremont, ensuite baronne de Bourdic, et enfin madame Viot, a porté trois noms honorables, mais avant elle tout à fait étrangers aux lettres. Ce triple renouvellement d'existence sociale, pour finir par n'être qu'un poëte agréable et un prosateur ordinaire, avait produit dans mon esprit une demi-confusion qui me faisait oublier de lui rendre la justice qui lui est due.

L'autre, bien autrement remarquable comme écrivain, après avoir entouré de beaucoup de distinction littéraire son nom de famille, en reçut un tellement illustre que sous l'ascendant de ce grand nom, je ne songeais nullement à la citer parmi les personnes de son sexe auxquelles je n'ai jamais, à la vérité, assigné ici une place distincte. Mais là j'avais d'autant plus de tort que celle-ci, à tout le talent d'un homme, joignait tout le charme et toutes les vertus d'une femme : c'est madame Guizot, jadis mademoiselle Pauline de Meulan.

J'ai un volume assez curieux : *Essai de poésies*, par M. de Clermont-Tonnerre, exemplaire offert à sa femme (la *Delphine* de ses romances, depuis madame de Talaru) au moyen d'une épître spéciale simulant l'imprimé, avec quelques dessins de l'auteur. — J'ai la réimpression in-18 augmentée de ses romances que chantaient nos mères avant 1789.

J'ai différentes productions de M. Le Prévost d'Iray, dont la jolie romance : *O Fontenay qu'embellissent les roses* n'est ni la moins agréable ni la moins connue.

Enfin j'ai, avec les autres ouvrages de Millevoye, le précieux volume de la traduction en vers des *Bucoliques de Virgile*, couvert de corrections où l'on peut suivre, pas à pas, le travail du traducteur, volume si minutieusement décrit dans les *Mélanges tirés d'une petite bibliothèque*, page 295 à 304, par celui-là même qui l'avait formé d'épreuves détachées, Charles Nodier.

Si j'ai pu omettre, quelquefois involontairement, quelquefois très-volontairement, le nom de tel auteur du XVIIe siècle, quoique possesseur de ses ouvrages, de pareilles omissions, c'est-à-dire volontaires ou involontaires, ont dû se reproduire bien plus fréquemment encore pour le XVIIIe siècle et pour la première moitié du XIXe, deux périodes pendant lesquelles l'on a tant écrit, si bien écrit, si mal écrit. En tout, je suis fort loin de vous avoir nommé la totalité de mes livres, ou seulement tous ceux qui ne sont pas sans prix à mes yeux. Il est même très-possible que tel lecteur préférât, de beaucoup, quelques-uns des écrivains omis volontairement ici, à d'autres que telle ou telle impression personnelle m'a fait mentionner honorablement. Mon Dieu ! il en est presque toujours ainsi des jugements humains. Ils sont généralement si divers, quelquefois si opposés que, surtout en littérature, il n'est pas rare de rencontrer un grand désaccord entre des juges d'un goût également sûr. Au reste, jamais, dans le monde bibliographique, la possession d'un livre quelconque ne supposa l'approbation absolue du possesseur. Il importe fort que cela soit reconnu comme cela l'est, en effet, et, en ce qui me concerne, je l'ai répété assez souvent ici pour éloigner de moi toute fâcheuse responsabilité.

Il ne me reste plus maintenant, Madame, qu'à vous exposer, en général aussi, les traductions de tout

genre qui existent dans mon cabinet. Malheureusement cette partie de ma revue aura un inconvénient
inévitable, mais trop réel, celui d'entendre parler
encore, quoique dans une situation nouvelle, de
noms, de choses dont il a déjà été parlé. Cet inconvénient, du reste, je me trouve en position de le diminuer quelque peu. Des obligations beaucoup moins
douces que celle de causer avec vous vont me forcer
de m'absenter pendant une saison entière, et lorsque
nous reprendrons le cours de nos lettres, vous vous
trouverez par là un peu moins sous l'impression de
noms si souvent prononcés. Ce repos, Madame, sera
précieux pour vous, sans doute, mais il le sera surtout
pour moi, car, pour peu qu'on ait le sentiment de ce
qui convient en toutes choses, l'on est, assurément,
beaucoup plus malheureux d'ennuyer les autres que
d'en être soi-même ennuyé.

Agréez, etc.

LETTRE XI

UN CABINET DE M. TURGOT [1]

L'on ne fuit pas sa destinée, Madame ; je n'aurais point cru, assurément, lorsque, la dernière fois, j'allai prendre congé de vous, qu'au milieu des affaires de toute nature qui m'appelaient loin de Paris, j'eusse encore à m'occuper d'études bibliographiques. C'est pourtant là ce qui va faire le sujet d'un entretien que, malgré mes tendances naturelles, j'aurais volontiers rempli autrement. Il est vrai que

[1] Cette lettre parut, pour la première fois, dans *la France littéraire* du 5 février 1843. Depuis, M. Castaigne, bibliothécaire de la ville d'Angoulême et bibliographe distingué, donna, dans le *Bulletin du bibliophile* de juin 1855, une description fort ingénieuse du même cabinet, mais avec un autre plan et une autre direction d'idées.

ce sera de la bibliographie, à peu près comme l'ombre est le corps ; mais cela présente un peu de singularité, chose si précieuse dans le genre : la suite de ma lettre, Madame, pourra seule vous expliquer ce début.

J'étais à peine arrivé depuis quelques jours dans la sauvage retraite qui partage mes affections avec les quais que vous savez, lorsque j'eus occasion de voir M. le baron R......., administrateur intègre, homme beaucoup plus lettré qu'il ne cherche à le paraître, et beaucoup plus bienveillant qu'il ne semble vouloir le montrer. On lui avait dit que j'aimais les vieux livres, et, comme tous les gens d'esprit, il mit la conversation sur le sujet que j'aimais. Moi, je n'examine guère, en pareil cas, si cela provient d'un véritable accord avec mes sympathies, ou si c'est là, tout simplement, affaire de bon procédé. Je commence toujours par profiter de l'occasion qui se présente, et je n'eus point à m'en repentir dans celle-ci.

M. R......., en effet, touchait à un sujet particulier bien propre à exciter mon intérêt. Il s'agissait de M. Turgot, dont il administrait l'ancienne intendance, et c'est un nom qui a toujours bien sonné dans ma famille. Mon père a eu autrefois de longs et agréables rapports avec M. Turgot. Assez bon agriculteur lui-même, il se trouva souvent en mesure de le seconder dans ses grandes vues agricoles, et je vous dirai même, en passant, que je possède, parmi mes autographes, une gracieuse réponse de M. Turgot, devenu ministre, à une recommandation de mon père, en faveur d'un de ses voisins. Plus d'un motif concourait donc à rendre intéressant pour moi tout ce qui se rapportait au grand économiste, au bienfaiteur du pays où je me trouvais.

—« Vous vous êtes bien souvent assis dans son cabinet, me disait M. R.......; quelquefois vous y avez passé plusieurs heures, et vous n'y avez sûrement pas remarqué un souvenir resté de lui. Sur une porte où sont simulées des tablettes en rapport avec les rayons de la bibliothèque, figurent des livres également fictifs, et dont les titres sont évidemment l'œuvre de Turgot. Je vous en ferai les honneurs, la première fois que vous viendrez à L******. Ce n'est pas, je vous assure, sans quelques côtés assez piquants. »

Je ne doutai point qu'il n'y eût, en effet, plus ou moins matière à observation dans un vestige quelconque du passage de Turgot. Il y avait, dans tous les cas, forme de bibliothèque, et comme, à quelque temps de là, j'allai passer plusieurs jours au chef-lieu, après les premiers moments donnés aux affaires, je ne manquai pas de visiter la porte littéraire qui avait été signalée à mon attention.

Je me retrouvai avec un véritable intérêt, mais sans trop d'enthousiasme, je dois l'avouer, dans l'ancien cabinet de Turgot. Depuis que j'ai dépassé ma vingtième année, Madame, et il y a longtemps de cela, j'en ai fini, Dieu merci, avec les opinions plus ou moins religieuses, plus ou moins irréligieuses des hommes du XVIIIe siècle, ce qui a généralement la meilleure part dans l'adhésion si ardente de leurs jeunes admirateurs. Cependant je leur conserve toujours beaucoup de sympathie littéraire, et je partage entièrement, à cet égard, les impressions et les distinctions d'un grand critique contemporain. Ces distinctions du reste, je les ai constamment faites dans toutes les circonstances de même nature. C'est ainsi que sans avoir jamais eu la moindre tendance aux idées jansénistes (qui pense à cela aujourd'hui?), je me suis toujours passionné pour les solitaires de Port-Royal; c'est ainsi que, quoique ancien élève des Oratoriens qui auront toujours mes plus tendres préférences, je ne passe jamais dans la rue Saint-Antoine sans penser à Bourdaloue, au père Bouhours, à tous les hommes marquants du corps jadis adversaire de mes chers maîtres. Aussitôt qu'on appartient aux lettres, aussitôt qu'on appartient aux arts, peu m'importe le drapeau particulier. Ils sont vraiment à plaindre ceux que d'aveugles, d'exclusives préventions empêchent de se livrer sans réserve à toutes les jouissances de l'esprit; ils y perdent, vous le savez, vous, Madame, plus qu'ils ne peuvent l'imaginer.

Je me mis donc en devoir de m'identifier, de mon

17.

mieux, avec celui qui avait déposé dans ces titres
quelques-unes de ses pensées. Là respirait, en effet,
tout entier l'esprit sceptique de l'époque ; là se révé-
laient, à chaque ligne, les opinions de M. Turgot en
économie politique. Enfin, Madame, je me trouvai
bientôt *en plein Louis XV*, et si je ne puis pas vous
donner ici un relevé complet de ces titres, je veux,
du moins, en attendant que je mette sous vos yeux le
fac-simile qu'un homme rempli d'obligeance en a fait
faire pour moi, vous citer quelques-uns de ceux qui
sont le plus en rapport avec les sujets que nous trai-
tons habituellement.

Mais tout en ne faisant ici qu'un choix, Madame, je
ne vous dissimule pas qu'il faut souvent un assez
grand effort de mémoire, parfois même quelques
recherches, pour se remettre dans l'esprit les circonstances politiques ou littéraires qui font tout le sel
des épigrammes de Turgot, car c'est, à proprement
parler, un véritable recueil d'épigrammes : le philosophe le plus cauteleux parmi tous les autres, celui
dont on a dit que nul n'avait mieux l'art de tirer la
flèche et de cacher la main, s'en est là donné à cœur
joie; on a, dis-je, besoin de se rappeler, en lisant ces
titres, tantôt que l'abbé de Caveirac, à peu près oublié
aujourd'hui, publia, vers le milieu du dernier siècle,
plusieurs ouvrages remplis d'intolérance contre les
protestants ; tantôt que Linguet fut longtemps l'enne-
mi des philosophes, et défendit le pouvoir arbitraire,

avant d'entrer dans une autre voie; que l'abbé Galiani, dans ses *Dialogues sur le commerce des blés*, soutint, touchant cette matière, quoique passablement philosophe lui-même, une opinion contraire à celle des économistes, qui du reste, on le sait, faisaient bande à part sur beaucoup de points ; enfin, il faut se rappeler qu'à tort ou à raison, l'on reprocha aux frères Pâris d'avoir fort accru leur fortune dans la fourniture des armées ; tout cela est plus ou moins finement indiqué dans les premiers titres qui suivent:

—Traité de la Charité chrétienne, par l'abbé de Caveirac.

—Délices du gouvern. Turc, dédiées au Kisla-raga, par S. N. H. Linguet.

—Art de compliquer les questions simples, par l'abbé Galiani.

—Véritable utilité de la guerre, par les frères Paris.

C'est surtout Linguet qui est le plus fréquemment l'objet des sarcasmes de M. Turgot :

—Morale fondée sur la force, par S. N. H. Linguet.

—Dict. portatif des Métaphores et des comparaisons, par S. N. H. Linguet.

Trois énormes volumes.

Je remarquerai à ce sujet que souvent la grandeur du format et le nombre des volumes entrent pour quelque chose dans l'épigramme :

—S. N. H. Linguet, de suppliciorum ingeniosa diver. diatriba !

—Dracon. Leges notis perpet. illustratæ, a S. N. H. Linguet.

—Dangers du pain, par S. N. H. Linguet.

—Dialogue entre les trois gueules de Cerbère, jeu d'esprit de S. N. H. Linguet.

Enfin, plusieurs autres contre le même, tant en latin qu'en français.

On retrouve aussi une autre fois l'abbé de Caveirac :

—Conduite des Espagnols dans les Indes, justif. par l'abbé de Caveirac.

Cependant chaque personnage en est généralement quitte pour un seul mot piquant ; ainsi l'on ne rencontre qu'une fois les noms que voici :

—Du pouvoir de la Musique, par M. Sédaine.

—De l'emploi des images en poésie, par M. Dorat.

—Hist. complète des Néréides, ouvrage posth. de Poinsinet.

Vous savez mieux que personne, Madame, ce que la réputation de Sedaine dut aux charmantes compositions de Grétry et de Monsigny. Vous savez aussi avec quel luxe de gravures furent publiés la plupart des ouvrages de Dorat. Pour ce qui est du trait relatif à Poinsinet, j'avais pensé d'abord qu'il se rapportait à cette carpe avec laquelle quelques mauvais plaisants persuadèrent au crédule auteur du *Cercle* qu'ils l'a-

vaient mis en conversation, et qui est si originalement
rappelée dans un couplet de la fameuse complainte,
sur l'air du cantique de Saint-Roch.

> Ce fut avant le *Warwick* de Laharpe,
> Lorsqu'au théâtre on sifflait *Astarbé*,
> Que tout à coup, amoureux d'une carpe
> Dont il cuidait être le Sigisbé,
> > Notre invisible,
> > Imperceptible,
> > Voulut, dit-on,
> > Se changer en triton.

Mais lorsque je remarque cet énoncé : *ouvrage posthume*, je crains, en vérité, que ce ne soit une allusion à la mort du pauvre diable, arrivée le 7 juin
1769, en Espagne, où il se noya dans le Guadalquivir,
et que Turgot, qui n'a quitté ce cabinet qu'en 1774,
n'ait voulu se réserver le triste honneur d'avoir été
le dernier à se moquer du malheureux Poinsinet,
objet, pendant si longtemps, des mystifications de
tous les écrivains du second ordre et de tous les
cabotins de Paris.

Je parle avec quelque indignation de ce qui en
a fait rire tant d'autres, parce que j'ai toujours trouvé
qu'il y avait quelque chose d'ignoble et de méchant
dans cette persécution dirigée contre un homme qui
n'était pas, au fond, sans mérite littéraire, quoiqu'il
fût fort inférieur, sans doute, à son cousin Poinsinet

de Sivry, l'auteur de *Briséis* et le traducteur d'*Anacréon*.

Après cela, il revient peu de noms propres, Bacon, Burlamaqui, Leibnitz, mis là seulement pour donner de la couleur à la chose ; Ch. Eisen, dessinateur, dont les vignettes firent beaucoup valoir, dans le temps, *les Baisers*, de Dorat :

Tr. des ornements de la poésie moderne, par M. Eisen.

Le docteur Riballier, nom tant ressassé par Voltaire.

—Hist. naturelle du Griffon et de l'Ixion, par M. Riballier.

Enfin, un anonyme que je n'ai pas entièrement pénétré :

—Histoire naturelle et morale des Araignées, avec la description de leurs amours, par M. le duc de***.

Il reste encore, toutefois, Madame, un nom que quelque autre visiteur, à la sagacité duquel n'aura pu échapper le sens caché de cette forme extérieure, a essayé de supprimer en le grattant légèrement. Ce nom-là est fort au-dessus d'une épigramme de la part de qui que ce soit. Cependant, puisqu'il s'est trouvé quelqu'un qui, par une bienveillante intention, a cru devoir le faire disparaître, je m'abstiendrai de le joindre ici aux autres : c'est le sort des Mémoires inédits d'aller se heurter contre des égards contemporains.

Le reste de ces titres, c'est-à-dire le plus grand nombre, se forment de pensées plus ou moins hardies, plus ou moins voltairiennes, parfois simplement littéraires. Quelques-unes sont des critiques fort justes, d'autres des allusions qui joignent la finesse à la malignité ; le tout, enfin, est assez curieux comme une sorte de type de l'époque librement colorié par un peintre habituellement plus circonspect :

—Traité de la Dévotion politique.

—Hist. complette des Coiffures religieuses.

—J. Malatesta, J.-C. de Regibus, Eorum natura et afectibus.

—Farnabius, de Augurum veracitate.

—Jugement d'Erasme, sur les disputes de son temps.

—Nouv. système sur l'origine des Cloches.

—Dictionnaire de caractères a l'usage des Poetes comiques.

Deux grands volumes.

—Histoire naturelle des Bœufs Tigr. avec figures.

—Vérit. usage des Faits dans les matières de raisonnement.

—Traité du droit de Conquête, ouvrage posthume de Cartouche.

—Histoire des Pénitents avec la chronologie de leurs Prieurs.

—Choix des friponneries les plus ingénieuses, publ. en faveur des dupes.

Deux volumes in-folio.

—Doutes modestes sur l'excell. du despotisme.

—Code complet d'une nation raisonnable.

Un simple volume. Il ne se doutait pas que cela se réaliserait dans peu d'années.

—Utilité des Bonzes, appréciée par un lettré Chinois.

—Aul. Tigellini histricis de Legum abrogatione.

—Th. Rainaldi de forma caveæ pullorum Sacrorum.

—Dissertation sur la propriété de la soupe des Cordeliers.

—L'art de faire les glaces, par un Buvetier de l'Inquisition.

—Apologie de l'Esclavage des Nègres, contre les économistes.

—Cours complet de Morale extr. des Romans.
eux modestes volumes.

—Catalogue des Confesseurs des princes Chrét. jusqu'a l'an M. C.

—Corps complet des découvertes des trente-une Sociétés d'Agriculture.

Un faible volume.

—Esprit des Discours prononc. a l'Acad. Franç. dep. son étab.

Volume exigu.

Telle est, en général, Madame, cette suite de plai-

santeries plus ou moins bonnes, de censures plus
ou moins justes, mais assez curieuses, ainsi que je
vous le disais, comme *jeu d'esprit* d'un homme qui a
beaucoup marqué depuis dans les affaires et dans les
opinions de son temps. Certes, c'est là ou jamais
le grand homme pris en robe de chambre, car Turgot
était loin sûrement, par plusieurs motifs, de vouloir
donner à cet amusement la moindre publicité. Aussi
est-il quelques-uns de ces titres qui ne m'ont pas
semblé d'un excellent goût comme, par exemple,
le jeu de mots suivant, déjà fait par Voltaire, sur
le théologien Grillandus :

—R. P. GRILLANDI ORD. PRÆD. JURISPRUDENT. IN-
QUISITION ; comme quelques allusions plus malignes
que fondées aux mœurs alors assez peu avancées
du pays dont il était l'intendant. Ce serait assurément, aujourd'hui, un assez mauvais moyen d'administration; mais dans ce temps-là où le pouvoir
avait tant de force, et où, par suite, ses manda-
taires pouvaient se permettre impunément telle
facétie qui leur réussirait mal dans celui-ci, la petite
licence que se donnait Turgot à cet égard manquait
autant de générosité que de convenance, et surtout
était bien mal venue, vous en conviendrez, sous
la plume d'un de ces grands réformateurs de tous
les genres d'abus.

Mais puisque j'ai tant fait, Madame, que de mal
prendre les plaisanteries de Turgot sur les habitants

de son ancienne intendance, et vous savez pourquoi, il faut que j'achève de les venger, en vous montrant ici une des victimes immolées dans ses titres justifiée par une autre. Vous y verrez jusqu'à quel degré d'animosité peuvent se porter même les hommes d'un ordre supérieur, lorsqu'ils sont entraînés par l'esprit de système, ou égarés par d'aveugles haines de parti. Cette petite digression me semble loin d'être dépourvue d'à-propos ; mais, dans tous les cas, il a été convenu entre nous, vous le savez, que la bibliographie, lorsqu'elle n'est pas tout à fait matérielle, reste la maîtresse de se tracer à elle-même ses propres limites, et que tout ce qui se rattache, de près ou de loin, au livre qu'on a sous les yeux, appartient de plein droit à celui qui le décrit.

Cet abbé de Caveirac, retombé ici deux fois sous la main de M. Turgot, était un assez vilain homme en tant qu'homme de parti. Non-seulement il écrivit toute sa vie contre la tolérance dont Louis XV était disposé à user envers les protestants, mais il mit lui-même l'intolérance en action dans un procès où une femme calviniste, subitement convertie, voulait, en sollicitant la nullité d'un mariage qui datait de plus de quinze années, faire subir à ses enfants les affreuses conséquences des lois en vigueur. Tout cela rendait l'abbé de Caveirac fort attaquable sans doute, mais c'était un motif de plus pour ne pas recourir, contre lui, à l'arme odieuse de la calomnie. Or, voilà ce que

dit Linguet, dans sa *Réponse aux docteurs modernes*.
Le plaidoyer est peut-être un peu trop chaud pour le
mérite du client; mais ce ne serait là, au surplus,
qu'un nouvel exemple de l'exagération où jette toujours l'injustice; et il reste, en définitive, du moins
au profit du panégyriste, un fait que rien ne saurait
annuler entièrement.

« Un cri universel s'est élevé, il y a quelques an-
« nées, dit Linguet, contre ce malheureux abbé de
« Caveirac. Toute la basse-cour philosophique l'a hué
« avec indignité. On a dit, on a écrit, on a imprimé
« *qu'il avait fait tout exprès une apologie de la Saint-*
« *Barthélemy*. Vous verrez dans le monde des milliers
« de personnes qui en sont persuadées de bonne foi,
« et qui regarderaient comme le plus téméraire de
« tous les hommes, celui qui oserait en douter. Ce-
« pendant prenez la peine de chercher le livre de cet
« auteur si indignement et si injustement avili.

« Vous vous convaincrez d'abord que la Saint-Bar-
« thélemy n'était pas son principal objet. Il a fait un
« ouvrage plein de force, de lumières et de vérité sur
« l'expulsion des protestants au siècle dernier, et sur
« les motifs qui ont pu y déterminer Louis XIV et
« son conseil. Ce n'est qu'à la fin qu'il a joint une
« dissertation de soixante-trois pages, sous le simple
« titre de *Dissertation sur la journée de la Saint-Bar-*
« *thélemy*, à laquelle je ne vois pas trop qu'on ait
« répondu.

« Ensuite, si vous lisez ce petit ouvrage, vous serez
« étonné de n'y trouver qu'un homme raisonnable,
« humain, philosophe même, qui combat un préjugé
« (celui que la religion eut part aux meurtres de la
« Saint-Barthélemy) ; qui pourrait avoir tort dans le
« fond, sans qu'il fût possible de lui faire le moindre
« reproche dans la forme ; enfin, qui n'a point cher-
« ché à justifier cette abominable catastrophe dont
« on le suppose le panégyriste, qui a tenu à ce sujet
« le langage d'un cœur compatissant et d'un esprit
« éclairé.

« *On peut répandre*, dit-il en commençant, *des*
« *clartés sur les motifs et les effets de cet événement*
« *tragique, sans être l'approbateur tacite des uns, ou*
« *le contemplateur des autres. Quand on enlèverait à*
« *la journée de la Saint-Barthélemy les trois quarts*
« *des horribles excès qui l'ont accompagnée, elle serait*
« *encore assez affreuse pour être détestée de tous ceux*
« *en qui tout sentiment d'humanité n'est pas entière-*
« *ment éteint.* Et c'est l'homme qui parle ainsi, que
« l'on déclare l'apologiste de la Saint-Barthélemy, que
« l'on flétrit sous ce prétexte, dont le nom peut-être
« ne sera transmis à la postérité qu'avec les qualifica-
« tions affreuses et plus iniques encore dont on l'a
« accablé !

« Je ne connais point l'abbé de Caveirac, ajoute
« Linguet, dans une note ; je ne l'ai jamais vu ; je n'ai
« jamais eu avec lui de liaison d'aucune espèce et n'en

« aurai jamais vraisemblablement ; mais j'avoue que
« sur la dénonciation authentique qui a été faite à
« l'Europe de ses opinions et de son livre, j'ai été
« longtemps, comme beaucoup de ses ennemis sans
« doute, à le croire, sans l'avoir lu, un homme et un
« écrivain détestable ; le hasard a fait tomber, il y a
« quelque temps, son livre entre mes mains, j'ai frémi
« de mon injustice, et je saisis avec ardeur l'occasion
« de la réparer. »

Certes, voilà une sortie où l'on retrouve bien le
genre d'esprit de l'auteur des *Mémoires sur la Bastille*
et de tant d'autres écrits plus ou moins empreints de
déclamation. Mais ce qu'il ne dit pas, et j'ignore pourquoi, c'est que ce fut Voltaire qui, le premier, avec ce
ton de certitude qu'il prenait habituellement, procla-
ma que *l'abbé de Caveirac avait fait l'apologie de la
Saint-Barthélemy*. Cette assertion une fois tombée de
sa plume, il la reproduisit dans plusieurs écrits, dans
sa correspondance, dans toutes les occasions. Enfin,
il en vint à l'habitude de dire tout simplement *l'auteur de l'apologie de la Saint-Barthélemy*, comme on
aurait pu dire l'auteur de *la Henriade*. Ce fut donc
d'après le maître que chacun répéta la chose, sans
songer le moins du monde à la vérifier. Pendant ce
temps-là, Turgot insinuait silencieusement dans les
titres reproduits plus haut que l'homme était fort
capable de justifier les excès des Espagnols dans les
Indes ; et cependant vous le voyez, Madame, il peut

18.

bien y avoir dans sa *Dissertation sur la Saint-Bar-thélemy*, quelque *si*, quelque *mais*, suite inévitable de l'intolérance de ses opinions ; mais, d'après les phrases pleines d'énergie dont il flétrit cette effroyable journée, il n'était pas plus juste de dire que l'abbé de Caveirac avait fait l'apologie de la Saint-Barthélemy, qu'il ne le serait maintenant de dire que j'ai fait, moi, dans cette lettre, l'apologie de l'abbé de Caveirac.

« Ils s'imaginent, » disait un jour le naïf Lemierre, scandalisé de voir le même parterre qui avait si bien accueilli sa Veuve du Malabar, maltraiter je ne sais plus laquelle autre de ses pièces, « ils s'imaginent « qu'on peut leur donner tous les jours une veuve du « Malabar ! » Je ne me suis pas engagé, moi, Madame, à mettre tous les jours la main sur un livre de poche de J.-J. Rousseau, ou sur un manuscrit inédit d'André Chénier. Je vous l'ai dit, d'ailleurs, en commençant, ce n'est là qu'une pure fiction, un simple reflet de bibliographie, et vous ne vous attendez pas, sans doute, à ce que je critique ici la reliure de ces *dos* probablement confectionnés sur les lieux mêmes, ou l'orthographe vicieuse de quelques-uns de ces titres, ce qui ne peut être raisonnablement attribué qu'à l'artiste local. Ce serait me rendre, pour ainsi dire, le complice des mauvaises plaisanteries de Turgot. Mais cette œuvre, telle qu'elle est, a le mérite de rappeler vivement, de caractériser d'une manière intime un

homme illustré par de 'grandes vertus. Cet homme a
été, en quelque sorte, le créateur d'une province importante, et son nom, quoique devenu célèbre depuis
ce temps-là, y est encore presque toujours accompagné du titre de *Monsieur*, comme n'ayant jamais
cessé, un instant, d'être présent à tous les esprits.
Tous ceux qui abordent cette province, quelque position qu'ils viennent y occuper, s'associent bien vite à
ce juste sentiment du pays. Enfin, c'est un culte qui a
supporté, sans s'altérer en aucune manière, l'épreuve
de nos longues révolutions, et je crois savoir que dans
quelques arrangements d'intérieur devenus indispensables, l'on se propose de conserver religieusement la
porte de *Monsieur* Turgot.

Agréez, etc.

LETTRE XII

TRADUCTIONS.

Paris, mars 1848.

« Quel épouvantable avenir ! disait un jour au grammairien Domergue un homme effrayé des débuts d'une de nos crises révolutionnaires. Dieu seul sait dans quel abîme la France va tomber ! — Ma foi ! répondit le grand promoteur du *complétif,* arrive que pourra : j'ai dans mes cartons trois mille verbes bien conjugués ; avec cela on peut attendre en paix les événements ; la Providence fera le reste. »

On a beaucoup ri de la tranquillité d'esprit du bon Domergue, et de l'arsenal sur lequel il comptait pour braver la fureur des révolutions ; mais, en vérité, tous ceux qui ont le bonheur d'avoir une passion plus ou moins vive se montrent des Domergue, tel ou tel jour. Depuis ma dernière lettre, Madame, celle où je me complaisais dans la reproduction des paisibles temps de Louis XV, dans les souvenirs qui se rattachent à l'illustre ami de mon père, à M. Turgot, non-seulement les éclairs qui effrayaient l'interlocuteur du célèbre grammairien ont aussi brillé à nos yeux, mais le tonnerre est tombé sur nos têtes, il a foudroyé nos plus chères, nos plus nobles affections; il a réduit en cendres la meilleure part de nos fortunes, il a effleuré notre moral.... Et je vous adresse aujourd'hui une lettre sur les traductions.

Traduttore : traditore, a-t-on dit assez plaisamment; mais ce n'est là qu'un jeu de mots appelé par la consonnance dans le pays des jeux de mots. Quant à moi, je suis loin de partager les préventions de ceux qui relèguent les traductions dans les bas fonds de la littérature, préventions injustes qui sont particulièrement celles des écrivains médiocres : les traductions, comme je l'ai déjà dit, ont plus d'un mérite, sans parler de leur utilité, parfois de leur nécessité.

Cependant, Madame, si quelques traductions sont de véritables chefs-d'œuvre il est assez rare que ce genre d'ouvrages forme en bibliographie des livres recherchés des curieux, des livres d'amateur. C'est ce qui a dû m'empêcher de citer les traductions de mon cabinet en même temps que les livres originaux qu'elles reproduisent, et ce qui m'oblige d'en faire un article à part. Enfin les traducteurs, même ceux d'un talent hors de ligne, n'occupant, à ce titre, par la nature des choses, que le second rang, je n'ai plus lieu de redouter l'apparence d'un classement quelconque. En conséquence, qu'ils soient morts ou qu'ils soient vivants, je n'aurai aucun motif pour taire ici leurs noms.

Lorsque j'ai compris parmi les originaux les différentes versions de la Bible, je ne sais pas pourquoi je n'y ai point ajouté l'*Imitation de Jésus-Christ*, ce livre qui n'est pas un livre dans l'acception commune du mot, qui est un esprit, une âme, une pensée divine, qui peut bien parler plusieurs idiomes, mais qui n'appartient à aucun en particulier, qui appartient également à tous, et repousse ainsi le mot vulgaire de traduction. Du reste, tout pénétré que je sois de cette manière de sentir, évitons des formes trop ascétiques, et employons tout simplement la langue de notre métier.

Des soixante traductions si savamment déduites par M. Barbier, j'ai celle de Lemaistre de Sacy, très-justement estimée, surtout des vieux partisans de Port-Royal ; j'ai celle des Cusson, si longtemps et si singulièrement attribuée au père Gonnelieu au moyen d'une équivoque de langage, parce que les pratiques et les prières qui sont, en effet, de lui avaient été annoncées avec leurs premières éditions.

J'ai la traduction du père Lallemant, et je ne sais

pas si c'est par le sentiment de certaine confraternité (il avait quatre-vingts ans quand il la publia), mais c'est une de celles que j'aime le mieux.

J'ai celle de l'abbé Pelletier, devenue rare par le triste motif qu'elle ne put avoir qu'une seule édition. Je trouve même un témoignage direct de la faiblesse de cette traduction jusque dans la beauté de mon exemplaire qui, bien que très-vieux, est parfaitement conservé: *Sacrés ils sont*..... J'ai la belle traduction de M. l'abbé Dassance, qui sera moins ménagée des lecteurs.

J'ai, comment n'aurait-on pas ? celle de l'abbé de Lamennais, fort belle à plusieurs égards, mais qu'on dit avoir été parfois littéralement copiée de celle du père Lallemant, ce que je n'ai pas pris le soin de vérifier, ce qui d'ailleurs, d'après les principes exposés plus haut n'aurait qu'une médiocre importance à mes yeux.

Bien que j'aie dit assez souvent qu'en faisant cas des raretés qu'on a la chance de rencontrer, je n'estime pas toujours beaucoup celles qu'on peut confectionner soi-même, j'ai la traduction du chancelier de Marillac dans la délicieuse édition donnée par M. de Sacy, chez Techener, double garantie d'une excellente publication; je l'ai surtout comme adoption d'une des plus grandes autorités de ce temps-ci en matière de goût. Aussi c'est bien parce que je m'en rapporte plus à M. de Sacy qu'à moi-même que je préfère cette traduction même à mon ancienne favorite, celle du père Lallemant. Enfin je prévois que ce sera celle-là qu'on désignera désormais dans le monde chrétien comme dans le monde des lettres par le titre de *Traduction de Sacy*.

Cela dit, je passe aux œuvres purement littéraires en commençant par les traductions d'ouvrages didactiques.

La *Rhétorique* d'Aristote traduite par Cassandre, cette traduction annoncée dans une des premières préfaces de Boileau avec de grands éloges qui déjà étaient peu dans ses mœurs. Mon exemplaire (édition d'Amsterdam, 1733) offre une des premières et cependant une des belles reliures de feu Simier ; c'est un véritable livre d'amateur ;

La traduction de l'*Institution de l'orateur* de Quintilien, œuvre si estimable de Gédoyn ; un de ces livres dont j'ai parlé comme portant la signature de l'abbé de Lamennais ;

La *Poétique* d'Aristote, traduction de Dacier, beau volume in-12, relié en collection avec la *Rhétorique* et par le même relieur ;

La traduction d'*Homère*, du prince Lebrun, où le grand poëte grec n'a pas été tout à fait aussi heureusement senti que l'avait été un peu auparavant le grand poëte italien par cet homme illustre, cet homme de bien d'un si vrai talent ;

Celle de La Valterie, Barbin (1682), singulière à

certains égards malgré l'euphonie de la phrase, mais édition recherchée à cause des gravures de Schoonebeck.

J'ai la traduction d'*Hésiode,* en vers, et celle des *Géorgiques* de Virgile, par Le Franc de Pompignan;

Les *Odes d'Anacréon,* traduites aussi en vers par Lafosse, l'auteur plus heureux de *Manlius;*

Une *Imitation d'Anacréon* par Mérard Saint-Just, exemplaire chargé, surchargé de corrections autographes pour une édition nouvelle de ce faible travail.

Mais j'ai une véritable, une véritablement belle traduction en vers d'Anacréon par M. Veissier-Descombes, très-bel in-8º avec un envoi du savant traducteur.

J'ai celle de M. de Saint-Victor qui jouit aussi d'un juste renom.

Les *Idylles de Théocrite,* traduction en prose de feu Geoffroy;

Les traductions d'*Eschyle,* par M. Pierron; d'*Euripide,* de *Sophocle,* d'*Aristophane,* par M. Artaud, l'*Histoire d'Hérodote,* traduite par Larcher; *Thucydide,* traduit par Levêque; les *Vies de Diogène Laerce,* traduction de Chauffepié; les *Dialogues* et les *Petits traités de Lucien,* traduits par Belin de Ballu; la *République de Platon,* traduction de Grou, enfin les *Moralistes anciens :* toutes belles et bonnes publications de M. Charpentier. Vous le savez, Madame, je n'ai pas écrit sur le fronton de ma bibliothèque : *luxe et rareté*, mais bibliographie sérieuse, amour du beau, surtout du bon, fussent-ils à bon marché.

J'ai la *Retraite des dix mille* de *Xénophon*, traduction de Perrot d'Ablancourt, Dieu sait ! la *Cyropédie*, traduite par Charpentier, qui ne vaut guère mieux ; mais du moins celle-ci est un petit in-folio rendu précieux par un autre nom : il porte signé sur le titre le grand nom de La Rochefoucauld.

J'ai le *Manuel d'Épictète* avec les Commentaires de Simplicius, traduction de Dacier. Mon exemplaire, très-beau en tout, est couvert de corrections et de passages entièrement traduits par le savant helléniste de Bure Saint-Fauxbin sous le toit duquel j'ai passé plusieurs années.

Vous vous souvenez, Madame, que j'ai traité la traduction du *Daphnis et Chloé* comme un original, mais je possède également *Théagènes et Chariclée* d'Héliodore, traduit par Fontaine, belle édition de Coustelier (1743) ;

Chéréas et Callirrhoé avec des remarques du savant Larcher.

Enfin, j'ai tout ce qui a paru (12 vol. sur 15) de la charmante collection des romans grecs commencée par feu Merlin et que la mort de cet honnête libraire n'aurait fait que suspendre momentanément, si son savant et digne fils n'eût rencontré de ces obstacles que l'habileté, le courage et le plus véritable mérite ne suffisent pas toujours à lever.

J'ai les *OEuvres de Virgile*, traduction des quatre professeurs; j'ai la traduction en vers des *Églogues*, par Millevoye, volume précieux dont j'ai parlé ailleurs; j'ai enfin celle de Tissot ainsi que la traduction, par le même, des *Baisers de Jean Second*.

Ce malheureux Tissot! j'ai cru un moment qu'il ne lui serait pas permis d'avoir fait une bonne traduction des *Bucoliques*. A une époque où il me semblait qu'on mêlait trop et trop longtemps le souvenir de ses torts politiques à l'appréciation de ses talents littéraires, j'ai entendu faire plus d'une fois le petit conte que voici :

L'on assurait que dans la première édition de ses églogues il lui était échappé ce singulier vers:

La vache *pait en paix* dans ces gras pâturages,

et qu'un critique ayant relevé cette cacophonie; Tissot l'avait corrigée en mettant : la vache *paîtra*, ce qui, remarquait-on, valait encore moins.

J'ai l'édition originale : j'y ai cherché longtemps cet hémistiche la *Vache paît en paix*, je ne l'ai point trouvé; à la vérité, il y a dans la première églogue:

Le cerf léger *paîtra*,

mais que cela ait été corrigé ou non dans une édition subséquente, la traduction de Tissot n'en reste pas moins la meilleure que nous ayons des églogues du grand poëte latin.

J'ai dit ailleurs pourquoi et comment j'ai recueilli toutes les éditions, avec les variantes et les perfectionnements graduels, de l'admirable traduction des *Géorgiques* par l'abbé Delille.

Je possède une très-belle édition de la traduction en vers italiens de l'*Énéide,* par l'abbé Annibal Caro;

La traduction d'*Horace,* par Batteux; la traduction en vers des *Odes,* par le général Delort, avec un envoi du général;

L'excellente traduction de *Juvénal,* par Dussaulx; et cette œuvre, une des premières qui aient fait connaître le nom de ce littérateur, me rappelle que j'ai eu le tort de ne pas compter parmi les livres originaux du dix-huitième siècle tout ce que j'ai réuni de lui, c'est-à-dire la presque totalité de ses ouvrages, quelques uns avec autographe, et les quelques notes écrites par sa veuve sur l'honorable vie de Dussaulx.

J'ai la traduction de *Perse* par Sélis, celle de l'abbé Lemonnier, plus la polémique élevée entre eux à ce sujet, avec autographe de Sélis;

La traduction de *Phèdre* par Lallemant, avec des fables réformées dans la plupart des autres traductions;

La *Pharsale* de Lucain, traduite en vers par Brébeuf; belles gravures.

J'ai la traduction des *Commentaires de César,* par Perrot d'Ablancourt, suivant le mot connu, l'une des belles infidèles, mais j'ai la même plutôt refaite que révisée par feu M. de Wailly, sur le travail de Le Mascrier, qui, lui-même, avait opéré sur celui de Perrot d'Ablancourt ;

L'excellente traduction de *Tacite* de M. Louandre, ouvrage couronné par l'Académie française ;

La traduction italienne de Davanzati, livre resté classique en Italie, et cité habituellement comme tel par l'Académie de La Crusca.

J'ai la traduction de *Quinte Curce* par Vaugelas ; celle de *Cornélius Nepos*, avec des notes géographiques, historiques et critiques ; enfin celle d'*Eutrope* par l'abbé Leveau, exemplaire du savant Desmarquets.

J'ai les traductions de *Velleius Paterculus* et de *Florus*, par l'abbé Paul, le *Salluste* du P. d'Hotteville et aussi la traduction italienne d'Alfieri.

Cet affreux père d'Hotteville ! aucun de ses ouvrages ne devrait être admis dans la bibliothèque d'un amateur, ni son nom dans aucune œuvre se rattachant à la bibliographie, s'il faut croire ce qui m'a été raconté de lui par un de mes anciens professeurs, longtemps son commensal à l'Oratoire, et il ne m'est pas permis d'en douter.

Le père d'Hotteville passait pour traiter avec une odieuse brutalité les livres qu'il empruntait de ses confrères. Néanmoins mon professeur, très-jeune oratorien alors, ne crut pas pouvoir refuser de prêter à un grand collier de l'ordre, comme l'était le père d'Hotteville, un volume auquel il tenait beaucoup. Seulement il le conjura d'en avoir grand soin, ce qui lui fut promis de la manière la plus propre à le bien rassurer. Il avait, en effet, repris un peu de confiance lorsque, quelques jours après, entrant dans la chambre du P. d'Hotteville, il aperçut avec une douloureuse stupeur, sur une table de nuit, son malheureux livre qui, dernière lecture du soir de son vieux confrère, avait été marqué à la page où il se proposait de la reprendre avec le bout de la chandelle de suif qui l'avait éclairé. Mon pauvre professeur, à vingt années de distance, et après deux grandes révolutions, rugissait de colère en me racontant le fait : les profanes mêmes comprendront sa rancune.

J'ai les *Offices de Cicéron*, traduits par Dubois, volume qui porte sur le titre la signature de D'Ansse de Villoison ; la traduction de l'*Orateur*, par l'abbé Colin, enfin celle des *Philippiques* et des *Catilinaires*, par l'abbé d'Olivet.

Je possède deux jolis petits volumes auxquels j'attache un double intérêt : C'est d'abord le *Traité des bienfaits* et celui de la *Colère*, de Sénèque, traduits, le premier par Malherbe, le second par Du Ryer, et l'*Apocolokintosis*, du même, traduit par le P. Spiridion Poupart, exemplaire envoyé au père Le Tellier avec quelques corrections de la main du traducteur et une note de l'abbé Sepher.

Voici encore un traducteur qui, comme Dussaulx,

me fait naître le regret de n'avoir pas mentionné ses propres œuvres, Louis de Sacy. Outre son excellente traduction de *Pline le Jeune*, j'ai son *Traité de l'amitié*, si convenablement dédié à son amie la marquise de Lambert, et son *Traité de la gloire*, avec un long envoi écrit et signé de sa main. Pour ceux qui voudraient attribuer à Pline, au lieu de le donner à Aurélius Victor, le petit volume des *Hommes illustres*, j'ai comme complément de la traduction de Sacy, celle de ce livre par Savin.

Enfin j'ai, en ouvrages de la latinité moderne, outre les traductions jointes au texte de l'abbé de Latour, dont j'ai déjà parlé, l'*Utopie de Thomas Morus*, traduite par Gueudeville, belle édition de Leide (1715), belles gravures, bel exemplaire relié en vélin. L'abominable *Syphilis* de Fracastor, l'*Anti-Lucrèce* du cardinal de Polignac et le poëme de la *Manière de nourrir les enfants à la mamelle* de Scévole de Sainte-Marthe, traduit par Abel de Sainte-Marthe, avec le texte : Livre assez difficile à rencontrer.

J'ai en traductions de l'italien :

Celle de *la Divine comédie*, par M. Fiorentino, une traduction complète des *Poésies de Pétrarque*, par M. de Gramont, et celle du *Roland Furieux*, par Panckouke et Framery, révisée par Antoine de Latour et Brizeux ;

De la *Jérusalem délivrée*, la traduction vieillie de Mirabaud, une nouvelle traduction par A. Desplaces ;

plusieurs éditions de la belle version du prince Lebrun, enfin la première édition de la traduction en vers de Baour-Lormian, in-4°, de Didot, avec les figures de Cochin.

Sans tenir aucun compte de la date de cette lettre (car lorsqu'on écrit d'une réunion de livres, il faut, ainsi qu'on le fait dans un autre ordre d'affaires, laisser aussi longtemps que possible le *protocole ouvert*), c'est ici le moment de dire que des mêmes lieux d'où me vint, il y a quelques années, le *Don Quichotte* d'Ibarra, j'ai reçu, depuis, la magnifique traduction en vers espagnols de la *Jérusalem délivrée*, par le lieutenant-général marquis de la Pézuela, de l'académie de Madrid, magnifique par le grand talent du traducteur, magnifique par les admirables accessoires de la gravure et de la typographie, qualités que rehausse pour moi, hors de toute mesure, la main de qui je tiens ce splendide présent.

J'ai la traduction en vers du *Pastor fido* avec le texte, Cologne (1686), qui va avec les Elzévirs.

J'ai le *Traité des Délits et des peines* (traduction de l'abbé Morellet) avec la note suivante :

« Cet exemplaire de ma traduction a appartenu au
« malheureux Bailly, mon confrère à l'Académie, qui
« le tenait de moi.

« MORELLET. »

Le titre porte de la main de Bailly :

« Bailly, de l'Académie des sciences. »

L'infortuné savant n'était pas encore membre de l'académie française. Les hommes du même temps que moi ne pourront lire ceci qu'avec une profonde émotion.

J'ai la *Fiammetta* de Boccace, cette merveilleuse peinture d'un amour passionné, traduite par Chappuis de Tours.

J'ai enfin différentes productions de notre temps :

Les Fiancés de Manzoni, traduction de M. Dusseuil, le *Théâtre,* les *Poésies* et l'*Histoire de la Colonne infâme,* du même, traduction d'Antoine de Latour ;

Les *mémoires d'Alfieri,* traduits par le même ;

Enfin *les Prisons* et le *discours sur les devoirs des hommes,* traduits aussi par Antoine de Latour.

Je dois m'abstenir ici, Madame, même d'une de ces courtes réflexions qui, jetées à la suite de chaque énoncé de mes livres, indiquent plus souvent une sympathie qu'un jugement littéraire proprement dit; mais je ne serai accusé, je crois, d'aucun sentiment de famille exagéré en répétant, à mon tour, ce que je trouve écrit et répété partout depuis vingt-cinq ans, savoir que cette traduction a popularisé, ou, du moins, a fortement contribué à populariser en France l'œuvre et le nom de Silvio Pellico. Je viens d'y joindre du même traducteur la *Correspondance inédite,* admirable annexe du livre admirable des *Prisons.*

J'ai en livres anglais plus ou moins heureusement traduits :

Le Paradis perdu, par Dupré de Saint-Maur, avec les remarques d'Addisson ;

La traduction en vers de l'abbé Delille, œuvre dont j'ai déjà dit ma pensée ;

Tous les ouvrages d'Young, traduction de Letourneur, qui jouit d'une faveur très-ancienne et très-méritée ;

Les *poëmes d'Ossian*, traduits aussi par Letourneur, ceux qui l'ont été par David Saint-Georges : nouvelle et belle édition de Dentu ;

L'ancienne traduction des *Saisons* de Thompson (1760) ; une nouvelle par M. Deleuze (1817), papier vélin, jolie gravure, beau volume non rogné ;

Les *Poésies* de Gray, traduites par Lemierre (le neveu du tragique), une traduction en vers par M. Oyant ;

L'*Essai sur l'homme*, de Pope, traduit par le contrôleur des finances Silhouette, avec un *ex-dono* de sa main ; la traduction en vers de l'abbé du Resnel ; j'ai déjà dit ailleurs que j'avais les deux éditions de celle de M. de Fontanes qui offrent entre elles des points très-curieux de rapprochement ;

Les *OEuvres complètes* de lord Byron, traduites par M. Benjamin de Laroche ;

L'*Essai philosophique sur l'entendement humain*, de Locke, traduction de Coste ; son *Traité du gouvernement civil*, deux beaux in-4° ;

Le *Voyage sentimental* de Sterne, traduction de

Paulin Crassous, un peu plus exacte que celle de Frénais, trois jolis volumes de Didot.

J'ai un très-grand nombre de ces fictions, de ces romans, de ces voyages imaginaires, qui, dans la littérature anglaise, reposent en général sur un fond plus ou moins philosophique, et offrent, à la fois, une haute morale et un grand intérêt;

Et au-dessus de tout le *Robinson Crusoë* de Daniel de Foë, traduit par Van Effen, un de ces livres avec la première lecture desquels on s'identifie tellement que, lorsqu'on vient à lire plus tard ou une meilleure traduction ou bien l'original lui-même, l'on se sent quelque peu dérangé dans ses vieilles impressions. J'ai la première édition (1720-1721) fort recherchée des amateurs;

Les *Voyages de Gulliver*, de Jonathan Swift; — Le *Conte du tonneau*, satire du même, on sait contre quoi;

Clarisse Harlowe, de Richardson; *Tom Jones*, de son compétiteur Fielding et quelques autres du même temps;

Les Mystères d'Udolphe, d'Anne Radcliffe, traduits avec une sympathie particulière par feu Madame de Chastenay, cette si gracieuse, si spirituelle, si aimable Victorine de Chastenay;

Enfin, pour conclure, la nécessaire, l'inépuisable jouissance de toute notre génération, les *OEuvres de Walter Scott* et de *Cooper*, naturalisées, en quelque façon, dans notre langue par M. Defauconpret.

Je suis peu riche en livres traduits de l'allemand.
Je reçus en présent, dans ma première jeunesse, un
livre de philosophie auquel j'ai de véritables obligations : *Phédon, ou Entretiens sur la spiritualité et
l'immortalité de l'âme*, imitation de Platon, par
le célèbre juif de Berlin, Mosés Mendels-sohn, traduction de Junker. J'ai entouré cet ouvrage de tous
les ornements de luxe qu'on réserve aux livres
rares ou à ses livres de choix. Celui-ci est un peu l'un
et beaucoup l'autre.

J'ai les *OEuvres complètes* de Gessner, traduites par
Hubert, Orléans (1783). — Une édition encore plus
complète, Paris (1826). Enfin deux volumes auxquels
on a fait peu d'attention, mais où se reproduit, avec
un grand charme, l'individualité de Gessner, c'est
un recueil des lettres de toute sa famille, lui, sa femme,
ses fils, etc. J'attache beaucoup de prix à cette possession ;

Musarion ou la *Philosophie des grâces*, œuvre
délicieuse de Wieland, dont j'ai plusieurs traductions,
plusieurs éditions, plusieurs exemplaires ; tout ce
qu'on a d'un enfant gâté ;

Le *Messie* de Klopstock, traduction complète de
Madame de Carlowitz ;

La plupart des œuvres de Gœthe : *Werther*, traduction de P. Leroux ; *Faust*, traduction de Blaze ;
le *Théâtre*, belle reproduction de l'original, par M. X.
Marmier.

Le *Théâtre de Schiller*, autre traduction excellente de M. Marmier [1].

J'ai aussi la traduction de *Werther*, par M. de Sevelinges, charmante édition in-12 de Dentu, papier vélin, belles gravures, un véritable bijou que j'ai traité comme tel.

J'ai les *Mémoires du baron de Trenck*, cet ancien prisonnier du grand Frédéric qui a pris pour nous un degré d'intérêt de plus en mourant sur l'échafaud révolutionnaire à côté de Roucher et d'André Chénier.

Je possède en livres traduits de l'espagnol, commençant par un des plus vieux :

Les *Diverses leçons de Pierre Messie*, l'édition première, et une autre plus complète, toujours traduite par Gruget.

Puis la date, moins encore que tous les autres motifs, amène ici le livre immortel, immortel fondement de la littérature espagnole et qui appartient en quelque sorte aujourd'hui à toutes les littératures et à toutes les langues. Qui songe à dire, en effet, j'ai *telle* ou *telle* traduction de Don Quichotte? l'on dit : j'ai Don Quichotte ; il n'y a véritablement qu'un Don Quichotte. L'on a le *Don Quichotte* de Filleau de Saint-Martin, ou celui de Dubournial, ou celui du regrettable Furne,

---

[1] Et tout récemment, la très-belle traduction des *OEuvres de Schiller*, précédées d'un admirable travail sur la vie du grand poëte, par M. Ad. Regnier.

on a la traduction si remarquable de M. Viardot et l'on dit toujours tout simplement : J'ai Don Quichotte. Quant à moi, Madame, vous savez ce que j'ai déjà de l'original, et, pour ce qui est des traductions, j'en suis un peu à ce mal de l'enfance dont j'ai parlé à l'occasion de *Robinson Crusoë*. J'ai lu jusqu'à extinction, presque en venant à la vie intellectuelle, la traduction de Filleau de Saint-Martin. Il ne tiendrait qu'à moi de dire, comme quelques-uns de ses éditeurs, réduits à ne pouvoir réimprimer que ce qui est dans le domaine public : c'est la meilleure. Je m'en garderai, ma foi bien ; je sais que cela n'est pas vrai, et je ne veux pas commettre sciemment d'hérésie littéraire ; mais le cours de la narration, les formes du style, tout l'ouvrage et jusqu'aux défauts de Filleau de Saint-Martin se sont enracinés dans mon esprit en même temps que l'armet de Don Quichotte et le bissac de Sancho Pança : il ne fallait pas moins que l'original lui-même pour les remplacer.

J'ai plusieurs traductions des *Fables* d'Yriarte, celle des *Nuits lugubres* de Cadalso et autres d'un moindre intérêt : si cette littérature est un peu restreinte dans ma bibliothèque pour les livres originaux, elle doit naturellement l'être plus encore pour les livres traduits.

Mais ce que j'ai forcément de plus restreint, c'est ce qui tient aux livres de l'Asie dont quelques productions ne prennent pied, en France, que de loin en loin. J'ai deux traductions de l'*Alcoran*, les *Classiques de la*

Chine, dont j'ai déjà parlé, le délicieux roman des *Deux cousines,* traduit par le savant, le spirituel Abel Remusat : le surplus est insignifiant.

Je crois qu'il faut que je mette enfin un terme à cette sorte d'appendice, car, au fond, les meilleures traductions ne sont guère que cela. Aussi en ai-je un bien plus grand nombre que je n'ai osé en énumérer ici, sans compter celles qui se trouvent dans mes polygraphes, répétition que j'ai surtout dû éviter.

Vous comprenez, Madame, et je l'ai déjà dit, qu'ayant cru devoir vous offrir, un tableau développé de l'ensemble de ma bibliothèque, je n'ai pourtant pas dû le faire en reproduisant la totalité de mon catalogue. Peut-être même n'ai-je encore que trop étendu ce rapide exposé. Quelques uns trouveront sans doute que j'ai cité un trop grand nombre de choses qui méritaient peu de l'être, tandis que d'autres penseront que je n'ai pas mis en dehors assez d'éditions splendides, surtout assez d'éditions *rares,* c'est-à-dire de ces livres qui, tant par un prix exceptionnel que par une exceptionnelle rareté, sont appelés à figurer dans quelques réunions de livres exceptionnelles. Non, si jamais vous avez été à Twickenham, ne continuez pas de lire ceci. Ma bibliothèque est une bibliothèque pratique, une bibliothèque destinée à être lue sans cesse, une bibliothèque *juste milieu :* enfin c'est ma bibliothèque, et j'ai connu force véritables amateurs qui s'en seraient aussi bien accommodés que moi.

Cela établi, une fois de plus, je passe à quelques articles épisodiques qui s'y rattachent, comme, à la guerre, on procède à des expéditions plus ou moins utiles, sans trop perdre de vue son quartier-général.

Agréez, etc.,

P. S. Voilà que je viens de lire, Madame, dans une lettre de d'Alembert à Voltaire, 4 mai 1762, que les trois mille verbes bien conjugués, que j'ai toute ma vie entendu attribuer à Domergue, sont de l'abbé Dangeau. « Il en arrivera ce qu'il pourra, lui faisait-on dire en montrant son bureau, dans le temps d'Hochsttet et de Ramillies, j'ai là dedans trois mille verbes bien conjugués. »

Ma foi, *mon siége est fait;* ensuite il est tellement convenu dans le monde des anecdotes, que le dire est de Domergue, qu'il ne me paraît pas impossible qu'il n'aît bien répété le mot comme citation, ou plaisante ou sérieuse (car il était homme à prendre la chose au sérieux); ainsi, au lieu de modifier le début de ma lettre, je me borne à ce petit *post-scriptum.*

LETTRE XIII

DE BOZE.

Madame,

Il est, vous le savez, des noms qui sont à peine
connus des gens du monde, que les érudits ne pro-
noncent point sans quelque respect, et qui réveillent
toujours, chez ceux que leur rattache une certaine
conformité de goûts, de secrètes sympathies. Celui de
de Boze est assurément un de ces noms. En effet,
même parmi les personnes qui ne sont pas tout à fait
sans lettres, bien peu sans doute ont trouvé sur leur
chemin un savant modeste, occupé toute sa vie de
matières que n'accompagnent jamais ni une grande
popularité ni un grand retentissement. Eh bien ! il est
pourtant une classe d'hommes pour qui de Boze est à
la fois un ami et une autorité. Il ne fit pas seulement

20.

de bons ouvrages, il aima aussi ceux des autres : de Boze était bibliophile. J'accorderai bien vite, et sans qu'il m'en coûte trop, que ce ne fut pas là son plus grand mérite ; mais puisqu'il est convenu aujourd'hui de prendre les *individualités* par leur côté le plus saillant, ceux qui savent quelle action exerce la simple apparition d'un nom propre dans les choses littéraires comprendront aisément qu'en raison des rapports de goût dont j'ai parlé, à côté des grands noms, des noms illustres, soient accueillis, sans trop de défaveur, des noms plus humbles, et que tel lecteur, par exemple, suivant le genre de ses études habituelles, se trouve heureux de rencontrer le nom de de Boze, quand il ne rencontre pas celui de Barthélemy.

Vous vous demanderez peut-être, Madame, pourquoi, dans cette sorte d'opposition, l'auteur d'*Anacharsis* s'est présenté à mon esprit plutôt que des célébrités encore plus grandes : c'est ce qu'expliquera naturellement la suite de cette lettre, où je vous ai promis de me livrer à quelques considérations sur l'existence bibliographique de de Boze. Établissons d'abord en peu de mots l'ensemble de sa biographie.

Notre savant bibliophile naquit à Lyon le 28 janvier 1680. Son nom primitif était *Claude Gros* ; mais un oncle maternel, trésorier de France, nommé *de Boze*, lui laissa le sien en même temps que sa charge et tout ce qu'il possédait. De Boze, après avoir terminé ses études dans sa ville natale, vint faire son droit à Paris, où il fut reçu avocat en 1698. Après un nouveau séjour à Lyon, ses goûts scientifiques le ramenèrent naturellement dans la seule ville qui lui offrît les moyens de s'y livrer tout entier, comme il se sentait disposé à le faire. Il devint en 1705 élève de l'Académie des Inscriptions, et, chose peut-être inouïe, dès l'année suivante, à peine âgé de vingt-six ans, il fut élu secrétaire perpétuel à la place de l'abbé Tallemant. Par une singulière coïncidence, de Boze refusa d'être sous-précepteur de Louis XV, et fut appelé à remplacer Fénelon à l'Académie française ; mais je suis obligé d'avouer qu'il était bien loin d'être à la hauteur d'une pareille succession. C'est dans la science numismatique, dans la science des antiquités en général, qu'il faut chercher ce qui caractérise proprement de Boze. Il fut mis à sa véritable place lorsqu'il devint garde des médailles et des antiques, en 1719. Il avait déjà marqué dans les sciences depuis longtemps par des travaux d'un grand intérêt. Dès 1702 il avait publié, sous le voile de l'anonyme, son premier ouvrage, un *Traité historique sur le jubilé des Juifs.* En 1705 il donna une dissertation sur le Janus des anciens, et une autre sur la déesse Santé. Il rédigea les quinze premiers volumes des Mémoires de l'Académie des Inscriptions et Belles-Lettres, et y inséra plusieurs éloges très-remarquablement écrits. Enfin il publia, dans le cours d'un demi-siècle, un grand nombre de dissertations plus ou moins importantes, soit dans les Mémoires de cette académie, soit dans le *Journal des Savants ;* et, au hasard de sortir de cet ordre d'idées, j'ajouterai que je lui sais un gré particulier d'avoir été (du moins l'abbé Goujet l'assure) l'un des auteurs de l'allégorie publiée en 1745 dans l'intérêt du Prétendant, sous le titre : *Démétrius Soter, ou le rétablissement de la famille royale sur le trône de Syrie.* De Boze mourut en 1753, âgé de soixante-quatorze ans. Il est assurément peu de carrières scientifiques ou littéraires aussi longues et aussi honorablement remplies.

Beaucoup d'écrivains ont parlé de de Boze : car l'étendue et la variété de ses connaissances ont dû le faire entrer dans le cercle de bien des goûts divers. Mais l'abbé Barthélemy est sans contredit celui qui, dans ses *Mémoires particuliers,* fait le mieux connaître et l'homme et le savant, ou plutôt c'est le seul qui l'ait véritablement peint. Il m'eût été fort aisé, sans doute, de puiser dans cet ouvrage le fond d'un narré que je me serais approprié du plus au moins par quelques changements dans la forme ; mais si cela est bon en matière de simple biographie, lorsque, comme dans ce qui précède, il ne s'agit que de faits et de dates, ce serait en vérité vous voler, Madame, que de vous donner mon humble prose à la place de celle de l'auteur d'*Anacharsis.* Je vais donc le citer ici *in extenso,* d'autant plus que ces Mémoires ne sont pas aussi généralement connus qu'ils méritent de l'être :

cela vous dédommagera toujours un peu de la simple analyse à laquelle je serai obligé quelquefois dans le cours de ce récit.

« J'arrivai à Paris, dit l'abbé Barthélemy, au mois de juin 1744. J'avais beaucoup de lettres. J'en présentai une à M. de Boze, garde des médailles du roi, de l'Académie française, et ancien secrétaire perpétuel de l'Académie des Inscriptions et Belles-Lettres. Quoique naturellement froid, il me reçut avec beaucoup de politesse, et m'invita à ses dîners du mardi et du mercredi. Le mardi était destiné à plusieurs de ses confrères de l'Académie des Belles-Lettres, le mercredi à M. de Réaumur et à quelques uns de leurs amis. C'est là qu'outre M. de Réaumur je connus M. le comte de Caylus, M. l'abbé Sallier, garde de la bibliothèque du roi ; les abbés Gédoyn, de La Blétérie, du Resnel ; MM. de Foncemagne, Duclos, Louis Racine, fils du grand Racine, etc. Je ne puis exprimer l'émotion dont je fus saisi la première fois que je me trouvai avec eux. Leurs paroles, leurs gestes, rien ne m'échappait ; j'étais étonné de comprendre tout ce qu'ils disaient ; ils devaient l'être bien plus de mon embarras, quand ils m'adressaient la parole.

« Au bout d'un an à peu près, dit un peu plus loin Barthélemy, M. de Boze, que je voyais assez souvent, et qui, sans dessein apparent, m'avait plus d'une fois interrogé sur mes projets, me parla des siens avec cette indifférence qu'il affectait pour les choses même qu'il désirait le plus. Le cabinet des médailles exigeait un travail auquel son âge ne lui permettait plus de se livrer. Il avait d'abord compté s'associer M. le baron de La Bâtie, très-savant antiquaire de l'Académie des Belles-Lettres ; il venait de le perdre ; il hésitait sur le choix d'un associé : car, disait-il, ce dépôt ne peut être confié qu'à des mains pures, et demande autant de probité que de lumières. Il me fit entrevoir la possibilité de cette association, et je lui témoignai la satisfaction que j'aurais à travailler avec lui. Comme je connaissais son extrême discrétion, ainsi que ses liaisons avec M. Bignon, bibliothécaire, et M. de Maurepas, ministre du département, je crus que cette affaire serait terminée dans huit jours ; mais il était si lent et si circonspect qu'elle ne le fut que plusieurs mois après. Je fus touché de sa confiance ; je tâchai d'y répondre pendant les sept ans que je vécus avec lui dans la plus grande intimité ; et, après sa mort, je fournis à M. de Bougainville, qui fit son éloge historique en qualité de secrétaire perpétuel de l'Académie des Belles-Lettres, les traits les plus propres à honorer sa mémoire.

« Ceux que j'ajoute ici ne la dépareront pas, et sont amenés naturellement par les rapports que j'eus avec lui. L'ordre et la propreté régnaient sur sa personne, dans ses meubles, et dans un excellent cabinet de livres, presque tous reliés en maroquin et parfaitement nivelés sur leurs tablettes ; de beaux cartons renfermés dans de riches armoires, contenaient ses papiers, rangés par classes, copiés par un secrétaire qui avait une très-belle main et qui ne devait pas se pardonner la moindre faute. Il mettait dans son air et dans ses paroles une dignité, un poids qui semblait relever ses moindres actions, et dans ses travaux une importance qui ne lui permit jamais de négliger les petites précautions qui peuvent assurer le succès. »

Barthélemy entre ici dans le détail des précautions sans nombre que prenait de Boze pour que l'exécution des médailles, qu'il continua de composer même quand il eut quitté le secrétariat de l'Académie, fût d'une rigoureuse exactitude, et déplore la négligence incroyable avec laquelle était fait ce travail lorsque après la mort de de Boze il revint à l'Académie, « au point, dit-il, que sur la médaille qui représente la statue de Louis XV, le graveur, voyant que les lettres de l'inscription de la base devenaient trop petites pour être lues sans le secours d'une loupe, y grava les premières lettres qui lui vinrent dans l'esprit, de manière qu'il est impossible d'y rien comprendre. »

« J'allais, continue l'abbé Barthélemy, chez M. de Boze à neuf heures, j'y travaillais jusqu'à deux heures ; et, quand je n'y dînais pas, j'y retournais et je reprenais mon travail jusqu'à sept à huit heures. Ce qui me coûta le plus, ce fut de m'assujettir à sa laborieuse exactitude. Quand je sortais de son cabinet à deux heures pour y revenir à quatre, je laissais sur le bureau plusieurs volumes ouverts, parce que je devais bientôt les consulter de nouveau ; je m'aperçus dès le premier jour que M. de Boze les avait lui-même replacés sur les tablettes. Lorsque je lui présentais un aperçu de mon travail, j'avais beau l'avertir que je l'avais tracé à la hâte, comment pouvais-je échapper à la sévérité d'un censeur qui mettait les points sur les *i*, moi qui souvent ne mettais pas les *i* sous les points ! Il s'impatientait d'un mot déplacé, s'effarouchait d'une expression hardie. Tout cela se passait avec assez de douceur, quelquefois un peu d'humeur de sa part, avec une extrême docilité de la mienne : car je sentais et sens encore que sa critique m'était nécessaire. »

Ces détails sont charmants ! Ne voyez-vous pas d'ici, Madame, cet excellent M. de Boze, touché d'une certaine faiblesse à travers sa grande érudition, niveler avec soin ses beaux livres sur leurs tablettes, et y replacer, ne fût-ce que pour une heure ou deux, ceux qui étaient restés ouverts sur le bureau ? Et l'abbé Barthélemy, qui appelle cela tantôt de l'ordre et de la propreté, tantôt une laborieuse exactitude ! Il ne comprend pas la chose, ce pauvre abbé Barthélemy : on voit bien qu'il n'était tout simplement qu'un savant distingué, un écrivain plein de charme, un homme enfin du plus admirable talent, et pas le moins du monde un bibliophile.

Ne perdons toutefois ici aucun de nos avantages, et

gardons nous d'immoler nos propres goûts à une mauvaise plaisanterie. Si l'abbé Barthélemy n'était pas un bibliophile à la manière de de Boze, ce n'était pas non plus un de ces hommes de lettres qui ne regardent les ouvrages d'autrui que comme des instruments pour composer les leurs. Il était, au fond, lui aussi, du plus au moins, un amateur de livres, et son catalogue est assez fréquemment cité par les bibliographes, notamment par celui qui fait avant tous autorité dans la matière, par M. Brunet.

Mais reprenons notre héros,

> C'est de Boze que je veux dire,

et, à notre tour, considérons-le par le côté que nous avons résolu d'examiner, par le côté de la bibliographie, ou plutôt de l'amour des livres proprement dit.

De Boze avait donc, ainsi que le dit Barthélemy, un magnifique cabinet de livres, et aussi complet que peut l'avoir un simple particulier qui ne jouit pas d'une fortune hors de ligne. Ce cabinet, comme tous les cabinets d'amateur, au moyen de la réunion, du *rapprochement* des livres précieux, présentait plus d'intérêt que ne le font les grandes bibliothèques publiques, où les ouvrages d'élite se trouvent dispersés, noyés dans d'immenses œuvres secondaires. La section de l'histoire y était peut-être la plus remarquable ; mais aucune autre n'avait été décidément sacrifiée à celle-ci, et l'ensemble de cette riche biblio-

thèque montrait, dès le premier coup d'œil, la main
d'un bibliographe sérieux, recherchant le véritable
mérite des livres avant de tenir compte de leur rareté,
car on y trouvait, à côté de tel ouvrage estimé trois et
quatre mille francs, un bon nombre d'excellents livres
du plus modeste prix. Cependant tout ce qui composait cette bibliothèque était généralement d'une grande valeur. De Boze n'admettait pas dans son cabinet
d'éditions médiocres. Sans donner précisément dans
le luxe exagéré des reliures, il voulait qu'elles fussent
toujours en rapport avec le mérite des ouvrages auxquels on les appliquait. Le maroquin y était la couverture dominante. Enfin, les livres de M. de Boze
avaient tous l'inestimable avantage d'un admirable
état de conservation, qualité qui, comme chacun sait,
fait passer un volume du prix le plus humble à un
prix souvent élevé.

De Boze, on le pense bien, jouissait de ses livres
non pas comme ces hommes de lettres dont j'ai déjà
parlé ailleurs, et seulement pour aider à ses savants
travaux, mais en connaisseur passionné, en ardent
bibliophile. Aussi avait-il parmi ses collections tout
ce que présentait déjà de plus marquant la science
bibliographique, à une époque où nos Debure, nos
Barbier, nos Brunet, n'avaient pas encore paru. Ce
fut pour céder à ce charme d'heureuse possession de
tant de trésors qu'il fit rédiger sous sa direction personnelle, en 1745, le catalogue de sa bibliothèque, par

le célèbre bibliographe Boudot, le fils de celui dans le dictionnaire duquel nous avons tous appris le latin. C'est là le dernier acte où nous voyons de Boze agir personnellement dans les choses de l'amateur de livres ; mais c'est précisément à partir de ce moment-là que son nom prend dans ces matières la place qu'il y a toujours gardée depuis. Ce catalogue de 1745, le plus notable peut-être de tous ceux qu'on doit à Boudot, fut imprimé *in-folio* à l'imprimerie royale, et tiré seulement à 25 exemplaires ; aussi prit-il dès l'origine un rang distingué dans les premières bibliothèques de l'époque. En 1753, et après la mort de de Boze, le libraire Gabriel Martin, chez lequel on avait déjà indiqué la publication dont nous venons de parler, fut chargé de rédiger le catalogue usuel, volume in-8, sur lequel on trouve assez souvent portés à la main, non pas les prix de vente, car l'ensemble de cette bibliothèque ne fut pas vendu en détail, mais des prix d'estimation établis par Martin lui-même, à la demande des héritiers. Le président de Cotte, dont le catalogue a eu aussi, depuis, son importance, et MM. Boutin frères, firent l'acquisition des livres de de Boze (au moins de la plus grande partie) moyennant le prix de quatre-vingt mille francs. L'année d'après, G. Martin publia un second catalogue des livres qui restaient à vendre, en les faisant valoir de son mieux dans une sorte d'avis au lecteur ; mais ce second catalogue, de 1754, lorsqu'on y a porté les prix, prouve, en général, que la plupart de ceux qui avaient été fixés par Martin en 1753 ne purent pas être réalisés.

Permettez-moi ici, Madame, je vous en supplie, une toute petite digression critique. De la critique à propos d'un catalogue, cela semble bien un peu étrange au premier abord ; mais, au bout du compte, je n'écris point là une lettre *Demoustier*, il ne s'agit chez nous ni de Castor ni de Pollux, et puisqu'en définitive il s'agit d'un cabinet de livres, il n'y a véritablement pas moyen de ne point parler un peu catalogue.

Un homme dont chacun a pu apprécier dans ces derniers temps le grand savoir en bibliographie et la parfaite bienveillance, le si regrettable M. Villenave, a dit dans une occasion :

« L'on trouve aussi à la fin (il s'agit du catalogue de 1753) un catalogue de quatorze pages appelé le *Petit Boze ;* les livres qui le composent, et parmi lesquels se trouvait... (je suis forcé, en vérité, Madame, malgré mon grand éloignement pour toute suppression, de laisser en blanc, dans une lettre qui vous est adressée, le titre rapporté par M. Villenave) la **** de l'Arétin, édition originale in-16, et dont on ne connaît que cet exemplaire, ou plutôt que cette indication, furent vendus en 1754 par le libraire Martin. »

J'aurais dans tous les cas, Madame, fait mention ici de ces quatorze pages : car on ne les trouve presque jamais à la suite du catalogue, et, par conséquent, elles rentrent, comme rareté du moins, dans le do-

maine de l'amateur. Mais je suis bien trompé si
M. Villenave n'a pas fait, à ce sujet, une grande méprise. D'abord, il donne fort improprement à ces
quelques pages le titre de *catalogue ;* elles ont, à la
vérité, une pagination distincte, mais elles sont tout
simplement intitulées : *Supplément, livres retirés.* En
effet, elles ne contiennent qu'une suite d'articles qui
font lacune dans les numéros du catalogue, et que,
par un motif ou par l'autre, on ne voulut pas exposer
en vente. Avant de connaître ce supplément, et d'a-
près la nature du livre cité par M. Villenave, j'avais
cru que ces pages présentaient beaucoup de productions du même genre, retirées par respect pour la
morale publique : ce n'est nullement cela. On y trouve
bien quelques autres ouvrages un peu hasardés, tant
sous le rapport moral que sous le rapport religieux,
mais il y a tout lieu de croire que le motif principal
qui fit retirer ces articles fut la rareté, l'excellence
des éditions qu'on y remarque, ou d'autres considérations tenant à des goûts particuliers. Rien n'a donc
pu motiver ce titre de *Petit Boze,* auquel M. Villenave,
en raison de sa citation, semblerait entendre un peu
malice. Ce titre qui, hors le sens que j'indique, n'en
aurait, ce me semble, aucun, attribué à un supplément aussi restreint, a plutôt été donné au second catalogue publié par Martin en 1754, volume de cent qua-
tre-vingt-douze pages, que M. Villenave n'avait probablement pas présent à l'esprit. J'ai vu souvent, en effet,

21.

dans des notes, tantôt imprimées tantôt manuscrites, ce volume désigné par le titre de *petit catalogue de de Boze*. Il faut donc, en définitive, laisser les quatorze pages dont j'ai parlé pour ce qu'elles sont, c'est-à-dire pour un supplément qui, par l'intérêt qu'il présente, comme par sa rareté, fait partie intégrante et presque nécessaire du catalogue de 1753, auquel tout bibliophile un peu exigeant doit être désolé de le voir manquer.

Je ne pousserai pas plus loin, Madame, l'examen de ce qui est relatif au savant bibliophile sur lequel vous avez désiré quelques détails. Tout le monde n'est pas de la même religion que nous, et il faut tant soit peu de fanatisme pour pardonner certaines longueurs. En résumé, de Boze, y compris son goût pour la bibliographie, restera un des hommes les plus marquants de la première moitié du xviiie siècle, et cela malgré quelques lignes dénigrantes d'un homme plus savant, plus illustre, j'en conviens, qui le suivit de près dans les deux académies. De Boze eut un jour le malheur de dire que Voltaire ne serait jamais un personnage académique. Il était fort permis, assurément, de rire d'une prédiction si singulière, surtout lorsque Voltaire fut devenu, plus tard, le Voltaire que nous connaissons. Mais l'esprit de secte n'entend pas plaisanterie sur certains sacriléges, et voilà qu'à l'occasion de celui-ci, Condorcet adresse à la mémoire du malheureux de Boze les plus grosses injures, les plus violents sarcasmes que jamais savant ait adressés à un autre savant. Cependant, qui n'a pas eu à revenir, dans le cours de sa vie, sur quelque horoscope littéraire que la suite du temps n'a pas confirmé? Certes, si de Boze eût vécu quelques années de plus, son malencontreux pronostic ne l'eût pas empêché de réunir dans la bibliothèque qui vient de nous occuper les soixante-douze volumes du grand écrivain, et les meilleures éditions, j'en réponds. Mon Dieu! quel est celui d'entre nous qui n'a pas, une fois ou l'autre, placé dans la sienne les productions de tel de nos contemporains qu'il était loin de croire un personnage académique, et en se trompant peut-être comme de Boze, quoique non sans doute au même degré?

Daignez agréer, etc.

LETTRE XIV

———

Madame,

Un des écrivains éminents de ce temps-ci[1] m'a-
dressant, un jour, touchant celles de mes lettres qui
ont déjà été publiées, de ces paroles d'encouragement
dont la supériorité n'est jamais avare, ajoutait une
observation particulière sur la *jeunesse de cœur* qui,
disait-il, s'y révélait en toute occasion; puis, n'osant
pas, sans doute, malgré tout son bon vouloir, pro-
mettre l'immortalité à l'œuvre dont je m'occupe ici
avec vous, il me pronostiquait, du moins, l'excellent
homme qu'il est, une longue vie matérielle, et, ma
foi, c'est toujours cela, quoiqu'il fût possible, à toute

[1] M. Michelet.

rigueur, de choisir un peu mieux l'époque où l'on pourrait désirer de vivre longtemps.

Toutes ces choses gracieuses flattèrent, cependant, moins ma vanité d'auteur, ou le sentiment de conservation si naturel aux gens de mon âge, qu'elles n'appelèrent mon attention sur ce qui, dans mes faibles opuscules, pouvait, politesse banale à part, me les avoir values avec plus ou moins de fondement.

Je remontai d'abord à la grande source, au maître qui, avec les règles de la poésie, lesquelles ne me regardent point, a donné aussi les véritables règles du goût, qui regardent tous les hommes appelés à s'occuper des choses de l'intelligence, soit qu'ils écrivent, soit qu'ils n'écrivent pas.

Remémorant donc mon vieux Boileau, j'arrivai bientôt à ces vers-maxime :

> Mais pour bien exprimer ces caprices heureux,
> C'est peu d'être poëte, il faut être amoureux.

Boileau a évidemment voulu dire ici, remarquai-je à part moi, que l'art est loin de suppléer à tout ; que, par exemple, lorsqu'il s'agit des choses de l'amour, il faut sentir profondément, il faut sentir avec passion ce qu'on se met en mesure de peindre ; en un mot que la passion seule donne la vie à toute chose, et que, sans la passion, sans son feu sacré, l'on ne produit que des tableaux ternes, dont la plus élégante, la plus classique régularité, ne saurait racheter la froideur.

Mais, mon Dieu! m'écriai-je alors, mais c'est que moi je suis précisément un véritable amoureux; c'est que même, comme on le dit vulgairement, je suis amoureux fou. Certes, je comprends à merveille qu'un auteur à cheveux blancs, qui voudrait s'aviser d'écrire des ouvrages d'imagination, des livres d'amour, ne parviendrait jamais à produire la *Fiammetta* ou *la Nouvelle Héloïse*. Mais moi j'aime mes livres comme je les aimais à vingt ans; je les aime peut-être même avec plus d'ardeur, car, tout bien considéré, je les connais mieux, et il n'arrive point dans l'amour des livres ce qui arrive, hélas! trop souvent dans l'autre amour, savoir que, lorsqu'on est parvenu à bien connaître l'objet de sa flamme, on est tenté de l'aimer un peu moins. Voilà donc l'explication de l'énigme. J'ai rendu avec quelque chaleur ce que j'éprouvais aussi vivement qu'on puisse le faire; mon amour n'avait ni asthme ni goutte; c'était, ce sera, jusqu'à la fin, une ardeur pleine de jeunesse, et qui peut-être même, par sa nature, doit aller en augmentant.

Malgré tout cela, Madame, je sens très-bien que, si j'avais à subir la concurrence d'un de nos auteurs du premier ordre qui aurait, un beau jour, même sans une vocation bien arrêtée, la fantaisie d'écrire sur les matières bibliographiques, je ne serais plus pour les

lecteurs que ce qu'est toujours, pour la jeune personne même la plus modeste, un pauvre soupirant
n'ayant d'autre mérite que de l'aimer jusqu'à l'adoration, comparé à un brillant officier qui ne prend
tout juste de l'amour que ce qui peut servir à ses
intérêts ou à ses plaisirs. Notre héroïne passe bien
vite (et, ma foi, peut être a-t-elle raison) du côté du
plus aimable et du plus beau; mais la comparaison,
par bonheur, n'arrive que bien rarement jusque-là.
Les grands écrivains ne vont guère, comme l'autre
dangereux rival, troubler dans ses amours l'humble
bibliographe. Occupés qu'ils sont à faire de beaux
livres, ils se gardent bien de perdre leur temps à exal-
ter les livres des autres, abandonnant ce modeste domaine à ceux pour qui la bibliographie n'est pas *une
Iris en l'air*. Abritons-nous donc, encore un coup,
sous l'autorité de Despréaux, et continuons, Madame,
de faire des lettres sur la bibliographie.

Mais ne nous bornons pas ici (nous ne l'avons, du
reste, jamais fait) à écrire techniquement sur la bibliographie. Reconnaissons, proclamons la grande et
heureuse place qu'elle tient dans toute l'existence
morale de ceux qui la rendent l'objet de leur culte.
J'ai déjà retracé ailleurs une partie des plaisirs qu'elle
procure; mais je voudrais pouvoir établir aujourd'hui,
une fois pour toutes, que, parmi les goûts si divers
que la Providence a départis aux humains, l'amour
des livres est celui qui, après avoir donné, pendant

la prospérité, les plus grandes, les plus véritables jouissances, ménage, pour toutes les peines de la vie, les plus douces, les plus pures, les plus durables consolations.

Je sais très-bien qu'il n'est pas besoin de constater ici, après tant d'autres, que c'est au sein de l'étude qu'on trouve le plus grand adoucissement à ses maux, et vous savez, vous Madame, si j'entends séparer, même en apparence, la bibliographie proprement dite de la culture des belles-lettres. Non, sans doute, et celui qui se préoccupe, je ne dirai pas *exclusivement*, cela n'existe point, mais *principalement*, de la partie matérielle des livres, est, en quelque sorte, *l'athée* de la bibliographie : car le dieu doit toujours passer avant sa statue, quand même cette statue serait celle de l'Apollon du Belvédère. Mais la bibliographie, Madame, a du moins le grand avantage de porter, par divers moyens, au plus haut degré de perfection ce qui, entièrement idéal par sa nature, a déjà reçu d'une autre science une existence sensible aux yeux du corps comme aux yeux de l'esprit; de le leur présenter revêtu de tout ce que les recherches de l'art peuvent ajouter d'éclat à la forme extérieure, en un mot de charmer ainsi jusqu'aux sens de l'homme d'étude par la *personnification* rendue plus vive des beautés littéraires qui ont enflammé son imagination.

En effet, Madame, qui niera que la personnification la plus parfaite possible de ce qui, dans son essence,

est naturellement idéal, ne soit un moyen puissant de
donner à cet idéal une force qui doit tourner tout
entière au profit de l'utile, du bon, du grand? Permettez-moi ici une comparaison prise dans un ordre
de choses peut-être trop élevé pour nos modestes
études: il est hors de doute que l'autorité souveraine,
la puissance religieuse elle-même, c'est-à-dire tout ce
qui tient de plus près à l'idée, perdent immensément
quand on veut les renfermer dans le domaine des
abstractions, tandis qu'on est tout porté à les vénérer
ou à s'y dévouer avec ardeur dès qu'elles viennent se
concentrer dans un simple nom de baptême, pris dans
tel ou tel almanach. Eh bien ! Madame, redescendant
d'une aussi grande hauteur, ne pensez-vous pas qu'il en
serait ainsi du plus bel ouvrage, en prose ou en vers,
qui n'aurait pris place dans la mémoire des hommes
qu'à la suite d'un simple récit, comme dans l'antiquité les chants d'Homère, avant que la marche et
les progrès de l'art fussent venus leur donner l'immortalité au moyen d'une existence individuelle qui
continuera de charmer toutes les générations à venir?
L'on a beau dire, l'on a beau faire, les hommes se
prendront toujours un peu par les yeux, par les or-
ganes extérieurs; et si cette qualité, ou, si vous voulez,
ce défaut, précisément parce qu'il est inhérent à
l'humanité, dispose quelque peu à l'indulgence,
même lorsqu'il fait parfois négliger le vrai pour le
beau, ne doit-on pas, à plus forte raison, lui tenir

compte de la vertu contraire, lorsque le beau ne sert qu'à faire valoir le vrai?

Ainsi donc, Madame, si cet *art ingénieux*, si heureusement caractérisé par Brébeuf, qui a eu, ce jour-là, une de ces bonnes fortunes qu'on ne lui conteste plus :

> Cet art ingénieux
> De peindre la parole et de parler aux yeux,
> Et par les traits divers de figures tracées
> Donner de la couleur et du corps aux pensées;

si, dis-je, ce grand art, dont l'imprimerie a depuis indéfiniment multiplié les bienfaits, n'était exercé que comme un de ces métiers simplement utiles auxquels on ne demande qu'un résultat tout positif, sommes-nous bien sûrs que la lecture de nos plus grands auteurs donnât exactement la même satisfaction à celui-là même qui serait le mieux en état d'apprécier leurs beautés? Non, assurément : Rollin, le sage Rollin lui-même, dit la différence de ses impressions à cet égard, et, comme lui, tout homme plus ou moins lettré, sans toujours se rendre bien compte du plaisir mieux senti que lui donne la lecture d'un livre d'une belle exécution matérielle, y trouve une jouissance que ne saurait lui donner, à un égal degré, la lecture du même ouvrage dans une édition faite sans soin et sans art; il puise enfin, dans la possession de ce beau livre, un bonheur que ne lui apporterait jamais celle du plus magnifique diamant, parce qu'un diamant ne tient par aucun côté à l'ordre moral, tandis qu'un beau livre réunit les deux avantages. C'est là une de ces vérités sur lesquelles on a rarement l'occasion de réfléchir, mais qui frappent de prime-abord celui qu'elles doivent frapper naturellement, et qui n'ont, par cela même, aucun besoin d'être démontrées.

Mais si le goût des beaux livres est commun à presque tous les hommes instruits ; si presque tous, comme Rollin, trouvent un plus grand plaisir à faire leurs lectures dans une édition élégante, à la fois, et correcte ; dans un exemplaire soigné ; l'amateur de livres proprement dit, celui qui les pratique dans tous leurs détails, le bibliophile en un mot, éprouve d'une manière bien autrement vive les sensations dont je viens de parler. C'est que celui-ci n'admire pas seulement ce qui est beau ; c'est que, comme l'indique le mot par lequel il est désigné, *il aime*. Partant de là, il trouve dans l'objet de son amour des qualités qui échappent au vulgaire, des qualités que ceux qui ne sont pas initiés nient quelquefois, et qui, cependant, sont très-réelles. On dit assez généralement : Les livres sont de bons amis ; mais, de même que dans le monde l'on donne parfois le titre d'ami à de simples connaissances, de même les livres ne sont pour la plupart des hommes d'esprit que des relations utiles ou de pures relations de société. Le biblio-phile, seul, peut à bon droit les appeler *mes amis*. Les livres sont cela pour lui à tous égards, et le sont dans toutes les situations de la vie. L'on a vu tel jeune prince, né sur les marches d'un trône, après avoir fait de grandes actions, gagné des batailles, vécu sur les hauteurs de l'humanité, on l'a vu, rentré dans la vie privée, devenir un des plus ardents comme un des plus savants bibliophiles de son époque, et rem-placer tous les faux amis, cortége ordinaire des princes, par le culte des livres, ces vrais amis, qui, eux, ne l'abandonneront jamais.

Mais je retombe insensiblement dans la thèse géné-rale sur les avantages d'un bon livre pris d'une ma-nière absolue, et tant mieux : je ne voudrais pas qu'un juste éloge des belles éditions semblât porter avec lui quelque chose de légèrement exclusif; rien, on a déjà pu le voir, ne serait plus éloigné de ma pensée sur ces matières. Certes, faute d'un *Virgile* Elzévir, le *Fortunate senex* me toucherait encore jusque dans un stéréotype d'Herhan, et le modeste volume lui-même aurait encore son prix matériel à mes yeux. Il n'y a de véritable bibliophile que celui qui aime tous les livres sans exception, que celui qui a déjà lu tous ceux qu'il possède, et qui, pénétré, ravi de cette lecture, en reporte le charme sur la forme extérieure elle-même. Hors de là je ne vois plus que ce que, par politesse sans doute, on appelle un *curieux*. Mais, cela une fois bien convenu, plus cette forme est élégante et pure, plus elle personnifie heureusement l'auteur dont on affectionne les productions, et plus les impressions du bibliophile s'établissent avec bonheur dans son imagination et dans ses souvenirs.

Oui, dans ses souvenirs : quand on est au milieu de ses livres, on les lit, on les relit, on les feuillette. Quand on ne les a plus sous les yeux, on y pense comme on pense à l'ami absent. L'on se représente son ami tel qu'on l'a vu dans mainte occasion; l'on revoit en idée chacun de ses livres avec les qualités intérieures et extérieures qui le distinguent, les qualités de tout genre qui marquent sa place dans les affections du possesseur. Et ce n'est pas là un meuble élégant, une sorte de portefeuille en maroquin ou en cuir de Russie, qui vient occuper votre esprit; c'est bien *Racine*, c'est bien *Dante*, c'est bien *Gray;* ce sont bien tous vos auteurs les plus aimés, les uns avec les beaux caractères de Didot ou de Bodoni, les autres avec des formes plus modestes, mais remarquables par un haut degré de correction, par certains côtés artistiques qui vous reportent à d'autres parties de la science, ou par quelques circonstances de couleur locale qui font revivre d'autres temps; tous, enfin, avec des qualités différentes, et parfois avec des vertus mystérieuses que l'adepte, seul, trouve moyen d'identifier avec l'auteur. Toutes ces choses-là, Madame, sont une suite de distractions heureuses; je dis trop peu : sont un dialogue, un commerce continuel de la pensée avec la pensée, qui font oublier quelques instants, autant du moins qu'on peut les oublier, ces préoccupations de l'esprit, ces peines du cœur, ces douleurs contemporaines, ces douleurs de tous les temps, dont l'action incessante, si elle n'était jamais interrompue par des moyens d'une si grande puissance, tuerait infailliblement le malheureux doué de quelque imagination, affligé d'un peu de sensibilité.

Et cette salutaire, cette douce tendance à individualiser ainsi, d'une manière caractéristique, les grands auteurs placés sur des rayons, n'a pas pris naissance dans l'esprit exalté d'un amateur de livres. Je ne dirai pas le plus raisonnable des poëtes, ce ne serait pas assez dire, mais le plus raisonnable des écrivains, s'est donné pleine carrière à cet égard. Lisez le cinquième chant du *Lutrin*, lisez aussi la *Bataille des livres* de Swift. A la vérité, ces deux esprits supérieurs, s'étant trouvés en même temps deux esprits satiriques, ont saisi naturellement le côté plaisant de la chose ; mais qu'importe ? Une fois le système admis, il a, par une corrélation nécessaire, son côté sérieux, et lorsque *Dodillon* demeure *le teint pâle et le cœur affadi* sous les coups d'un *Pinchesne in-quarto,* je ne vois par pourquoi je ne resterais point en extase devant mon beau *Florus* in-dix-huit.

Remarquez, Madame, que je ne vous ai pas encore
dit, à cette occasion, un seul mot des effets plus ou
moins dignes d'attention de la reliure. C'est que la
reliure, au fond, n'est au livre que ce que l'habit est
à l'homme. Cependant, de même que l'homme le
plus distingué ne jouirait peut-être pas de tous ses
avantages s'il se présentait dans le monde avec une
mise peu en rapport avec sa position sociale, de
même il ne serait pas impossible que le meilleur
livre, le livre le mieux exécuté dans les autres détails,
ne perdît quelque chose de ses droits sur l'imagination des lecteurs s'il n'était pas relié convenablement.
Je dis relié convenablement, s'il est relié : car simplement broché ou cartonné avec quelque soin, il ne
courrait pas le même danger. Il pourrait, dans le
dernier cas, représenter un homme de bon goût
en robe de chambre, et je n'ai fait ici cette légère
allusion à la reliure qu'afin de bien établir, surtout,
que les parties vraiment constitutives du livre, après
son contenu intellectuel, sont celles qui servent,
avant toutes les autres, à bien personnifier celui qui
l'a écrit; c'est principalement l'art de l'imprimeur
avec toutes les circonstances qui s'y rattachent; c'est,
en un mot, l'auteur parlant.

Mais lorsqu'aux choses matérielles qui aident le
plus à faire valoir le contenu intellectuel d'un livre
vient se joindre quelque circonstance entièrement
morale, ou demi-morale, qui reporte l'esprit à la

personne même de l'auteur, comme quelques lignes écrites de sa main, un volume venant de lui, un fait de sa vie relatif au livre lui-même, oh ! alors, la personnification est bien plus actuelle, bien plus saisissante ; cela ne peut manquer d'ajouter immensément à l'illusion, et cela complète, par conséquent, de la manière la plus heureuse les jouissances de l'amateur.

Tenez, Madame, je vais vous donner ici un exemple des sensations ineffables que doivent causer quelques-unes des circonstances auxquelles je viens de faire allusion, et je choisis d'autant plus volontiers cet exemple que la particularité qui le constitue, comme l'effet qu'il produit, sont purement intellectuels, et qu'ils se rapportent à un de mes auteurs d'affection, à un des livres qui exercent le plus d'empire sur mon esprit et sur mon cœur.

J'ai en ma possession, ainsi que je vous l'ai annoncé d'avance, dans ma lettre sur les littératures étrangères, un exemplaire de la première édition complète de la *Jérusalem délivrée*, de la véritable édition *princeps*. Il avait été fait à Venise, dès 1580, une édition subreptice des quatorze premiers chants ; mais l'année suivante furent publiés à Parme, dans l'imprimerie d'*Erasmo Violti*, deux éditions complètes (ou du moins avec quelques lacunes insignifiantes), l'une in-4º, l'autre in-12, sur une copie corrigée de la main du Tasse lui-même, lequel, retenu alors dans sa prison de Ferrare, ne put pas être définitivement consulté comme l'avait d'abord désiré l'éditeur. M. Brunet dit que l'in-4° de cette édition est préférable à l'in-12. C'est ce dernier que je possède, et je m'en console par le motif que j'ai plus de facilité à ne m'en point séparer. Mon exemplaire est assez bien conservé pour un volume qui compte aujourd'hui près de trois cents ans d'existence ; seulement le vélin qui le couvre a été naturellement fort jauni par le temps. Voilà pour le fond, pour l'ensemble de ce livre, et l'on conviendra déjà que ces différentes circonstances, celles qui appartiennent directement à l'édition, seraient bien suffisantes pour captiver, à un assez haut degré, l'imagination du bibliophile, si un fait particulier, rapporté dans la dédicace, ne la saisissait encore plus puissamment.

Le poëme immortel est dédié, comme on sait, au duc de Ferrare, Alphonse II.

Tu magnanimo Alfonso, il qual ritogli, etc.

Ceci est au nombre des indications du titre. Mais cette publication particulière est adressée au duc Charles-Emmanuel de Savoie par l'éditeur, *Angelo Ingegneri*, et voici la traduction des premières lignes de cette dédicace :

« SÉRÉNISSIME SEIGNEUR,

« Il y a deux ans et demi, quand le pauvre signor « Torquato Tasso, conduit par son étrange mélan- « colie, arriva aux portes de Turin, d'où il fut re- « poussé pour n'avoir pas le *visa de santé* nécessaire, « ce fut moi qui, l'ayant rencontré en revenant d'en-

« tendre la messe aux pères capucins, l'introduisis
« dans la ville, après avoir fait connaître aux gardes
« ses nobles qualités, lesquelles, quoiqu'il fût mal
« vêtu et à pied, ne se cachaient pas entièrement
« sous cet extérieur d'humble fortune. Ensuite, votre
« Altesse Sérénissime le combla de faveurs et de
« bonnes grâces, et si M. le marquis d'Este[1], rem-
« plissant en cela le désir bienfaisant de monseigneur
« de Turin, ne l'avait déjà recueilli et secouru, je
« suis certain que Votre Altesse l'eût reçu elle-même
« et l'eût fait également pourvoir de tout, tant elle
« montra de pitié pour une aussi grande infortune
« et de sympathie comme d'admiration pour un
« génie aussi élevé. Aujourd'hui, c'est encore moi
« qui, ayant trouvé sa *Jérusalem délivrée* tout en
« lambeaux, et bien véritablement laissée *à pied* par
« ceux qui en ont imprimé une partie à Venise,......
« veux la produire au monde, etc., etc. »

Et il continue sa comparaison à la manière italienne
et à la manière du temps, c'est-à-dire gâtant un peu
par quelques *concetti* un aussi touchant début.

Mais cette anecdote, en elle-même, Madame, ne
vous semble-t-elle pas de l'intérêt le plus palpitant? Ne
croit-on pas voir l'infortuné poëte arriver aux portes

---

[1] Il s'agit ici du marquis Philippe d'Este, qui reconnut le
Tasse pour l'avoir vu habituellement à la cour de Ferrare,
comme le raconte MANSO, l'auteur contemporain de la vie du
grand poëte et son ami.

de Turin, après sa première fuite de Ferrare, l'esprit à demi égaré par la passion que nous connaissons, et ne donnant à ses besoins matériels, aux soins de son extérieur, aucune sorte d'attention, un peu toutefois, comme il le dit dans son dialogue du *Père de famille*, avec quelque intention de déguisement? Est-ce qu'il m'est possible de penser à mon vieux petit volume sans me représenter en même temps le malheureux grand homme dans la situation que nous venons de lire, et tel qu'il fut rencontré par Angelo Ingegneri? Est-ce que je ne me le représente pas, ensuite, tout resplendissant de gloire, quoique mourant, au moment d'être couronné au Capitole, lorsque je viens à jeter un regard sur l'in-4° de l'édition commentée par *Gentili* et *Guastavini*, ou sur le magnifique in-folio imprimé à Venise avec les superbes figures de *Piazzetta*, et dédié à la grande impératrice Marie-Thérèse, ou, enfin, sur l'excellente édition publiée en 1771 chez Augustin Delalain, nom si dignement porté encore aujourd'hui dans la même carrière, édition qui restera toujours particulièrement chère à mon cœur, parce que c'est dans ses deux beaux volumes que mon savant et à jamais regretté maître, Gabriel de P...., de l'Oratoire, me fit lire la *Jérusalem* pour la première fois? Oui, je ne cesserai de le redire, ces formes différentes données aux productions du génie, ces éditions plus ou moins belles, plus ou moins *illustrées*, plus ou moins correctes, servent à personnifier plus complétement les auteurs qui ont déjà fasciné l'imagination du bibliophile, et nul, encore un coup, parmi les plus sages, n'oserait assurer que le plaisir de lire et de relire ces écrivains d'élite ne subirait aucune modification s'ils ne revivaient que dans l'œuvre d'un éditeur ignorant aidé d'un artiste vulgaire et grossier.

Après le grand nom du Tasse, Madame, je m'abstiendrai pieusement d'en citer d'autres, bien que je pusse le faire à l'infini, car ces jouissances si vives ont, de plus, l'avantage peu commun d'être immensément variées. Je me bornerai donc à répéter, en finissant, que ces entretiens continus avec les maîtres de l'intelligence, que cette autre vie passée au milieu des élus du génie, plus fortement personnifiés par tout ce qui se rattache aux études bibliographiques, sont, comme je l'ai dit, les dédommagements moraux les plus assurés des traverses de la vie réelle, de cette vie d'amertume et d'épreuves à laquelle on est trop heureux de pouvoir échapper le plus souvent possible en se réfugiant dans la vie intellectuelle, surtout à certaines époques, et lorsque les idées générales, les lois imprescriptibles du goût, la moralité en toute chose, ont subi des altérations telles qu'on ne retrouve plus guère les conditions du vrai, du beau et du juste, que dans les travaux par bonheur impérissables des grands hommes qui nous ont précédés.

Agréez, etc.

LETTRE XV

Je vous disais dans ce qui précède, Madame, que
non-seulement l'amour des lettres, mais aussi le goût
tout spécial des livres, la bibliographie en un mot,
que je n'en sépare jamais, après avoir donné pendant
la prospérité les plus grandes, les plus véritables
jouissances, ménage pour toutes les peines de la vie,
les plus efficaces, les plus durables consolations.

Je supposais, pour le premier de ces deux cas, la
parfaite tranquillité d'esprit, fruit d'une situation heureuse par les côtés généraux de l'existence, et, pour
le second, je supposais le calme d'une âme qui a retrouvé quelque paix, n'ayant plus ni à espérer ni à
craindre, après une suite d'infortunes noblement sup-
portées.

Mais il est aussi d'autres phases dans la vie publique et privée où l'on pourrait penser que l'heureuse influence des livres ne peut se faire sentir que par le courage ou par la résignation que l'esprit a, depuis longtemps, retirés de l'étude; des phases où il semble que le trouble et l'incertitude de toutes choses repoussent un recours actuel à ce que beaucoup ne considèrent que comme une agréable distraction, je veux dire le moment même où l'on se trouve en pleine crise : eh bien! dans ce moment même de crainte, d'espérance ou de danger; dans ce moment même où l'on serait si mal venu à parler lecture, à oser montrer un livre à ceux qui n'ont jamais lu que pour *passer le temps*, j'ai vivement éprouvé qu'on peut encore rapprocher de soi, comme un secours moral d'un prix inestimable, quelques livres amis.

Mon Dieu! je sens bien que je vais paraître céder à ce désir secret qu'éprouve tout vieillard de raconter les choses de son temps; de donner, en quelque sorte, un épisode tronqué de ses mémoires intimes, car, au bout du compte, dans ce que je voudrais rappeler ici, le secours moral dont je viens de parler n'occupait qu'un tout petit recoin de mon havresac de campagne (en argot de cavalerie la *musette*) pendant que se déroulait autour de moi le plus grand événement de l'époque; mais enfin je l'ai avancé : dans toutes es circonstances possibles les livres viennent, du

plus au moins, en aide à celui qui les aime ; et cela
dit, je risque ma démonstration.

Dans les premiers mois de 1814, quoique déjà père
de famille et préparé, par toute une première vie
d'étude, plutôt à la carrière des emplois civils qu'à
celle des armes, j'avais cru devoir, au moins pour
un temps donné, prendre du service dans la maison
militaire du roi. Permis aux malins de citer à ce
sujet le vers si plaisamment spirituel :

Il était militaire avant qu'on fit la paix,

je sentais bien, moi, que la paix n'était pas faite pour
tout le monde, et qu'un homme dévoué pouvait
n'être pas encore sans espérance de recevoir une
balle sur l'escalier des Tuileries. Quoi qu'il en soit,
poussé par d'ardentes convictions, animé par des
sentiments, par des traditions de famille, j'avais mis
en oubli ma position privée, mes habitudes et mes
goûts, et j'étais entré dans une compagnie des gardes
du corps.

J'avais déjà servi un premier quartier; je m'étais
enivré, pendant quatre mois, de la vue de ces princes
que j'adorais, en idée, depuis mon enfance, mêlant à
cet ineffable bonheur cette autre félicité de ma vie,
cette seconde existence intellectuelle, le culte de tout
ce qui, dans ce bien-aimé Paris, mon second berceau,
se rattachait à la littérature et aux arts. Le service
renouvelé, j'étais allé dans ma province passer,

comme jadis nos prédécesseurs, un long congé au milieu des miens. Là j'avais retrouvé des jouissances d'une autre nature, toutes les jouissances de l'âme, tout le charme de la vie intérieure, et je ne savais plus guère que désirer lorsqu'on annonça la foudroyante réapparition de l'Empereur exilé. J'écoutai, je regardai autour de moi, et je pus apprécier aussitôt toute l'immensité du danger. Dans ce moment solennel, la voix du devoir ne se fit pas seule entendre; j'éprouvai un véritable besoin de cœur d'aller au-devant des périls qui menaçaient ceux à qui j'avais voué ma vie. Sans attendre aucun ordre je partis à l'instant même, tout délai m'était odieux; j'aurais voulu que les voitures eussent des ailes. J'arrivai à temps : je courus au château. Jamais je ne pourrais dire l'émotion que je ressentis en revoyant cette auguste, cette admirable famille que les nouvelles menaces de la fatalité semblaient rendre encore plus touchante et qu'elles me rendaient encore plus chère: j'allai, sans autre retard, endosser le harnais.

Le soldat, Madame, avait ainsi commencé de remplir ses obligations; mais, s'il faut tout dire ici, l'ami des lettres quoique un peu novice encore en tant qu'amateur de livres, ne s'était point entièrement oublié. Tout en faisant mes préparatifs de départ avec une grande précipitation, je m'étais muni de mon fidèle *Virgile*, du *Goffredo* de 1598, d'une *Imitation de Jésus-Christ* également portative, et, enfin, comme une sorte d'ouvrage de circonstance, des *Mémoires de La Rochefoucauld.* Qui m'eût dit alors que, quelques années plus tard, j'aurais à remplir des fonctions plus paisibles sous la direction d'un des plus dignes membres de cette grande maison[1], de cette maison qui a illustré mainte époque de notre histoire par plus d'un genre de gloire comme par plus d'un genre de vertu ?

Ce volume Elzévir des *Mémoires de La Rochefoucauld,* que j'ai encore, n'est pas le seul de mes compagnons du moment qui me retrace des souvenirs chers à mon cœur. Je vous ai déjà parlé d'un *Goffredo,* imprimé trois ans seulement après la mort du Tasse: il provenait de la vieille bibliothèque du château de Nanthiat. C'était l'exemplaire même du chevalier d'Aydie, et m'avait été donné par une femme incomparable, la feue marquise douairière de Bonneval, la petite-fille d'Aïssé. Madame de Bonneval! c'est là un de ces souvenirs qui épuisent mon âme par l'émotion, en même temps qu'ils rajeunissent ma pensée ramenée sur des temps plus heureux! madame de Bonneval! son adorable fille ! leur digne fils et frère le marquis de Bonneval! Je quitterai la vie sans être parvenu à dominer mes impressions sur les tristes nécessités qui l'accompagnent, sans m'être consolé un instant de la perte de tels amis.

Je reprends le cours de mon récit.

[1] M. le duc de Doudeauville.

Bientôt je pus m'apercevoir que tout le monde avait été pris au dépourvu ; je ne voudrais pas, Madame, trop dévier ici du caractère de nos innocentes déductions, en montrant cette tendance aux censures rétrospectives que montre toujours, et presque toujours injustement, tout vaincu contre ceux qu'il suppose l'avoir mal dirigé. Il s'est produit, d'ailleurs, dans le cours de nos révolutions, tant d'exemples d'une semblable défaillance chez les hommes les plus habiles à la fois et les plus courageux, que j'ai dû apprendre à juger moins sévèrement des coreligionnaires qui avaient, à tant d'égards, droit à tous nos respects ; mais, jeune alors, et avec la confiance que la jeunesse a toujours dans ses propres jugements, j'étais disposé à penser, comme le plus grand nombre de mes camarades, comme tous les royalistes en général, que ceux à qui le monarque avait confié la haute direction des affaires étaient obligés, par état, de mieux prévoir les événements, ou, tout au moins, de mieux pourvoir à la défense. Nous étions surtout au désespoir qu'on ne sût tirer aucun parti de l'enthousiasme, de l'abnégation, de tous les sentiments qui éclataient au milieu de nous. Partout régnait une confusion inexprimable qui suffisait, seule, pour déceler un manque absolu de direction. Mille bruits contradictoires circulaient à chaque instant. Déjà je pressentais bien autre chose qu'une grande collision, mais je ne voyais, en aucune façon, comment

nous trouverions les moyens de nous dévouer à nos
pauvres maîtres ; enfin, le soir du 19 mars, couché
à l'hôtel des gardes sur une botte de paille, à côté de
mon cheval, j'appris d'un de nos vieux camarades,
d'un garde du corps d'autrefois, j'appris, l'oserai-je
dire, j'appris le secret de l'État.

J'exposais à ce garde du corps mes conjectures sur
le but d'un ordre que notre brigade avait reçu de se
tenir prête à monter à cheval cette nuit même : « Et
vous, mon digne chef de file, poursuivis-je, où pensez-
vous que nous allions ce soir ?—Où nous allons? me
répondit-il à demi-voix : Bonaparte est entré aujour-
d'hui à Fontainebleau, toute l'armée l'accompagne,
notre corps va tenter, à la suite du roi, une retraite
sur Lille, où nous nous renfermerons avec lui, si
nous pouvons y arriver, en attendant que le congrès
de Vienne se prononce sur tout ceci.—Ah ! ah ! fis-je
d'un ton de doute quelque peu ironique, et d'où
tenez-vous une aussi précise information?—De mon
ami, M. de *** que vous connaissez, répliqua-t-il,
proche parent de M. de ***, ministre du roi, lequel
ministre vient, il n'y a que peu d'instants, de le confier à son cousin. »

Ce n'était plus là un de ces bruits courants, sans
aucune sorte de consistance : la chose, d'ailleurs, me
paraissait avoir, en elle-même, un grand cachet de
vérité. Je ne doutai donc plus ; mais j'admirai qu'on
eût si mal gardé un secret dont pouvait dépendre,

dans l'état des choses, la sûreté de toute la famille royale, et je me demandai comment nos malheureux princes auraient pu se maintenir avec des vieillards plus ou moins verts pour colonels et d'agréables causeurs pour ministres : il n'y avait plus nulle raison de s'en prendre uniquement au destin.

L'on nous fit partir vers minuit. Nous entrâmes dans la cour des Tuileries où nous ne restâmes que quelques instants ; bientôt le roi monta en voiture et s'éloigna sous notre escorte : l'on prit par la place Louis XV et les Champs-Élysées.

Je dirai ce qui m'arriva pendant cette nuit néfaste et les jours qui suivirent, non pas que je pense qu'un grand intérêt puisse s'attacher pour tout autre que pour vous, Madame, aux faits particuliers relatifs à un modeste naufragé comme moi ; mais c'est là ce qui doit servir à caractériser la situation d'esprit dont j'ai parlé en commençant, et, enfin, dans cette circonstance, le plus humble militaire était engagé tout aussi avant dans les affaires générales que ceux qui les avaient si aventureusement dirigées : n'étions-nous pas tous, en effet, alors sur les grands chemins, pêle-mêle avec la monarchie ?

Je marchais à la suite du détachement, et, en quelque façon, comme volontaire, n'ayant point de numéro dans le quartier de service, organisé avant mon arrivée. Je montais un jeune cheval de trois ans, qui n'avait pas encore été dressé ; volontaire non

classé comme moi, et que j'avais obtenu par suite de
mes relations particulières avec un maréchal-des-
logis de l'hôtel. Il suivit d'abord assez bien, à quelques écarts près. Cependant il perdait insensiblement
du terrain, ainsi qu'un ou deux autres sans doute
aussi mal dressés que lui, et je m'aperçus bientôt que
l'escorte et la voiture avaient devancé de quelque
chose la petite arrière-garde que nous formions.
Déjà l'on avait dépassé l'Arc de triomphe, et j'étais
galopant sur la grande avenue avec les quelques
gardes arriérés aussi, lorsque deux cavaliers nous
revenant en tête nous demandèrent par où s'était dirigé le détachement.—« Nous courons après, répon-
dîmes-nous.—Mais non, vous n'êtes plus dans sa direction, répliqua celui qui avait parlé le premier ; nous
en faisions partie nous-mêmes, nous l'avons, tout à
coup, perdu dans l'obscurité ; nous avons continué
de courir jusqu'au pont de Neuilly où nous avons
appris que ni la voiture ni son escorte n'avaient passé.
Il me semble que c'est près d'ici que je m'en suis
séparé, mais de quel côté s'est-on dirigé ? je ne vois
plus aucun moyen de le savoir. » Jamais je ne pourrais dire dans quel désespoir je tombai à ces dernières paroles. Je me crus en danger, un moment,
d'être déshonoré à jamais ; je me représentais nos
camarades arrivant à leur destination telle quelle, et
pensant que nous avions pu hésiter ou devant les
chances politiques, ou, ce qui eût été pis encore,

devant des chances moins définies.—«Eh! il s'agit bien de cela, me dit mon interlocuteur; tout est perdu: le roi quitte la France, et nous allions probablement l'accompagner jusqu'au premier relais. Vous pouvez vous en rapporter à moi, Monsieur, continua-t-il, je suis un des officiers supérieurs du corps, et je n'ai reçu d'ordre que pour une escorte de sortie ordinaire. L'accident qui nous isole ne signifie absolument rien. Il ne nous reste plus qu'à rentrer à Paris où rentreront sans doute dans quelques heures nos camarades, et à échapper, comme nous pourrons, à la proscription qui nous attend.—Rentrer à Paris!» m'écriai-je, et dans mon injuste défiance contre quelques-uns de nos officiers supérieurs sortis de l'ancienne armée, mais du ton le plus naturel qu'il me fut possible: « Puis-je vous demander, Monsieur, dis-je à celui-ci, à qui j'ai l'honneur de parler : » il se nomma, et ce nom portait avec lui toutes les garanties désirables d'un entier dévouement à nos Bourbons. — «M. de ***, lui dis-je alors, le roi ne quitte point la France, il se rend à Lille, vous pouvez en être certain. Quant à moi, je vais toujours aller jusqu'à ce que je sois arrêté d'une manière ou de l'autre, mais de façon à ce qu'il soit bien constaté, à la clarté du jour, que je ne me suis pas séparé volontairement de la voiture du roi.—Vous savez maintenant, me dit M. de ***, si j'ai voulu m'en séparer plus que vous. Mais encore faut-il savoir comment nous mettre sur ses véritables traces; voyons à la grille voisine (c'était, je crois, celle du bois de Boulogne) si l'on pourrait nous apprendre quelque chose à cet égard. »

Ce fut là une heureuse inspiration. Le concierge, ou un factionnaire, assura que la voiture et son escorte avaient pris à droite dans la direction de Saint-Denis. Nous nous précipitâmes de ce côté. Bientôt quelques équipages de la maison de M. le prince de Condé achevèrent de nous ôter toute espèce de doute, et nous arrivâmes enfin à Moiselles où nous apprîmes que le roi s'était séparé là de son escorte, et avait continué sa route avec un ou peut-être deux capitaines des gardes du corps, et comme un simple voyageur.

Cependant le gros du détachement n'était plus là, soit qu'il eût pris des logements dans les environs, soit qu'il se fût porté plus en avant; mais l'on nous dit que dans la maison où nous venions d'entrer, une auberge ou un relais de poste, se trouvaient quelques personnes de la suite du roi.

Nous montâmes dans une pièce du premier. Là était un officier général tenant à je ne sais quel corps de la maison militaire, un sous-lieutenant de la compagnie de Raguse, depuis général Fabvier; enfin un troisième personnage en habit de ville, aux manières les plus distinguées : quelqu'un écrivait sur une table.

Nous comptions apprendre d'eux ce qu'avait prescrit le roi et quelle direction il avait donnée. Je ne fus pas frappé d'un médiocre étonnement lorsque ces Messieurs nous dirent qu'ils ignoraient complétement ce qu'ils avaient à faire; que le roi était parti avec le maréchal Berthier, mais qu'ils n'avaient ni entendu, ni su que Sa Majesté eût rien ordonné. Je leur rapportai alors le dire de mon vieux camarade, et je leur nommai le ministre qui avait parlé. Tout cela redevenait plus ou moins problématique si, en effet, le roi n'avait rien prescrit. Le général et l'officier des gardes du corps, l'un et l'autre venus des armées de l'Empire, se montraient dans les termes d'une fidélité irréprochable. Tous les deux étaient prêts à suivre le roi, pour peu qu'il en eût manifesté le désir; mais je fus frappé surtout du langage plein d'élévation, du franc et courageux dévouement de celui qui n'était pas en uniforme, et je me sentis, de prime-abord, pris d'une grande sympathie pour quelqu'un qui, dans la situation, s'exprimait et se prononçait si noblement. — « Il est impossible, Monsieur, lui dis-je, d'avoir le cœur plus garde du corps que vous ne l'avez : vous êtes sûrement des nôtres ? — Oui et non, me répondit-il, je suis, en effet, des vôtres par le cœur, mais j'appartiens à la maison civile : je suis le grand maître des cérémonies. »

Je ne connaissais M. de Brézé que de nom. Je le connaissais par cette vieille fable de son attitude embarrassée devant l'audacieuse apostrophe de Mirabeau.

Je le connaissais aussi pour avoir entendu dire à un de nos brigadiers gascons : « Il n'est pas très-bon : il avait fait entrer son fils dans les pages de l'Empereur. » Et cet homme que des historiens contemporains, plus ou moins prévenus, soutiennent avoir montré une hésitation presque timide, en remplissant un ordre du roi ; cet homme cité par des exaltés du temps comme un royaliste dont les sentiments laissaient à désirer, c'était ce beau vieillard que je venais d'entendre professer une abnégation et un dévouement sans réserve pour une cause qui semblait désespérée, définir nos obligations avec la vigueur d'un homme de vingt ans, et répéter, de la manière la plus résolue, qu'il ne fallait pas se lasser de marcher sur les traces du roi pendant tout le temps qu'on pourrait espérer de le rejoindre et de le servir.

Je songeais à cette nouvelle preuve de l'odieuse injustice des partis, lorsqu'un des hommes du détachement, si je ne me trompe, entra dans la pièce où nous nous trouvions. Il nous assura qu'il était présent au moment où le roi avait pris congé de son escorte. « Messieurs avait dit Sa Majesté, je prends les « devants, ralliez-vous au corps du duc de Raguse qui « sera ici dans quelques heures avec mon frère et le duc « de Berry. » — « Ah ! le corps qu'on réunissait suit donc aussi ? nous écriâmes nous tous en même temps ! —Grâce au ciel plus d'incertitude, dit M. de Brézé, voilà la ligne du devoir tracée. » — —O mon noble ami, car les sentiments que vous m'avez gardés jusqu'à votre mort m'autorisent à vous donner ce nom jusqu'à la mienne, oui, sans doute, c'était la ligne du devoir pour nous tous, revêtus de l'uniforme militaire, et liés par toutes les obligations de cet état. Mais vous, fonctionnaire civil, vous homme de paix, vous qui déjà n'étiez plus jeune, rien ne vous faisait une loi d'honneur de vous joindre au faible corps que l'armée soulevée pouvait écraser d'un moment à l'autre. La religion du dévouement, votre vieille fidélité à vos maîtres vous entraînaient, seules, au delà des devoirs de votre position. Pendant que vous alliez ainsi vous dévouer à une proscription presque certaine, tel qui avait dit peut-être plus d'une fois, comme mon vieux brigadier, que vous n'étiez pas des plus purs parmi les purs, se cachait honteusement dans quelque recoin de Paris, se réservant, ainsi que ne manquent jamais de le faire ces grands rigoristes, de triompher avec arrogance dans les salons, si par hasard il y avait triomphe, sans avoir paru pendant le danger.

Cette nuit déplorable m'offrait ainsi, à chaque instant, d'étranges sujets d'observations se rattachant, plus ou moins, aux choses de la politique, mais je ne pouvais surtout assez m'étonner qu'un monarque, homme supérieur à plusieurs égards, eût été si singulièrement servi que le plus grand secret du moment, le plan de retraite de la famille royale, quelques relations de province l'eussent livré à mon compagnon de service, et que, maintenant, les derniers ordres du roi fussent arrivés, par une sorte de hasard, à des officiers généraux de sa maison, à ceux même d'entre eux qui devaient l'entourer ce jour-là, au grand maître des cérémonies de France, et cela, au moyen de l'intermédiaire de quelqu'un de si peu marquant que sa personne, comme son état dans le monde, tout est également sorti de ma mémoire.

Enfin le jour parut, et avec lui le corps du maréchal duc de Raguse. Il se composait de tout ce qui s'était trouvé réuni de la maison du roi ou avait pu la rejoindre à la hâte, des grenadiers à cheval tirés de la vieille garde impériale, enfin des volontaires royaux récemment enrôlés, en tout trois ou quatre mille hommes et douze ou quinze pièces de canon; telles étaient les forces non pas, certes, destinées à combattre en ligne rangée, on n'y songeait plus, mais à couvrir la retraite du roi et des princes jusqu'à Lille et à s'y renfermer avec eux.

C'était un ensemble bien faible, matériellement parlant, mais tous étaient remplis de courage et entièrement dévoués : les vieux, les jeunes militaires, les volontaire enrôlés, tous étaient animés des mêmes sentiments. Il n'y avait pas, dans cette petite troupe, un seul homme qui n'eût tout sacrifié, sans hésiter, pour des princes qui n'avaient plus aucune grâce à leur disposition. Ils parurent aussi bientôt ces malheureux princes : jamais mon cœur ne s'était senti aussi plein d'eux. Nous avions là, sous nos yeux, de grandes victimes, victimes peut-être de leurs amis autant que de leurs ennemis. Quelques-uns, parmi les premiers, les avaient rendus solidaires de leur propre impopularité ; les seconds, sur de vains prétextes, les poursuivaient de leur aveugle colère, et eux calmes, nobles, beaux de ce sang-froid qu'ils avaient puisé dans l'habitude du malheur, ils marchaient à notre tête, souvent à côté de nous, disant de ces mots pleins de grâce et de bonté que tous les princes trouvent aisément quand ils sont tombés du faîte des grandeurs, mais que ceux-ci avaient trouvés dans tous les temps.

Notre marche par Beauvais, Abbeville et Béthune est connue. On sait comment dans la dernière de ces villes, monseigneur le duc de Berry montra ce courage élevé, cette force d'âme qui faisaient le fond de sa belle nature. Je n'entrerai donc point dans le récit des faits de cette marche, quelque satisfaction que j'eusse à raconter ici l'héroïque patience de ce corps d'élite dans l'effroyable traverse que l'on prit en sortant de Béthune, et son attitude pleine de vigueur dans les circonstances qui avaient précédé. Je ne veux pas d'ailleurs empiéter sur les droits de l'histoire ; je rentre donc dans mon modeste cadre, et je viens à quelques détails plus personnels.

J'allais côte à côte avec un garde du corps origi-

naire d'une des provinces qui formaient ou avoisinaient notre itinéraire, homme de cœur, et chez
lequel j'avais flairé bien vite une instruction variée.
Le hasard d'abord, et plus tard une sympathie mu-
tuelle nous avaient rapprochés, car nous étions alors,
en quelque façon, les maîtres de régler nos rangs.
Notre premier sujet de causerie avait été naturellement la grande affaire du jour, l'affreuse préoccupa-
tion politique qui assiégeait tous les esprits ; mais,
comme il arrive toujours, même dans les situations
les plus graves, nous en vînmes insensiblement à ce
qui tenait à nos goûts particuliers. Je lui avouai, sans
difficulté, que près du grand morceau de pain bis
acheté dans le dernier village que nous avions traversé, se trouvaient un *Virgile* et un *Goffredo*. Cela
fut entendu de lui comme la chose du monde la plus
simple, au lieu de l'être avec l'immense éclat de rire
qui aurait probablement accueilli cet aveu sur quelque autre point de la colonne ; et un peu plus loin,
après m'avoir indiqué d'un clin d'œil la *musette* pen-
due à l'arçon de ma selle, il me montrait du doigt, sur
le bord de la route, assis devant sa chaumière, un
vieux paysan qui tressait un panier ou tout autre ouvrage du même genre. Son esprit venait de se reporter vivement au septième chant de la *Jésusalem délivrée*,
où le Tasse peint avec tant de charme le contraste
entre le tumulte des armes et les paisibles occupations des champs : « Le vieillard d'Herminie ! » me

24.

dit-il. J'étais enchanté : une fois entré dans cette voie,
je n'étais pas près de m'arrêter, et je me mis, de mon
côté, à rembourser avec usure cette heureuse citation.

Mais en avançant toujours je remarquai que mon
compagnon était devenu insensiblement un peu
rêveur, et je crus m'apercevoir que cette rêverie
n'était rien moins qu'une rêverie poétique. C'était
un ancien émigré à qui, ainsi que je l'ai déjà dit,
son origine, des rapports de voisinage et de nombreuses relations avaient donné une grande connaissance du pays que nous traversions. Arrivés à
une certaine hauteur je dis quelque chose de notre
entrée dans Lille.—«Nous n'allons plus à Lille, me dit
mon voisin en secouant la tête, je ne sais s'il s'est
passé quelque chose de ce côté-là, ou si c'est une ma-
nœuvre pour tromper ceux qui vraisemblablement
sont à notre poursuite, mais, depuis quelques moments, on nous a fait quitter la véritable route de
Lille pour nous porter sur la gauche. Nous allons ou
à la côte ou en Belgique». Puis, après s'être tu quelques instants. «—Si nous allons à la côte, poursuivit-
il, c'est que tout est fini, et ce sera là le terme dou-
loureux de notre marche ; mais si nous allons vers
la Belgique, c'est que nos princes, tout en ayant
appris, peut-être, depuis notre départ, qu'ils ne peuvent plus tenir sur aucun point de la France, fondent
encore un espoir prochain sur les étrangers.... Ils
voudront, sans doute, dans ce cas-là, nous emmener

avec eux.... Et très-certainement je ne suivrai pas. »

Cette sorte de péripétie qui me parut, de prime-abord, tout à fait vraisemblable dans l'un ou l'autre de ces deux termes, fit sur moi une vive impression. Si ce garde du corps avait, en effet, bien saisi le sens de ce qui se passait, il ne s'agissait plus maintenant de disputer le trône sur le sol national. J'étais parti très-fermement décidé à tout compromettre, à tout sacri-fier, ma vie comme ma modeste fortune, pour garder fidélité à ceux dont j'avais embrassé la cause, mais je n'avais nullement préparé mon esprit à une longue carrière d'émigration. Tout me disait même que d'autres devoirs, des devoirs non moins sacrés m'im-posaient l'obligation de rester en France, j'étais hor-riblement agité. Cependant j'arrêtai bientôt ma der-nière pensée.

« Mon cher camarade, dis-je enfin, vous venez de livrer mes plus intimes sentiments à une terrible épreuve; je suis marié et déjà père d'une assez nom-breuse famille; j'ai laissé aussi de vieux parents dont le souvenir, depuis notre départ, m'a obsédé plus d'une fois. Prêt à subir toutes les chances qui pou-raient se présenter autour du trône, je n'avais pas songé qu'il pût jamais être question de passer sur une terre étrangère. Je dis plus : si lorsque j'ai voulu prendre part à tout ce qui serait nécessaire pour la défense du roi, cela se fût présenté nettement comme un nouveau départ pour l'émigration, j'avais

encore, je crois, mon libre arbitre, peut-être l'eussé-
je appliqué comme vous paraissez disposé à le faire.
A présent, nous voici en pleine campagne : est-ce
bien le moment des distinctions? du reste, quand
même nous irions, comme vous le pensez, à la frontière de la Belgique, j'espère beaucoup que les princes,
qui ne sauraient fonder de grandes espérances sur
cette poignée d'hommes dévoués, nous rendront notre
liberté d'action. Je le désire profondément, car si
nos malheureux Bourbons quittent de nouveau la
France, il y a tout lieu de craindre que ce ne soit pour
la dernière fois; mais si arrivés sur la frontière ils
nous disent solennellement et sans autre explication
qu'ils ont encore besoin de nous : ma foi, je ne me
croirai plus en droit d'y mêler une question personnelle; je ferme les yeux sur l'avenir, et je les suis
sans balancer.

—«Tout cela est bon à dire, me répondit mon interlocuteur; vous n'avez pas été comme moi, pendant
dix années de votre vie, repoussé, vilipendé, persécuté
quelquefois par l'étranger. Vous ne voyez, de l'autre
côté de la frontière, que l'occasion d'être utile à votre
parti, et, dans tous les cas, la considération et les
égards dus à la fidélité malheureuse. C'était tout juste
ainsi que je pensais en 1791 : à vous permis d'en faire
l'essai à votre tour. Quant à moi, bien que marié aussi,
je n'ai point d'enfants, qu'on me fasse tuer, si l'on veut,
sur la terre de France; je suis ici pour cela. Mais rien

au monde ne me fera recommencer l'épouvantable vie que j'ai menée pendant mon émigration ; c'est une résolution fermement arrêtée : *je ne suivrai pas.* »

Je rapporte avec soin cette partie de notre conversation et parce qu'elle rend au vif les sentiments de ceux d'entre nous qui, comme cet émigré, avaient déjà payé une première dette, et aussi pour un objet particulier auquel je reviendrai plus tard.

Cependant nous allions toujours. Notre dernière marche fut une marche de nuit. Mon camarade, me prenant en pitié comme plus jeune et moins expérimenté que lui, me faisait de nouveaux raisonnements fort justes pour m'engager à ne me point expatrier. « Mais, malheureux, me disait-il, si vous ne m'en croyez pas, croyez-en celui que vous m'avez dit être un de vos poëtes d'affection, et qui avait fait la même expérience que moi ! Écoutez Dante :

> Tu proverai si come sa di sale
> Lo pane altrui, e com'è duro calle
> Lo scendere e'l salir l'altrui scale [1].

Il paraphrasait de son mieux ces trois vers en me représentant plus vivement que jamais tous les tour-

---

[1] Ceci a été assez heureusement rendu par l'homme qui semblait le moins propre à traduire Dante, par le chevalier de Boufflers :

> Tu connaîtras alors quelle saveur amère
> Garde un pain que d'un autre il nous faut obtenir,
> Et qu'il n'est point de roc si pénible à franchir
> Que le seuil orgueilleux d'une porte étrangère.

ments de l'exil. Ensuite il me faisait remarquer le peu d'action que nous pouvions exercer sur un dénoûment quelconque ; et enfin tout ce qui, dans ma situation particulière, m'ôtait, en quelque sorte, le droit d'aller courir ainsi les aventures. Moi, j'étais resté ancré dans cette réponse : « Vous savez comment je juge ou plutôt comment je sens la question : si l'on nous congédie librement, tant mieux, mille fois tant mieux, car j'apprécie tout ce qu'il y a de force dans vos raisons. Mais si, au nom de l'honneur et du devoir, même l'un et l'autre mal compris, l'on nous dit : Venez ! j'irai. » Il cherchait avec inquiétude dans l'obscurité à reconnaître le pays qui lui devenait de plus en plus familier. — « C'est que je crains, voyez-vous, me disait-il, que l'on ne commence par nous compromettre en nous faisant passer la frontière : ce pas là une fois fait, il ne serait peut-être plus guère temps de s'en dédire... je me défie de tout. » Enfin l'on commanda une halte générale et l'on nous fît mettre en ligne sans prendre aucune autre disposition. Le jour tarda peu à paraître.

Lorsqu'il parut, nous nous trouvions rangés en bataille sur je ne sais quelle route ou sur quel grand chemin. En face de nous, de l'autre côté de cette grande voie, était la Belgique, dont nous n'étions séparés, sur le point où j'étais, que par une simple haie de saules. L'officier général qui commandait réunit les principaux chefs autour de lui, et voilà ce qui bientôt nous fut transmis officiellement :

« Les princes ont passé en Belgique cette nuit, après avoir annoncé que le roi s'était vu obligé de quitter Lille, et qu'on était encore sans aucune nouvelle du congrès. Ils vous font remercier de votre dévouement, et de votre patiente fidélité pendant cette longue et difficile route, vous engageant à rentrer dans vos foyers : « Cependant, ont-ils ajouté, si quelques-uns d'entre « vous se croyaient, par un motif quelconque, telle- « ment compromis qu'ils ne pussent pas rester en Fran- « ce sans *courir un grand danger*, ils peuvent nous « suivre ; pendant qu'il nous restera la moindre res- « source (*un morceau de pain*), nous partagerons avec « eux. » Telles avaient été les dernières paroles des princes, et il avait été facile de comprendre, assurait-on, qu'ils considéreraient comme une charge, ou tout au moins comme un embarras, l'émigration partielle qu'ils autorisaient dans un autre intérêt que le leur.

Il n'y avait plus lieu aux différences d'opinion sur ce qu'il convenait de faire ; les juges suprêmes de la question avaient prononcé. Presque tous les esprits se tournèrent vers le retour. Il se produisit, toutefois, un certain nombre de résolutions contraires. Je voyais, de loin en loin, quelques gardes du corps se détacher de la ligne, passer la haie fatale et se diriger par un petit chemin de traverse qui se trouvait tout près de là. Je remarquai surtout un homme d'une cinquantaine d'années qui m'avait toujours paru d'un naturel flegmatique, et qui traversa la frontière en poussant un cri fortement accentué de *vive le roi!* ce fait particulier porta quelque trouble dans mon esprit. Nous éprouvions, ainsi que je l'ai déjà dit, une fort injuste défiance touchant ceux des chefs du corps qui avaient servi sous l'Empire. C'était le cas de quelques-uns des officiers généraux qui se trouvaient là. Les expressions de l'ordre du jour des princes, fus-je tenté de me dire, n'auraient-elles pas été, même sans mauvaise intention, un peu affaiblies? Je venais de rencontrer un de mes amis d'enfance, M. Joseph D.......; il éprouvait la même sollicitude que moi. Nous ne voulions, ni l'un ni l'autre, nous éloigner de la frontière sans savoir, de manière à ne conserver aucun doute, ce que les princes avaient ordonné. Un moyen sûr nous en fut offert à l'instant même. M. le comte de Pelhan, aide-major de la compagnie de Gramont, un des plus dignes représentants de l'honneur antique, parut près de là. Nous accourûmes lui confier nos inquiétudes. « La « preuve, nous dit-il, que LL. AA. RR. n'ont pas « exprimé le désir qu'on les suivît en Belgique, c'est « que je retourne à Paris; quelques jeunes gens, « peut-être sous les mêmes impressions que vous, « ont cédé, seuls, en passant la frontière, à un « mouvement plus honorable que réfléchi. Quant à « celui de nos camarades, ajouta-t-il, dont le cri d'en- « thousiasme a surtout contribué à faire naître vos « incertitudes, il est marié en Allemagne et n'était

« rentré qu'avec le roi.» Aucun doute ne pouvait plus subsister pour nous. Quelques moments plus tard, je retrouvai M. de Brézé ; ne s'arrêtant devant aucun genre de dévouement, il avait offert à MONSIEUR de le suivre, mais le prince l'avait engagé, de toutes ses forces, à ne pas quitter la France. M. de Brézé, avait cru devoir faire passer en Belgique son fils aîné, depuis l'éloquent orateur; il ramenait le plus jeune avec lui.

Enfin notre escadron, après s'être arrêté quelques heures dans un village voisin, fit ses dispositions pour repartir. Mon compagnon de route, à qui ses relations dans le pays avaient donné toutes facilités, s'était procuré un habit bourgeois, et avait pris congé de nous pour rentrer dans sa famille. Nous revînmes par Béthune où était restée l'infanterie, et où nous devions être licenciés en forme. Quelques jours après l'on dit sourdement que, pendant que nous occupions cette ville, il y était arrivé un envoyé des princes, qui, instruits alors des résolutions du congrès, faisaient demander qu'on les rejoignît. J'ai toujours douté de ce fait : dans tous les cas il ne fut point annoncé au corps, et, pour mon compte, je l'ignorai complétement.

J'avais pourtant passé à Béthune un jour de plus que celui qui avait été employé au licenciement de la maison du roi, les moyens de transports manquaient pour tant de monde. Vous imaginez, Madame, dans

quelles dispositions d'esprit et de cœur je me trouvais
alors. Ma situation morale était précisément celle que
j'ai supposée au début de cette lettre. La catastrophe,
à quelques égards, n'était qu'en voie de s'accomplir.
Le compétiteur des Bourbons était aux Tuileries; l'on
congédiait les serviteurs du roi; cependant l'instinct
politique disait à chacun, à l'Empereur peut-être plus
qu'à personne, que tout n'était pas terminé, que nous
étions en pleine crise; que cette crise pouvait durer
trois mois, six mois; tous les partis pouvaient donc
encore craindre, encore espérer quelque chose, enfin
un trouble universel commençait déjà d'agiter tous
les esprits, et ne pouvait pas, à plus forte raison, cesser d'agiter les nôtres. Mais deux jours d'indépendance, du moins, m'étaient donnés sans conteste, deux
jours à passer dans cette petite place de guerre, loin
de tout ce que mon cœur aimait. Je tirai tout doucement mes quatre volumes de la case ambulante où
ils avaient forcément séjourné pendant cette triste
semaine. J'étais logé chez la vieille veuve d'une espèce
de maréchal ferrant. Quels bons, quels longs moments
je trouvai dans le petit réduit qu'elle avait mis à ma
disposition ! je me repris alors à goûter, comme nous
l'avions fait en route, le contraste qu'offraient les tableaux des *Bucoliques* avec le mouvement des hommes armés que j'avais encore sous les yeux. Le *Tasse*
venait aussi tempérer par de douces émotions celles
du moment, auxquelles je ne pouvais pas entièrement

me soustraire. Mon *La Rochefoucauld* me montrait d'autres victimes des discordes civiles dans des hommes qui valaient mieux que moi. *L'Imitation*, enfin, achevait, par sa puissance évangélique, de m'amener à une demi-résignation. Ces ineffables jouissances étaient fort mêlées sans doute, mais je me trouvais néanmoins tout différemment partagé que si je n'avais eu, pour oublier un peu le courant qui emportait nos destinées, d'autre ressource que d'errer sur les places publiques et dans les cafés d'une petite ville encombrée de militaires auxquels manquait le même moyen d'employer leur temps.

Le moment vint enfin de refermer mon petit *Virgile*. Je repartis pour ma province, craignant un peu le destin de Mélibée, entrevoyant déjà le soldat d'Octave prêt à me disputer mon champ, ou, tout au moins, à me faire éprouver une partie des déboires du vaincu. Je n'eus à subir rien de semblable. Celui qui venait de ressaisir le pouvoir avait un génie trop pratique pour ignorer que la persécution est un mauvais moyen de s'y perpétuer. D'un autre côté, je n'avais triomphé d'une manière blessante pour personne pendant le triomphe de mon parti; le parti contraire me le rendit noblement, et je ne pense jamais sans émotion à une marque d'égards que ma famille reçut alors de mes concitoyens. Une *farandole* nocturne suivit la nouvelle de l'entrée de l'Empereur à Paris. Les miens ignoraient encore ce que mon frère et moi nous étions devenus. Sur cette simple remarque sortie d'un des points du cortége en marche, la foule, qui était au moment d'entrer dans la rue où se trouvait ma maison, s'arrêta comme un seul homme et prit une autre direction : je ne l'oublierai de ma vie.

Vous pressentez sans doute, Madame, qu'un récit déjà un peu trop étendu peut-être, pour ce qui en faisait le principal objet, approche de son terme, car ma petite démonstration bibliographique une fois faite, cet objet se trouve rempli. Aussi, Dieu me garde, puisque je n'y suis pas obligé, de dire un seul mot des jours qui suivirent. Cependant j'éprouve le besoin, avant de quitter ce sujet sans retour, de citer encore un incident propre à donner la mesure de la tendance qu'on a toujours naturellement, mais peut-être plus en France qu'ailleurs, à prétendre avoir constamment, dans les moments difficiles, beaucoup mieux fait que tout le monde. Je proteste, d'avance, contre la pensée que je puisse vouloir ici (lorsque je viens de chercher à établir moi-même que j'avais, dans l'occasion, fait de mon mieux), que je puisse, dis-je, vouloir censurer ce faible avec quelque amertume, dans un de mes compagnons d'armes, homme des plus honorables, et qui, du reste, n'existe plus depuis longtemps. Je ne veux, encore un coup, dans ce que je vais dire, que montrer quelle a été souvent, à cet égard, la disposition des meilleurs esprits dans nos grands événements politiques, et donner, en quelque façon, le complément d'une anecdote commencée.

Je venais d'arriver à Paris après les Cent jours, lorsque je rencontrai cet ancien camarade dont j'ai rapporté les appréciations sur la meilleure résolution à prendre touchant un point délicat. Je m'informai, avec empressement, de la manière dont il avait passé trois mois qui, suivant les lieux et les circonstances, pouvaient avoir eu de grandes difficultés pour tel d'entre nous : — «Et enfin, lui dis-je en terminant la série de mes questions affectueuses, d'où venez-vous dans ce moment? »—D'où je viens, me répondit-il avec un air de surprise qui ne me sortira jamais de la tête, d'où je viens? eh! parbleu, je viens de Gand! » Oh! ma foi, il n'y eut ni Tasse ni Dante qui tinssent; j'éprouvai un mouvement de dégoût assez mal contenu. —«Mais il me semble, lui répliquai-je avec le plus de sang-froid qu'il me fut possible, si je me reporte à notre conversation pendant les derniers moments de notre marche du mois de mars, il me semble que je dois être encore plus étonné de votre réponse que vous ne me paraissez l'être de ma question.» Il était, comme je l'ai dit, homme d'esprit et homme d'honneur. La mémoire lui revint subitement, et cherchant à réparer ce faux pas le mieux possible : « Je n'ai point oublié nos anciens entretiens, me dit-il avec quelque embarras, mais vous savez que j'habite un point peu éloigné de la frontière ; je connus bientôt la

25.

déclaration du congrès de Vienne, et, pensant qu'on pourrait se rendre, encore, plus ou moins utile, je me hâtai d'aller rejoindre le roi. — Je le comprends parfaitement, lui dis-je, l'occasion et surtout l'à-propos que vous avez pu consulter, sont allés parfois jusqu'à donner des couronnes : les gardes du corps du centre de la France ont été obligés de prendre les choses plus patiemment, et cette situation eût été, seule, suffisante pour me forcer de suivre vos bons conseils. »

Cet air quelque peu triomphateur, cette affectation d'une fidélité à part dans un homme aussi spirituel, me firent craindre d'abord que la petite minorité de nos camarades qui revenaient de la Belgique ne voulussent renouveler, dans cette circonstance, les singulières prétentions des premiers arrivés à Coblentz, ce qui n'eût pas manqué d'amener de bien fâcheuses dissensions. Mais il ne se produisit rien d'aussi tristement déraisonnable. Une identité absolue de principes et de dévouement ; la franchise naturelle à l'officier français ; enfin le bon esprit de l'ensemble tempérèrent, de prime-abord, des petits mouvements d'amour-propre qui n'eussent été justifiables à aucun égard ; et, en quittant notre admirable corps pour entrer dans une grande administration, où je ne devais pas être moins heureusement associé, j'eus la consolation de le laisser dans une union parfaite et offrant toujours le modèle des plus beaux, des plus nobles sentiments.

Un grand nombre d'années après celle dont je viens de retracer quelques faits, je devais assister à une sorte de partie de plaisir avec quelques amis et plusieurs membres de ma famille. Il paraît que je me fis un peu trop attendre au lieu du rendez-vous. Un indiscret assura qu'il m'avait entrevu, là ou là, lisant, avec une attention, scandaleuse dans la circonstance, un livre que je tenais dans les mains. Chacun alors de se récrier encore plus bruyamment sur un retard aussi mal motivé. L'on alla même jusqu'à vouloir en faire peser quelque responsabilité sur un de mes proches, celui-là même qui avait partagé mon épreuve de 1815 ; il me défendit d'abord de son mieux, donna quelques raisons bonnes ou mauvaises ; mais, enfin, poussé dans ses derniers retranchements, il en vint à s'écrier avec le désespoir d'un homme à bout de moyens : « Eh ! mon Dieu, que voulez-vous donc que j'y fasse ? l'enragé lisait à Béthune ! »

Ce petit fait, tout d'intérieur, n'a, je le sais, Madame, rien de bien saillant pour d'autres que pour moi. J'ai dû, néanmoins, le consigner ici, d'abord parce qu'il se rattache indirectement à ce que j'ai cherché à établir dans cette lettre, ensuite parce qu'il fait ressortir assez vivement un point que les malins considèrent comme phénoménal, savoir un bibliophile qui lit ses livres. Agréez, etc.

LETTRE XVI

———

Le Chalard, octobre 1853.

A quinze ans je cueillis une fraîche églantine.
Et ma main l'enferma sous la page latine :
Plus tard en feuilletant mes livres d'écolier,
Blonds amis que jamais on ne peut oublier,
J'y trouvai l'églantine ; et fleur et poésie
Ravivèrent mon cœur à leur douce ambroisie.

Ces jolis vers, Madame, d'un poëte dont la patrie
m'est, par plus d'un motif, particulièrement sympathique, et dont la personne comme le talent sont fort
aimés de l'un des miens ; ces vers de M. Brizeux, cités
par un des premiers critiques de ce temps-ci[1] auquel
m'attachent également des amitiés de famille, vinrent
frapper vivement un jour ma pensée d'amateur, et
raviver, d'une manière inattendue, mes plus doux

[1] M. Cuvillier-Fleury.

souvenirs de collége. En effet, Madame, vous avez sûrement senti, mieux que personne, la douceur et l'harmonie de ces vers charmants; mais vous n'avez pas pu, en les lisant, voir, comme moi, revivre tout à coup devant vous, et ce modeste petit *Phèdre* de l'*imprimerie privilégiée de Rouen*, que j'étais impatient jadis de comprendre bien vite, et ces *Commentaires de César*, je ne dirai pas reliés, mais recouverts d'un grossier parchemin, où me remuèrent, pour la première fois, les souvenirs si émouvants de notre vieille Gaule; et mon *Eutrope*, et mon *Justin*, et mon *Horace* de Jean Bond, et jusqu'à ces bons petits livres de latinité moderne, les *Colloques choisis* de l'aimable Érasme, l'*Appendix de diis* du père Jouvency; enfin, avant tous ces livres aimés, bien avant, bien loin avant, le *Virgile* aujourd'hui en lambeaux, mais toujours en ma possession, revêtu d'une vieille basane brune; ce premier Virgile qui fit naître en moi la plus grande adoration littéraire de ma vie, et qui m'avait été donné par un brave homme un peu mon parent, lequel, en le cherchant dans le fond d'une vieille armoire, marmottait entre ses dents :

Tityre, tu patulæ recubans sub tegmine fagi,

le seul vers latin, assurément, que sa mémoire eût retenu de ses études classiques. Non, Madame, vous n'avez pas éprouvé, vous ne pouviez pas éprouver ce moment d'une jouissance ineffable que m'ont procuré les vers de M. Brizeux, mais vous ne vous étonnerez point, sans doute, que cela puisse donner lieu à une des lettres bibliographico-littéraires que je suis en possession de vous adresser.

Une dissertation bibliographique à propos de livres d'écolier! certes, il y a là de quoi faire tressaillir d'indignation les mânes altiers de nos *Martin*, de nos *Debure*, de tous ces libraires de la vieille roche, dont l'un, mécontent de la tendance du siècle à tout amoindrir, à tout *diminuer*, faisait, un jour, contre tout ce qui n'était pas le colossal in-folio, la singulière sortie dont je vous ai parlé dans une de mes premières lettres. Mon Dieu, je suis tout prêt d'applaudir pour mon compte à sa délicieuse boutade; peu s'en faut que je ne professe pour les in-folio, peut-être un peu trop négligés aujourd'hui, l'admiration du digne bibliopole. Mais aussi ce n'est pas de la bibliographie proprement dite que je me dispose à faire ici : je veux me complaire un peu dans les émotions si douces que j'éprouve toujours à la vue de mes vieux petits livres d'écolier, ces *blonds amis* dont l'image s'est présentée plus d'une fois à mon esprit dans le cours de ces lettres, auxquels j'aurais bien donné peut-être, fois ou autre, quelque marque de souvenir, mais dont je n'aurais peut-être pas osé parler *in extenso* (car la bibliographie a aussi sa pudeur), si je n'y avais été encouragé par les vers que vous venez de lire plus haut.

Et cependant, s'il est un ordre de livres où l'œuvre seule soit tout, et où la forme extérieure ne soit rien, un ordre de livres dont le culte sépare nettement le bibliophile du bibliomane, ce sont, assurément, les livres classiques. Là point de reliure de luxe, point de dorures, point d'impression soignée; pas même cette heureuse faute qui, suivant l'épigramme que j'ai déjà citée autrefois, aidait un jour à faire distinguer la bonne édition de la mauvaise. Les fautes y sont en trop grand nombre pour servir de marques distinctives. Non, tout ici est du ressort de l'esprit, rien n'est donné à la matière, aucune concession n'est faite au plaisir des sens.

Mais lorsque je revendique le droit d'aimer, de célébrer ces chers compagnons de mon enfance et de ma première jeunesse, cela veut-il dire que, changeant de manière de sentir en changeant de point de vue, je sois peu éloigné de donner une sorte de préférence aux magasins de la maison *Nyon* sur les plus beaux produits de la typographie et de la reliure? Ma foi, Dieu m'en garde! de même que j'ai fait, ailleurs, toutes mes réserves en faveur des plus modestes éditions, de même j'entends les faire, et plus expressément encore, en faveur des chefs-d'œuvre bibliographiques. Seulement je répète ici ce que j'ai dit alors: j'aime tous les livres sans exception, quel qu'ait été l'imprimeur, quelle que soit la couverture; je vois, avant tout, l'ouvrage lui-même; avant tout je vois l'auteur. Certes, ce n'est pas la tête bien frisée, bien poudrée de Sedaine que je salue; il aurait continué de se servir du marteau en même temps que de la plume qu'il n'en serait pas moins pour moi l'auteur de l'*Épître à mon habit*, du *Philosophe sans le savoir*, et de tant d'autres belles productions; mais je suis charmé qu'il ait pu échanger sa veste de maçon contre le costume de membre de l'Académie française, et, franchement, je l'aime mieux comme cela.

Oui, sans doute, j'aime mieux les beaux livres, j'aime mieux mes auteurs chéris revêtus de toutes les splendeurs de l'art que sous l'humble forme consacrée aux premières études; mais cette humilité, cette imperfection de forme qui me choquerait plus que personne, appliquée à tout autre livre, se relève dans les livres d'écolier de tout le charme qui s'attache à une première impression. Il y a longtemps, Madame, que j'éprouve le besoin de vous dire ce que j'ai constamment remarqué de l'action qu'exerce toujours, jusque dans l'avenir le plus éloigné, une première impression sur le goût de ceux même qui sont le mieux appelés, par un sentiment vrai des choses littéraires, à juger sainement des ouvrages de l'esprit. C'est là ce qui ressort le plus directement de toutes ces questions de premières lectures, de livres d'enfant; ce sera donc nécessairement aussi la pensée dominante de tout ce que je puis avoir à vous dire sur ce singulier point de bibliographie : *Les Livres d'Écolier*.

Mais avant d'entrer dans cet examen il est nécessaire d'établir d'abord que, du moins en ce qui me concerne, je suis disposé à étendre bien au delà des livres classiques le cercle de ce que j'ai appelé du nom générique de *Livres d'Écolier*. Assurément il convient d'y comprendre aussi et les ouvrages destinés à l'instruction plus ou moins variée des jeunes gens studieux, et ceux qui ont pour but spécial de développer graduellement leur intelligence ou leurs sentiments moraux, et enfin les livres même de pur agrément dont on leur permet, parfois, la lecture ; en un mot tous ces livres recherchés par la jeunesse des colléges, souvent avec plus d'ardeur que de choix. Cela bien convenu, je viens à ce que j'avais l'intention d'en déduire touchant l'effet prolongé des premières impressions.

Vous sentez très-bien qu'il ne peut être question ici de transformer en une thèse de philosophie quelques aperçus littéraires, et de peser le degré d'influence bonne ou mauvaise des impressions de l'enfance dans toutes les affaires de la vie. Non, il s'agit seulement, comme je l'ai déjà dit, de reconnaître leur action certaine sur les appréciations critiques parmi lesquelles l'esprit peut avoir à prendre parti dans l'avenir. Dans cette conviction je semblerai dire une chose bien banale en maintenant qu'il importe, au delà de tout, de ne mettre dans les mains des jeunes écoliers que des livres d'un goût entièrement irréprochable. C'est bien là du reste ce qu'on pensait autrefois, lorsqu'on ne cherchait à leur apprendre les premiers éléments des langues anciennes qu'en les leur faisant épeler, pour ainsi dire, dans les plus beaux livres de l'antiquité. Mais plus tard l'on a paru se préoccuper, avant tout, du soin de ne pas trop devancer l'intelligence de chaque âge, et J.-J. Rousseau, un des premiers, s'est fort égayé sur les singulières méprises que pouvait faire un enfant trop jeune dans ses efforts pour bien comprendre la fable du *Renard et du Corbeau*. Gardez-vous bien, s'écrie-t-on, de donner aux enfants des idées fausses en leur faisant lire des choses qu'ils ne sont pas encore en état d'entendre parfaitement ! C'est là, selon moi, une erreur des plus graves. Quelques idées fausses se rectifient aisément un peu plus tôt ou un peu plus tard, mais un goût faussé l'est quelquefois à jamais. Tout bien comprendre ! mais il faudrait donc qu'un jeune homme ne lût la belle fable du *Chêne et du Roseau* qu'après ses études philosophiques, et, en attendant, il se serait formé le goût dans les historiettes de Berquin, dans les fables de Pierre Blanchard, peut-être même dans les morceaux qu'aurait faits tout exprès pour lui son professeur, en prenant bien soin de ne pas dépasser ce qu'il croirait les bornes de sa jeune intelligence, comme il renferme les thèmes qu'il lui donne dans les règles du Rudiment. Oh ! qu'on pourrait faire de mal à l'abri de quelques grands noms ! Oui, sans doute, il ne faut mettre sous les yeux des enfants que ce qu'ils sont en état de comprendre dans un certain degré, surtout que ce qui ne doit pas étendre leurs idées au delà d'une certaine sphère; mais, ces limites une fois gardées, mettez hardiment dans leurs mains les grands modèles, car, soyez-en sûr, cette alliance avec les grands modèles est pour toute la vie. Oui, j'en conviens avec vous: l'écolier a lu toutes les fables de La Fontaine avec délice, et ne les a pourtant pas entièrement comprises. Mais le coup est porté, l'impression est faite. Il passe, il va à d'autres lectures, et lorsque ses études terminées, il en reprend, seul, tout le cours, il revient à son La Fontaine, il y revient sans cesse: oh! il le comprend bien alors tout entier! S'il a pu hésiter autrefois, comme Émile, sur les dimensions du fromage qui était au bec du corbeau (détails qui, j'en demande pardon à J.-J. Rousseau, n'ont jamais arrêté l'imagination d'aucun écolier), il sait bien aujourd'hui à quoi s'en tenir sur ce point important. Mais la grâce, la vérité, l'expression naïve ont fait leur chemin; il a *senti* La Fontaine presque à sa naissance, et il le sent aujourd'hui, n'en doutez pas, comme on peut seulement le sentir à la suite d'une première impression.

Oh! cent fois heureux celui qui, dans son enfance, n'a porté ses premiers regards que sur de beaux et bons livres! La direction des instituteurs y a mis ses soins, pour ce qui concerne les études classiques;

mais reste la vie du monde, restent les chances du hasard, et il serait trop à plaindre l'enfant que sa fâcheuse destinée aurait voué à de mauvaises lectures dans tous les sens. Cette impression-là ne s'effacerait jamais entièrement, et le moins qui pût arriver serait qu'il gardât quelque préférence littéraire pour tel livre que des études subséquentes lui prouveraient plus tard ne pas mériter un suffrage éclairé, comme on apprend avec autant de désappointement que de douleur qu'on a pu accorder une amitié de collége à tel condisciple qui se montre, par la suite, peu digne d'une honorable affection.

Je pourrais, Madame, vous citer aisément des exemples bien sensibles, des exemples tout personnels des *divers* genres d'influence que peuvent avoir ces premières impressions sur les préférences littéraires bien ou mal placées dans le reste de la vie. Seulement après vous avoir tant et si souvent parlé des livres que j'ai encore, j'aurais besoin, pour cela, de vous parler, au moins une fois, de ceux que j'ai eus dans d'autres temps. Hélas! de même que nos amis les plus chers sont ceux que nous perdons souvent les premiers, de même il se trouverait parmi les livres que j'ai possédés ou pu posséder, encore écolier, tel volume qui contribuerait aujourd'hui, pour sa part, aux jouissances, aux consolations du bibliophile vieilli. Ce sera donc, Madame, *infandum renovare dolorem;* malheureusement aussi cela m'obligera de vous citer, chemin faisant, des noms, des lieux qui offriront bien peu d'intérêt à nos amis de Paris. Mais j'écris spécialement cette lettre pour un journal littéraire de ma province fait par quelques hommes d'esprit au profit d'un honnête homme blessé dans un grand intérêt. J'ai appris, en lisant leurs ingénieuses productions, combien ces noms inconnus au loin, ces petites circonstances locales vont droit au cœur de mes concitoyens. Je vais donc suivre, sans plus de résistance, les douces inspirations du mien, comptant, du moins, de votre part, à tout événement, sur cette indulgente bonté qui ne m'a jamais fait défaut.

Mon père, obligé pour l'éducation première de ses enfants d'aller habiter la ville voisine, avait quitté, momentanément du moins, un vieux petit manoir de ma famille, situé sur les bords de l'*Isle* à trois ou quatre lieues des sources de notre jolie rivière. Ceux qui vont de Saint-Yrieix à Châlus, sinon pour examiner le rocher sur lequel Richard Cœur-de-Lion fut tué en 1199, au moins pour *tenir* les foires de *la Saint-Georges* et de *la Saint-Michel*, remarquent toujours les ruines de ma tourelle, démolie en 1793 par ordre des hommes du temps. Depuis qu'on avait cessé de l'habiter, je n'allais guère là sans me faire conduire aux étages supérieurs, où je trouvais beaucoup de plaisir à regarder couler l'eau de l'Isle des fenêtres les plus élevées. Un jour j'avisai dans un coin de la pièce où j'étais, un vieux bahut, renforcé d'un cuir

26.

parsemé de clous de cuivre, et que je reconnus, en l'ouvrant, contenir d'anciens papiers vraisemblablement sans intérêt. Avec une curiosité qui se portait déjà un peu sur tout (j'avais dix à onze ans), je commençais d'en parcourir quelques-uns, lorsque j'aperçus parmi eux une vieille brochure in-4°, recouverte en partie d'un papier à grands ramages telles que l'étaient, en leur temps, les pièces dramatiques qu'on trouvait vers le milieu du XVII siècle, chez *Antoine de Sommaville* ou chez *Toussaint Quinet.* C'était, en effet, une œuvre dramatique, Madame !... Madame, c'était *le Cid!* Avec quelle émotion ne ferais-je pas aujourd'hui une pareille rencontre surtout si le titre m'offrait la date de 1636, époque de la première représentation du chef-d'œuvre de Corneille ! J'étais bien loin, sans doute, alors de songer à la date de cet exemplaire du *Cid.* Je n'étais pas moins éloigné, vous le pensez bien, de faire quelque attention à ce singulier rapprochement qui semble arrangé aujourd'hui pour viser à l'effet: le *Cid,* la fleur de la chevalerie, trouvé dans un vieux castel. Seulement je remarquai avec douleur qu'une assez grande partie de la fin avait été déchirée. Je l'emportai néanmoins. Bientôt je me mis à lire ces scènes si grandement pensées, si vivement dialoguées, ces scènes de guerre, ces scènes d'amour. L'amour n'était pas alors beaucoup plus clair pour moi que le fromage du corbeau ne pouvait l'être pour Émile. Mais les enfants aiment les batailles : je lisais

donc avec transport, et dans un langage qui me semblait si nouveau, les admirables descriptions guer-
rières qui me tombaient, pour la première fois, sous
les yeux. Enfin j'arrivai au terme de ce qui restait de
la pièce, et de même que le combat du Cid contre
les Maures cesse, vers la fin du quatrième acte,

Faute de combattants,

de même toutes mes joies cessèrent faute des pages du
cinquième acte. Mais il me resta de cette première lecture (que mon père, vous le pensez bien, me mit en mesure de compléter sans retard) un sentiment aussi vif que
le comportait mon âge de la haute poésie dramatique,
un sentiment qui, en se développant de plus en plus,
est devenu, quelque entraîné que je sois toujours par
la ravissante perfection de Racine, une sorte de demi-
préférence pour le *style admiratif*, à ce point que
rempli d'indulgence pour les pièces comiques en
général, dont la mission est de peindre les mœurs
familières, je ne puis pas m'accoutumer à la seule
pensée d'une tragédie du second ordre, et que j'ai eu,
toute ma vie, une répulsion instinctive pour les
drames purs, châtiés, harmonieux, mais désespéré-
ment faibles de Campistron.

Toutes les bonnes fortunes du même genre semblaient réservées aux petites excursions que j'avais
occasion de faire hors de la ville, et cela se conçoit.
Lorsque j'étais auprès de mes parents, tout le temps

qui n'était pas pris par les études régulières, je le donnais naturellement à des récréations de divers genres avec de jeunes camarades, tandis qu'à la campagne le manque d'occupations fixes et l'absence de mes compagnons habituels appelaient d'autres distractions. A quelque temps de la *grande découverte* du *Cid*, j'allai passer les vacances chez une tante dont la mémoire me sera toujours chère, dans cette antique abbaye du Chalard qu'elle a depuis rendue ma propriété, dont vous avez vu la description ainsi que la gravure dans le *Magasin pittoresque* d'août 1845, et d'où je date la lettre que je vous écris aujourd'hui. Mon oncle était le moins littéraire des hommes, mais il n'avait pas d'enfants, la gestion de ses biens l'occupait très-peu, et pour se distraire il lisait et relisait sans cesse trois vieux volumes placés sur une tablette au-dessus du foyer de la pièce où il se tenait ordinairement. Excepté *le Cid* je n'avais guère jeté les yeux, jusque-là, que sur mes petits livres de classe, et j'avais presque aussi peu remarqué les trois vieux compagnons de mon vieux oncle que les ustensiles de ménage qui les avoisinaient sur la même tablette. Mais, comme disent ceux qui racontent leurs premières amours, mon heure était sonnée. Dans un moment d'oisiveté je me mis à feuilleter la bibliothèque de mon oncle. C'était une des éditions originales de *Boileau*, en lettres italiques; c'était les *Aventures de Télémaque;* et enfin, car il faut tout dire ici, c'était l'*Histoire d'Hypolite, comte de Duglas.* J'envisageai là, tout de suite, un plaisir à ma portée. J'avais pu remarquer, en effet, malgré mon inexpérience, qu'il s'agissait (surtout dans deux volumes) de choses *racontées,* ce dont les enfants sont si avides; je sentis, en même temps, que ce serait une lecture faite en toute liberté, prise et laissée à mes heures, et sans cette tâche réglée par le maître, qui attiédit toujours un peu même les choses qui, sans cela, offriraient le plus d'agrément. Le *Boileau* comme *le Cid* avait perdu quelques feuillets, par bonheur dans le *Traité du sublime; Hypolite,* non plus, n'était pas tout à fait intact, mais on y trouvait bien entière l'*Ile de la Félicité,* un des plus jolis contes de Mme d'Aulnoy, passée maîtresse dans ce genre de créations; enfin le *Télémaque,* peut-être par la raison que je dirai tout à l'heure, conservé avec plus de soin n'avait heureusement perdu aucune de ses belles pages : tel était l'état général de la *collection.*

Après avoir naturellement dévoré le conte, et parcouru les quatre premiers chants du *Lutrin* (les premières éditions, vous le savez, n'avaient que cela) je m'occupai de lire les *Aventures de Télémaque.* Cette lecture ne tarda pas à m'absorber tout entier. Je me passionnai pour le héros, je me passionnai pour la déesse qui lui sert de guide; enfin, comme on le fait d'ordinaire quand on commence et quand on finit la vie, je me passionnai pour tous les personnages vertueux de l'ouvrage. Ici je m'éloignerai encore de l’opinion de certains critiques. Quelques rigoristes ne voudraient pas qu’on mît le *Télémaque* dans des mains trop jeunes. A la vérité, l’avocat qui plaide pour *Eucharis* dans le cœur de la jeunesse n’était pas né encore dans le mien, mais toujours est-il que je restai ferme dans le parti de *Mentor*, et que je lui sus très-bon gré d’avoir, en temps utile, jeté son élève la tête la première dans la mer.

Ce livre m’offrit donc, dès le premier moment, une jouissance aussi vive que nouvelle; mais bientôt une circonstance, qui semblait faite tout exprès pour un bibliophile futur, vint ajouter encore à cette jouissance, et opérer pour moi, tout jeune que j’étais, quelque chose de cette personnification magique de l’auteur dans le livre, dont je vous entretenais dernièrement. L’homme excellent qui avait épousé ma tante était originaire du Périgord. Sa famille habitait le voisinage de Mme de P......; nièce de l’illustre Fénelon, et c’était elle qui, ayant reçu ce volume de son oncle lui-même, en avait fait présent au mien. Je n’ose pas dire ici tout ce que me fit éprouver, à douze ans, la connaissance de cette particularité. Mon oncle qui vit combien j’attachais de prix à ce volume m’en fit généreusement l’abandon. Dès ce moment il ne me quitta plus guère. Rentré dans ma famille, il m’accompagnait, souvent même pendant mes heures de classe, chez les Récollets de Saint-Yrieix, chargés alors de la préceptorale; hélas! c’est ici l’heure de la catastrophe!

J'eus, sans doute, un moment de distraction. Quelqu'un de mes condisciples m'emprunta mon trésor, sans m'en rien dire, et ne me le rendit jamais. J'eus beau faire retentir, pendant plusieurs jours, tous les échos de notre salle d'étude de mes douloureuses réclamations, mon *Télémaque* était perdu pour moi, et il ne m'en restait plus que cette profonde, cette première impression, une de celles qui sont demeurées le plus entières, et qui m'ont le plus particulièment conduit au petit examen dont je m'occupe dans ce moment.

Cette impression, ai-je dit, Madame, pas plus que celle du *Cid*, ne s'est jamais effacée, ne s'effacera jamais de mon esprit. *Boileau*, *Télémaque*, le roman même de Mme d'Aulnoy sont restés au nombre de mes prédilections d'une manière bien autrement particulière que si je ne les avais lus, pour la première fois, qu'à vingt ans. S'il y a donc, en cela, de quoi faire quelque honneur à mon jugement littéraire il ne faut point le mettre uniquement sur le compte d'un goût naturel. Je vais, en preuve de cela, vous confesser une contre-partie de ce qu'il peut y avoir d'un peu honorable dans ces premières appréciations, heureux que je suis de n'avoir pas à rougir autant que j'aurais pu avoir à le faire, et de cette demi-affection que Mme d'Aulnoy est venue me surprendre, entre *Boileau* et *Fénelon*, et de quelques autres faiblesses littéraires que de premières lectures m'ont laissées.

Je ne sais pas si ce fut le même *littérateur* qui s'était épris, comme moi, de mon *Télémaque*, mais enfin un de mes condisciples porta un jour en classe, en le cachant soigneusement au bon père Accurse, un de ces petits volumes de Florian, imprimés chez Didot, de 1784 à 1792, jolie collection que sont loin de dédaigner, comme je l'ai déjà remarqué en son lieu, les bibliophiles les plus sévères dans le choix des auteurs. C'était un volume de son théâtre, qui portait alors le titre de *Théâtre Italien*, et la lecture m'en fut permise. Je ne fûs pas d'abord bien émerveillé de ses *Arlequins*, de ses *Argentines :* je ne suis pas fort heureusement né au plaisant, et je n'oserais guère vous dire tout ce que je pense de l'ardeur avec laquelle la plupart des amateurs courent après ce qu'on nomme les *facéties*. Je ne fus pas, dis-je, fort émerveillé de cette lecture. Cependant la spirituelle naïveté de l'expression, la douceur des sentiments et jusqu'à la beauté des caractères de Didot, jusqu'au nom si euphonique de Florian me restèrent assez dans la tête pour que j'en parlasse un peu autour de moi. « Oh ! le chevalier de Florian ! » s'écria un de mes parents un peu moins jeune que moi, garçon instruit et qui avait beaucoup de lecture, « le chevalier de Florian ! Mais c'est *Estelle*, c'est *Galatée* qu'il faut lire ; » et le voilà qui entonne de tous ses poumons :

> Adieu, charmantes bergères;
> Nous quittons ces beaux climats....

puis :

> Ah ! s'il est dans votre village
> Un berger sensible et charmant,

et puis les *Hirondelles*, et puis toute la bergerie, moins les loups, comme l'a très-bien dit M. de Thiard. J'étais enchanté : je venais d'entrevoir le véritable Florian, d'entendre des choses tout à fait en harmonie avec ce joli nom. Dès le premier argent dont il me fut donné de disposer, je fis demander les œuvres *bien complètes* de ma nouvelle connaissance. Il y eut bien, d'abord, un petit mécompte matériel : l'on me rapporta, pour la modeste somme que j'avais pu donner, au lieu des charmants in-18 de Didot, une odieuse contre-façon in-12 où l'on avait eu l'effronterie de mettre le nom du grand typographe, car déjà nous étions à l'aurore de *toutes les libertés*. Mais cette petite déconvenue, qui m'aurait désespéré un peu plus tard, passa presque inaperçue. Je courus lire d'abord *Estelle*, puis *Galatée*, ensuite *Gonzalve de Cordoue*, mon ravissement allait croissant. Il faut tout dire : l'avocat qui avait manqué à la cause d'*Eucharis* commençait à plaider un peu en faveur d'*Estelle*, mais tant est qu'en conservant toutes mes préférences à nos grands écrivains, à mes auteurs chéris, je jouissais sans trop de scrupule de cette passagère, mais gracieuse infidélité... cela s'est vu plus d'une fois.

Eh bien ! Madame, il a fallu faire depuis de véritables études littéraires ; j'ai lu, j'ai relu *La Harpe;* j'en ai lu bien d'autres : là j'ai appris que les ouvrages de Florian, moins ses *Fables* qui n'avaient pas encore paru, ne jouissent en littérature que d'une estime très-secondaire : j'ai vu des écrivains, fort médiocres, ne vouloir lui tenir aucun compte ni de la pureté continue de son style ni de l'aimable moralité de ses fictions ; j'ai eu beau voir tout cela ; j'ai eu beau trouver, non pas toujours, Dieu m'en garde ! mais souvent, que dans la discussion de salon comme dans les dissertations écrites, l'on pouvait bien avoir quelque raison contre les belles défenses auxquelles je ne m'épargnais pas ; ce pauvre Florian, même dans ses productions les plus faibles, n'en est pas moins resté au nombre de mes amis. J'ai réuni avec de très-grands efforts la délicieuse collection de Didot ; j'ai même encore, je crois, quelque part, je vous le dis tout bas, l'abominable contrefaçon in-12, en mémoire du plaisir que, la première, elle m'a donné ; enfin, en 1824, je fis tout ce qui dépendait de moi, par mes relations avec l'honnête Briand, pour rendre son édition in-8° la meilleure que faire se pouvait.

Maintenant, Madame, que serait-il arrivé si mon oncle, au lieu d'avoir sur le manteau de sa cheminée, quelques-uns de ces ouvrages *populaires dans la famille,* ainsi que l'a si heureusement remarqué M. Sainte-Beuve, avait été un joli-cœur, en possession seulement d'*Estelle* et compagnie, et que mon ami

Florian eût été tout à fait ma première lecture ? Mon Dieu, je ne crois pas que j'eusse, pour cela, dix ans plus tard, préféré *Numa Pompilius* à *Télémaque*, mais il y eût eu, à coup sûr, un danger quelconque, et je suis persuadé qu'en matière de goût j'eusse valu encore moins que je ne l'ai fait.

Je ne pousserai pas plus loin, Madame, cette énumération de ceux des livres de ma première jeunesse qui m'ont laissé des souvenirs plus ou moins marqués. Je voudrais, pourtant, vous parler encore d'un *Jean-Baptiste Rousseau*, édition de Soleure, dont me fit présent, m'indiquant du doigt l'*Ode à la Fortune*, le dernier doyen du chapitre de Saint-Yrieix, membre aussi aimable que savant d'une famille à laquelle la mienne, à travers tant de vicissitudes, publiques et autres, est restée, non pas seulement d'individu à individu, mais de maison à maison, étroitement liée d'amitié depuis plus d'un siècle. Je voudrais vous parler aussi d'un petit *La Fontaine* de Didot, 1784, volume classique, et volume d'élite, devenu rare, celui-là, parce que ceux qui l'ont eu l'ont conservé précieusement ; et de ce délicieux *Paul et Virginie* in-18, première édition de 1789, que les admirables éditions de luxe qui ont suivi n'ont pu faire entièrement oublier ; et d'un *Virgile* français, traduction des quatre professeurs, autre exemple de tout ce que j'ai dit à ce sujet, c'est-à-dire restée ma traduction préférée quoiqu'on en ait publié de bien meilleures depuis.

Enfin, Madame, j'en ai dit plus qu'il n'était besoin de le faire pour être bien compris de vous; tout ce que je pourrais dire encore ne ramènerait pas à ma doctrine de l'effet des premières impressions ceux qui n'y seront pas entrés de prime-abord. Mais vous le savez, il s'agit rarement pour moi de chercher à vaincre les résistances : dès que j'ai parlé des livres que j'aime, et à ceux qui aiment les livres, mon objet se trouve entièrement rempli.

Au reste, bien avant que mon attention eût été appelée sur les livres d'écolier par la circonstance dont j'ai fait mention en commençant, je m'étais arrêté plus d'une fois sur ces réminiscences de collége, sur ce rapprochement des premières études avec les ouvrages qui servent d'instrument ou de récompense au travail. Toujours, lorsqu'il m'est arrivé de rencontrer un livre donné en prix à quelque élève devenu plus tard une célébrité, je n'ai pas manqué de le recueillir. C'est ainsi que j'ai l'*Énéide* traduite en vers par Segrais, trop bel in-4° pour le mérite du livre, accessit de version remporté par *Pont de Vesle*, l'auteur du *Fat puni*. C'est ainsi que j'ai un *Juvénal*, simple classique, mais portant la signature de l'infortuné *Jacques Cazotte*, signature que son sot successeur, peut-être un enfant comme lui, a tenté d'effacer. Enfin, je n'ai pas même dédaigné un assez joli exemplaire du poëme de la *Religion*, donné en prix à un élève inconnu, mais avec un certificat signé

Riballier! Mânes de Voltaire me pardonnerez-vous !

Mais tous ces petits livres d'enfant, toutes ces lectures de la première jeunesse, toutes ces choses d'amateur dont quelques-unes touchent à la futilité me ramènent (par un côté que je dirai) à l'un des plus grands professeurs dont le nom ait jamais rempli les chaires publiques, à un souvenir encore récent et mêlé pour moi de regrets, d'admiration et de douleur, enfin au si justement célèbre Eugène Burnouf.

Ce nom-là n'est pas nouveau pour vous, Madame : qui n'a pas entendu parler, même en dehors des travaux scientifiques, de l'éminent orientaliste qu'une de nos plus grandes illustrations littéraires a si bien caractérisé par ces mots connus: *Un philologue de génie que l'Europe envie à la France?* Je n'irai pas, d'une plume que son manque d'autorité rendrait presque sacrilége, louer ici le savant que ses pairs ont si dignement loué sur sa tombe prématurée. Je ne vous le citerai pas, non plus, comme membre de la société, où personne n'ignore qu'il était compté au nombre des plus aimables causeurs. Je m'abstiendrai surtout, Madame, de vous dire ce qu'étaient ses vertus de famille. Gardons-nous, hélas, de pénétrer dans ce sanctuaire de douleur qu'il rendait si heureux, et où, comme chacun sait, tout était si beau, si bon, si digne de lui. Non, il ne nous appartient de vanter, dans ces modestes pages, que des qualités plus modestes. Mais voulez-vous connaître quelque chose de peut-être plus rare encore que d'être un savant, un père de famille, un membre de société même comme Burnouf ? Voulez-vous savoir tout ce que cette belle âme recélait de sincère naïveté, de douce bienveillance, d'inépuisable bonté ? Allez parler de lui aux habitants de Châtillon et de Fontenay-aux-Roses, à ses voisins de toutes les classes, à l'homme instruit, à son concierge, à son bottier, à tout ce qui a vu passer Burnouf. Là vous trouverez un renom qui, en vérité, tient du phénomène par sa spontanéité, par sa nature, par son universalité. Il fallait le voir entrer dans ces omnibus qui desservent la banlieue. Tandis que l'homme plus ou moins lettré, qui savait ce qu'était ce survenant, lui adressait un salut de silencieuse déférence, le vigneron qui regagnait son champ, la jeune fille qui venait de vendre ses violettes, les commères du canton qui revenaient aussi du marché ; tous l'accueillaient avec une expansion plus ou moins bruyante, à laquelle il répondait, lui, par les plus aimables sourires, par les mots les plus bienveillants. Ces bonnes gens étaient loin de soupçonner, sous ces formes si unies, un des princes de la science ; ils le prenaient, tout au plus, pour quelque employé du cadastre, car jamais l'imagination populaire n'aurait pu associer tant de simplicité à tant de grandeur, et cette méprise était encore plus frappante que si elle eût porté sur un prince du monde voyageant *incognito*. Mais cela semble donné à cette terre *molle e dilettosa* de Fon-

tenay-aux-Roses ; elle trouve aussi le même charme
de simplicité noble et bienveillante dans un autre
savant du premier ordre, dans notre cher et illustre
baron Th..... [1]; celui-là, par bonheur, est encore
plein de vie : aussi je ne risque contre sa modestie que
deux petites initiales ; mais combien de cœurs l'auront
reconnu !

Cet admirable mortel, cette perfection idéale, Eugène Burnouf avait un peu d'amitié pour moi. Un jour
je le rencontrai comme je venais de trouver l'*Art de
se connaître soi-même* de Jacques Abbadie, avec la
signature de Camille Desmoulins. Cela donna lieu,
entre nous, à l'un de ces entretiens comme sa douce
et spirituelle initiative savait les faire naître. Le rapprochement d'un de nos meilleurs livres de morale
avec l'énergumène des tréteaux du Palais-Royal le
confondait. Ce volume était évidemment un livre de
la jeunesse de Camille, et un livre aimé de lui. On y
lisait tous ses noms de baptême : *Camilli Benedicti
Desmoulins* qu'on ne trouve plus guère maintenant
que dans le Dictionnaire de Chaudon, car l'histoire,
la biographie et lui-même les ont absorbés, depuis,
dans ce nom unique de *Camille* devenu si odieusement et si honorablement célèbre. Burnouf se de-

---

[1] La mort, hélas ! si imprévue malgré son grand âge, de l'excellent baron Thénard ne m'a que trop tôt et trop malheureusement permis de le nommer sans la demi-précaution que j'avais
prise de son vivant.

mandait quelle part d'influence avaient pu avoir de semblables lectures sur l'imagination fougueuse et pleine de disparates du tribun. Serait-ce là ce qui avait modifié avec quelque bonheur l'emportement naturel de l'homme qui compromettait, un jour, cent mille têtes par la véhémence de ses discours ou de ses écrits, et qui, le lendemain, risquait la sienne pour les sauver? Cette idée avait tellement préoccupé Eugène Burnouf que je garde bien précieusement une longue lettre de lui où il me pressait de traiter ce sujet *ex professo* dans une de mes dissertations bibliographiques. Comme la plupart des hommes supérieurs, il ne trouvait rien de trop ardu pour personne. Quoi qu'il en soit, cela ne pouvait pas entrer dans notre plan. Mais j'ai dû comprendre dans la même question, réduite aux choses de goût, un livre d'écolier qui ne dépare point cette sorte de *bibliothèqué bleue* de la littérature, et qui, en me-reportant à un souvenir qui me sera éternellement cher, m'a conduit à terminer cette lettre par un fait relatif aux deux natures les plus dissemblables peut-être qui se soient jamais rencontrées sur la terre, Eugène Burnouf et Camille Desmoulins. Agréez, etc.

Je ne vois pas pourquoi je ne reproduirais point ici le *post-scriptum* de cette lettre imprimée à Saint-Yrieix pour la première fois. Justice est toujours bonne à rendre en tout et pour tout.

P. S. J'éprouve, Madame, une sorte de satisfaction toute patriotique à vous adresser une lettre qui, matériellement comme moralement, est une véritable production du *cru*. Vous remarquerez sûrement dans la partie matérielle que de même qu'un jeune provincial, qui arrive à Paris pour la première fois, s'il donne quelque prise sur son accent reprend souvent tous ses avantages dans la langue écrite, de même si les presses de M. Noyer n'offrent pas, au premier abord, tout l'éclat de celles qui tiennent le premier rang dans l'art de la typographie, leurs produits présentent, du moins, une correction irréprochable : ce n'est pas là, sans doute, vous en conviendrez, le moindre mérite d'un imprimeur, soit qu'il imprime à Paris, soit qu'il imprime à Londres, soit qu'il imprime à Saint-Yrieix.

LETTRE XVII

ANCIENS LIBRAIRES DE PARIS.—ÉTALAGISTES.

Madame;

Je l'ai dit ou indiqué dès ma première lettre : l'ouvrage dont nous nous occupons ici, entre autres défauts et entre autres avantages, a ce défaut qui tient à sa nature même de ne point offrir avec une précision bien rigoureuse, un début, une suite, une conclusion; et il a cet avantage très-grand quelquefois, pour l'auteur comme pour le lecteur, qu'on peut y mettre fin quand on le veut. Certes, il ne tiendrait qu'à moi de vous adresser encore seize lettres sur le même sujet, qui ne vaudraient ni guère plus ni guère moins que les seize que vous venez de lire. Enfin, il faut un terme à tout, même quand ce terme n'est pas com-

mandé par une impérieuse logique. Je ne suis jamais
sorti de votre salon, Madame, qu'en me faisant une
grande violence, et il a toujours fallu finir par en
sortir : ainsi permettez que nous ne prolongions pas
cet entretien davantage, quelque douceur que je
pusse trouver à le continuer.

Cependant, même en faisant l'abandon de toute
prétention à une stricte méthode, après avoir poussé
mes élucubrations bibliographiques jusqu'aux livres
d'écolier, pris dans tous les sens (et ce n'est pas là ce
qui m'a le moins doucement impressionné), je croi-
rais terminer un peu trop brusquement cette suite
de lettres, si je le faisais sans avoir touché à un
point qui tient de fort près à la matière, qui s'identifie, en quelque sorte avec elle, je veux dire les
libraires, notamment les libraires de Paris. Aucun
bibliophile, en effet, ne sera jamais tenté de confondre entièrement les libraires avec les commer-
çants les plus honorables de même degré. Et je ne
parle pas seulement ici des imprimeurs-libraires qui
peuvent être à la fois de grands artistes et des savants
éminents. Je ne parle pas, non plus, du libraire-
éditeur, qui n'est, parfois, qu'un homme de lettres
déguisé en spéculateur mais le libraire proprement
dit, le libraire *détaillant*, celui qui ne s'est pas
donné d'autre mission que d'acheter et de revendre
des livres, n'a pu choisir ce genre de négoce sans
avoir plus ou moins d'instincts littéraires, et ne peut

pas y persister avec résolution, quelquefois à travers des chances bien diverses, sans avoir droit à une part quelconque de la considération qui s'attache au culte des lettres et des arts.

Malgré cet hommage rendu à tous les libraires en général, je sais bien qu'il y a souvent, et à plusieurs égards, fort à distinguer entre eux. Aussi puisque, après avoir déjà cité là et là quelques noms honorables qui se liaient directement au sujet spécial que je traitais alors, j'entre aujourd'hui dans une voie de demi-classement, je ferai comme je l'ai fait quand il s'est agi, en quelque sorte, de classer des écrivains trop rapprochés de notre époque, je ne nommerai guère que des libraires qui n'existent plus.

Du reste, Madame, cette grande distinction entre un libraire et un libraire, je puis la faire plus aisément que de toute autre façon par la simple citation d'un fait où intervinrent deux libraires aujourd'hui morts, et un troisième mort tout au moins à la librairie.

Un de nos premiers imprimeurs-libraires dont j'ai déjà parlé ailleurs, mais que je ne nommerai pas ici, parce que son nom amènerait forcément celui du tiers que je ne crois pas devoir nommer, avait annoncé par prospectus et même commencé de publier une nouvelle édition d'un de nos anciens écrivains les plus lus, et de quelques autres qui, par la nature des choses, formaient collection avec le premier. Les

souscriptions arrivant avec un peu de lenteur, l'édi-
teur, qui avait droit à plus d'empressement, justement impatienté, céda toute l'entreprise à un spéculateur en librairie, qui, dans ce moment, jouissait
d'une certaine vogue, et chez lequel le *servum pecus*
des souscripteurs afflua tout aussitôt. J'avais suivi
cette publication dans sa nouvelle officine, et mes
volumes m'arrivaient assez régulièrement; lorsqu'un
petit avis attaché à une livraison vint m'annoncer que
le libraire substitué se proposait de diminuer l'édition
d'un demi-volume, et cela au moyen de la suppression pure et simple de quelques opuscules qu'il lui
avait plu de juger *peu importants*, de sorte que, outre
l'absurdité morale de cette suppression, il allait y
avoir aussi l'absurdité matérielle du demi-tome conservé formant la plus ridicule plaquette entre les
autres volumes, tous d'une remarquable grosseur.

Cet homme m'avait paru assez intelligent et même
ne pas manquer d'esprit. J'accours chez lui, bien persuadé qu'avec deux ou trois raisonnements de métier
je le ferai renoncer sans peine à son étrange projet.
Il m'écoute avec assez de bonne grâce, et comme
quelqu'un qui a une habitude courante des manières
du monde usuel. Mon discours fini : « Monsieur, dit-
il, de son ton le plus doux, je comprends que je dois
vous contrarier beaucoup; vous êtes amateur, je crois,
et la suppression que je projette sera odieusement
laide sur des rayons; mais je m'en vais vous dire :

28

cela diminuera énormément mes frais ; je suis même
convaincu qu'il y aura pas mal de souscripteurs qui
seront aussi bien aises d'avoir un demi-volume de
moins à payer. » Je fis un geste d'horreur : « Mais,
Monsieur, m'écriai-je, pouvez-vous bien vous préoccuper de pareils souscripteurs, et, quant à la mes-
quine économie que vous y trouverez, qu'est-ce que
c'est, comparé à l'honneur bien compris de votre
maison ? Certes, votre prédécesseur aurait cru dés-
honorer la sienne par une semblable mutilation. —
Mon prédécesseur, Monsieur ! *Oh, je m'en vais vous
dire :* mon prédécesseur est un libraire, lui, un très-
ancien, un très-respectable libraire ; *ces gens-là* ont
leurs idées. Moi, je ne suis pas un libraire proprement
dit, voyez-vous ; je suis un *marchand de livres.* Mon
seul et unique objet, c'est de gagner beaucoup d'argent, et la preuve que je conduis bien mon affaire,
c'est que je n'en gagne pas mal ; voilà tout. »

Je m'étais senti gagner insensiblement par une
assez vive impatience, et j'aurais peut-être bien fini
par défendre avec trop peu de mesure les bonnes
doctrines et mes droits de souscripteur, mais jamais,
assurément, je ne serais allé jusqu'à me servir de
cette expression : *marchand de livres,* expression que
les libraires les moins fanatiques de leur état ont
toujours considérée comme la plus mortelle injure.
Lorsque je vis une pareille qualification, non pas seulement acceptée, mais très-volontairement adoptée

par un libraire dont le nom retentissait dans toutes
les annonces du temps, je me sauvai, tout honteux
d'avoir dépensé là aussi mal à propos un grand quart
d'heure d'éloquence bibliographique, et bien décidé
à comprendre mon exemplaire dans un prochain
échange, sauf à y subir la destinée qui attend tout brocanteur de livres comme tout brocanteur de chevaux.

Le même jour, et à la même heure, j'eus occasion
d'observer l'autre terme du rapprochement que j'ai
voulu établir ici. J'étais, dans ce moment, à la recherche d'un ouvrage de l'abbé de Vertot, moins connu
et aussi moins commun que ses autres livres, le *Traité
historique de la mouvance de la Bretagne*. En quittant
le singulier libraire dont je viens de parler, je passai
chez Merlin, celui-là libraire de la vieille roche, et
un des hommes de son état le plus honnête et le plus
obligeant que j'aie connu. « La *Mouvance de la Bretagne*, me répondit-il, j'ai très-certainement ce volume-
là, le tout est de mettre la main dessus. » Cela dit, le
bon Merlin, déjà vieux, prend une grande échelle, et
toujours causant de l'abbé de Vertot, et il en causait
très-bien, pendant que j'étais tout préoccupé de la
crainte que les longues basques de son habit gris
blanc ne lui embarrassassent les jambes, il monte
jusqu'au plafond de son magasin, se met à chercher mon livre, puis redescend et me met dans
les mains un vieil in-12 en très-bon état. — « Combien
faut-il que je paye ce volume-là, monsieur Merlin?

— Ma foi, mon cher monsieur, il y quelque trente ans qu'il était là-haut. Je lis sur la marque du temps qu'il m'a coûté cinquante sous, vous ne trouverez pas, sans doute, qu'il y ait excès à me le payer trois francs, c'est-à-dire dix sous pour l'avoir logé, nourri et entretenu pendant tant d'années?— Pour ça non, mon cher monsieur Merlin, mais je vous préviens qu'en procédant ainsi, vous ne ferez pas votre fortune : voilà par quels moyens un libraire fait sa fortune aujourd'hui ; » et je lui racontai *in extenso*, à son grand scandale, ce qui venait de m'arriver avec son confrère, il n'y avait que peu d'instants.

Cet excellent Merlin ! c'était là un de mes libraires de cœur, et cette petite anecdote lui fait commencer assez naturellement la série de ceux que je pratiquais le plus, car si je me suis affranchi de toute pensée d'ordre méthodique lorsqu'il s'est agi des livres eux-mêmes, si je me suis moins occupé des livres qui devaient passer avant tous les autres que de ceux qui avaient mes préférences, à plus forte raison lorsqu'il s'agit des libraires, je n'irai point rechercher quelles sont les conditions spéciales qui constituent le libraire le plus accompli, et quels sont les hommes de cet état qui les ont le mieux possédées; je me bornerai à indiquer ici ceux que j'ai connus remplissant à un plus haut degré les convenances générales des amateurs, entrant avec le plus d'obligeance dans leurs vues, et au besoin, dans leurs faiblesses, enfin ceux dont il m'a toujours paru qu'on visitait le plus volontiers le magasin.

Et je nommerai d'abord ces deux ou trois Debure, représentants de la vieille bourgeoisie de Paris comme de la librairie la plus savante ; famille qui a produit un de nos premiers bibliographes, et dont le nom se lie à tout ce que les lettres françaises ont de plus élevé.

Les Panckoucke, qu'on retrouve également, et à différentes époques, dans le monde, dans la littérature et dans la haute librairie, dans la librairie vraiment lettrée.

MM. Pierre et Firmin Didot, à la fois littérateurs de mérite, imprimeurs éminents, libraires dont les rapports étaient remplis de bienveillance, et chez lesquels tant de titres réunis étaient encore relevés par cette modestie, apanage de tous les genres de supériorité.

Molini, éditeur de beaux et bons livres italiens, continuateur des collections de Prault, si originalement plein de sa spécialité qu'une prononciation italienne, laissant un peu à désirer dans la bouche d'un chaland, le mettait mal à l'aise, et qu'il reculait d'effroi si quelqu'un, mal au courant des choses de la librairie, venait à lui demander un livre français.

Auguste Delalain, digne successeur des Barbou, imbu de tout ce qu'on pouvait désirer de sages et pures doctrines dans un libraire appelé à éditer pour les jeunes esprits.

Barrois, l'aîné, qui consacra une longue vie à étudier sans relâche toutes les parties de son état, et libraire passionné pour cette étude au point d'en faire son plus cher intérêt.

Son neveu, Théophile Barrois, fort expert dans la librairie des langues étrangères, mais que rien n'avait pu déterminer à se renfermer exclusivement dans une carrière où tout lui assurait un bel avenir.

Le digne Colnet, l'un des plus spirituels rédacteurs de la *Gazette de France*, et l'auteur du joli poëme de l'*Art de dîner en ville*. — « Comment faites-vous, Monsieur Colnet, lui disait, un jour, un juste appréciateur de son talent, qui voulait l'amener à servir de sa plume une autre opinion que la sienne, comment faites-vous pour exister avec d'aussi faibles profits et une aussi modeste rétribution ? — Eh ! vous voyez comment je m'y prends, monsieur Étienne (il mangeait sur le coin d'un bureau), je dîne avec deux œufs durs. »

M. Renouard, qu'un goût tout spécial, une sorte de vocation avait amené à se faire libraire, bibliographe remarquable à beaucoup d'égards, mais un peu sujet à de faux systèmes, traitant trop cavalièrement telle partie de la science et telle autre avec un souci exagéré ; en tout, homme d'une instruction rare : ses *Annales de l'imprimerie des Aldes* jouissent d'un juste renom.

L'énergique Dentu, alors propriétaire du *Drapeau*

blanc, fort habile dans son état, très-arrêté dans ses opinions politiques, avec lequel certaine conformité de vues touchant une circonstance particulière me donnèrent un commencement de relations que le goût des livres ne manqua pas d'étendre et de développer.

Lefèvre, de la rue de l'Éperon, libraire d'une forte intelligence; ayant toutes les qualités de son ancien patron Deterville, qui en avait beaucoup, mais plus hardi que lui, concevant mieux d'ailleurs une grande entreprise, néanmoins sans tenir assez compte quelquefois de l'imprévu.

Audin, venu à Paris un peu tard, qui considérait surtout la librairie comme un point d'appui pour se livrer à ses goûts littéraires, et qui a laissé, en effet, plusieurs productions historiques dignes du succès qu'elles ont obtenu.

Et toi, infortuné Crozet, Gilbert de la librairie, aimable jeune homme, qui encore presque enfant, sus te montrer, comme libraire de la Bibliothèque du roi, le digne remplaçant des Debure, jamais les bibliophiles ne regretteront assez ton inépuisable obligeance, tes connaissances variées, tout ce qu'ils ont perdu en te perdant! Crozet adoptait moralement le livre qui traversait son magasin; il le suivait jusque dans le cabinet d'élite où ses bonnes relations l'avaient aidé à le placer. Lorsqu'il y avait lieu à une nouvelle reliure, il s'en inquiétait plus ou moins. Je l'entends encore me reprocher très-sérieusement d'avoir fait relier en veau de choix quelque chose qui lui avait paru avoir des droits légitimes au cuir de Russie; je le vois, me suivant jusque sur le seuil de sa porte, pour me recommander, ainsi que je l'ai dit ailleurs, de ne pas souiller du sacrilége d'une reliure moderne un vieux livre qu'il venait de me vendre et dont la reliure primitive méritait, en effet, d'être conservée. Digne jeune homme! j'ignore ce qu'était Crozet dans sa vie d'intérieur, il avait peut-être, comme tout le monde, quelques-uns des défauts qui tiennent à l'humanité, mais il est impossible que tous ceux qui l'ont connu sur le même terrain que moi ne disent pas qu'en tant que propagateur des choses particulièrement affectées aux bibliophiles, c'était un sujet d'un heureux avenir, un de ces libraires qui font époque dans la mémoire des amateurs.

Je pourrais, assurément, sans trop m'éloigner de mes souvenirs et de mes rapports personnels, étendre, et faire remonter à de plus anciennes dates, cette énumération des libraires d'un savoir, d'une valeur, artistique ou autre, plus ou moins remarquables; mais si les meilleurs livres ne conservent pas aussi longtemps qu'ils devraient le faire la place qu'ils ont pu occuper dans la mémoire des lecteurs, il en est, à plus forte raison, ainsi des libraires les plus méritants, et je craindrais de trop céder à mes vieilles prédilections en vous entretenant de noms aujourd'hui moins généralement connus. Cependant je dois, pour être juste, comprendre encore parmi les libraires d'une instruction peu commune ou d'une expérience qui la complétait, quelques-uns de ces hommes plus particulièrement voués à la librairie ancienne, et qui, souvent presque étrangers à ce qu'on pourrait appeler la librairie militante, habituellement renfermés dans leurs magasins, n'en étaient pour cela, ni moins utiles ni moins sympathiques aux amateurs, et n'en honoraient pas moins leur belle profession.

Ainsi, outre quelques-uns dont j'ai déjà eu occasion de parler ailleurs, comme M. Brunet père, etc., il y avait :

Martin, de la rue Saint-André-des-Arts, un des noms les plus justement estimés dans cet état, et dont la mémoire sur les meilleures éditions des vieux livres était rarement en défaut.

Rochel, beau-frère de M. Merlin, marchant tout à fait dans les mêmes voies.

Labitte, homme instruit, homme de douces relations et qui appréciait tous les ordres de livres en véritable connaisseur.

Lamy, appelé plus d'une fois à signer des éditions fort remarquables données par des savants renommés.

Delespinasse, un peu trop fanatique de ses livres, fanatisme aussi contraire à ses intérêts qu'à celui de ses clients.

Leclerc, de la petite rue du Rempart, qui, moins instruit que Delespinasse, avait pourtant le même défaut, si un bibliophile a le droit d'appeler cela un défaut. Il considérait les livres de son magasin comme un amateur considère les livres de sa bibliothèque : un exemplaire de choix lui faisait palpiter le cœur, et lorsqu'il en avait rencontré un de ce genre, il ne tenait aucun compte de ce qu'il lui avait coûté ; il entendait le tarifer d'après le cas, ordinairement exagéré, qu'il en faisait personnellement. Je me souviens avec un peu de rancune d'avoir travaillé plusieurs jours à lui arracher le *Virgile de Masvicius* que j'ai encore, et qu'il finit par me vendre, en effet, beaucoup plus qu'il ne valait : je me trouvai le plus fou des deux.

Le père du jeune Crozet, fort loin sans doute de son fils, mais auquel il avait eu le mérite de faire donner ce qui lui manquait en instruction, et qui du reste était des plus heureux en bonnes rencontres. Notre honorable confrère, M. Jérôme Bignon, le considérait comme son meilleur fournisseur d'*Elzévirs*.

Enfin le vieux Passart, dont les discours et les formes excentriques étaient en possession d'amuser ses clients, et dont la mémoire inépuisable en anecdotes de tout genre, était fort dangereuse pour ceux de ses confrères qui avaient peu ou prou figuré dans la Révolution.

Ce dernier mot, Madame, me rappelle un libraire que ses excellentes opinions politiques avaient rendu un véritable type sous certains rapports ; c'était l'honnête Petit, des galeries de bois du Palais-Royal. Petit fut, pendant longues années, le libraire enfant gâté du faubourg Saint-Germain. Jamais, sous la République et sous l'Empire, il ne se refusa la satisfaction de donner aux partisans de l'ancien régime le titre dont ils avaient été dépouillés par le nouveau ; jamais il ne fit présenter à une douairière attardée dans ses revenus le mémoire de ses fournitures sans qu'elle le lui eût fait demander, et cela bien en dehors, je vous assure, d'aucune prévision de l'avenir. Petit pensait tout simplement qu'un galant homme, un bon royaliste ne devait pas agir autrement. Aussi mil huit cent quatorze lui causa-t-il une joie délirante. Il allait, embrassant, au hasard, tous ceux qui entraient chez lui, ne supposant pas qu'ils pussent avoir d'autres opinions que les siennes. A partir de ce moment il lui sembla ne manquer de rien. Il vécut entièrement au milieu des idées qui avaient rempli sa vie ; et son magasin devint bientôt, et resta pendant assez long-temps, une sorte de demi-salon de réception où se réunissaient, surtout à certaines heures, d'ardents royalistes, parmi lesquels on remarquait particulière-ment l'auteur de *Mon Agonie de trente-huit heures*, Jourgniac de Saint-Méard.

Au surplus, Madame, Petit n'était pas, tant s'en faut, le seul libraire qui eût marqué par son dévoue-ment à la cause des Bourbons. A côté de ceux dont les anciens sentiments révolutionnaires exerçaient la verve mordante du vieux Passart, et que je ne nommerai pas, il en fut d'autres qui luttèrent courageusement pour les principes monarchiques, ou tout au moins pour les principes d'ordre et d'humanité ; quelques-uns même payèrent de leur tête la loyauté de leurs opinions, et les hommes sans lettres comme les hommes lettrés déplorèrent le sort des malheureux Levigneur et Froullé qui périrent sur l'échafaud, uniquement pour avoir publié avec un sentiment *plus ou moins présumable* d'improbation, les votes de toute nature des conventionnels dans le procès du roi.

J'ai parlé de la librairie militante : j'ai voulu indiquer par là non pas une librairie spécialement affectée aux ouvrages de polémique, mais ces jeunes débutants du corps des libraires, qui, notamment sous la Restauration où un grand mouvement fut imprimé aux publications de tout genre, ne pouvant se résigner, comme le faisaient leurs anciens, à mettre plusieurs années pour former un fonds destiné à s'épuiser avec la même lenteur, et voulant arriver à la fortune d'un seul bond, se mettaient à éditer, éditer, avec une ardeur incessante jusqu'à ce que la fortune eût, en effet, secondé leurs efforts, ou jusqu'à ce qu'ils eussent vu leurs aspirations, sinon entièrement déçues, du moins restreintes à des limites bien en deçà de leur première pensée. Prenez garde, Madame, que nous sommes ici fort loin de ces vilains spéculateurs n'ayant que l'argent seul en vue, comme celui dont les cyniques aveux ont marqué les commencements de cette lettre; parmi ces jeunes hommes présumant, parfois, un peu trop de leurs forces, il y en avait de fort méritants, et plusieurs d'assez lettrés pour pouvoir apprécier avec justesse le mérite littéraire d'une grande publication, comme un acteur d'élite, incapable de créer une œuvre dramatique d'un ordre élevé, sait, pourtant, juger avec un discernement sûr des chances de réussite qu'elle peut présenter. Ils faisaient de la librairie avec autant de goût que d'intelligence, travaillaient avec autant de plaisir que d'activité, n'ayant, en un mot, à se reprocher que cette ambition un peu hors de mesure, mais fermant quelquefois la bouche aux censeurs par un succès inespéré.

Je dois nommer, avant tous, le célèbre Ladvocat, je dis célèbre, car je ne suis pas sûr que tel étudiant d'alors ne considérât bien comme un des premiers titres de Casimir de Lavigne à une grande renommée, l'avantage d'avoir son buste au milieu du magasin de ce libraire. Ladvocat, du reste, n'était pas, lui-même, sans droit à d'autres sympathies que les sympathies de la jeunesse à demi-lettrée, c'est-à-dire celle qui fait le plus de bruit de sa littérature. C'était un homme d'une portée commerciale peu commune, qui avait un sentiment extraordinaire des goûts du public, et qui professait pour les écrivains de sa clientèle cette affectueuse déférence qu'ils ne sont pas toujours sûrs de trouver, au même degré, dans leurs meilleurs éditeurs. Mais son éloge sous tous ces rapports a été fait par une plume qui a dû réjouir ses mânes bien autrement que ne pourraient le faire tous les efforts de la mienne [1], et quant aux petits faibles qu'on remarquait en lui, faibles moins ridicules que risibles par leur singulière bonne foi, je me ferais un *scrupule bibliographique* de les rappeler ici avec trop de rigueur.

Je me plais à nommer après lui, Desoer, d'un mérite moins bruyant, mais autrement solide que le sien, et dont le nom était déjà estimé en Belgique. Son Voltaire *compacte* fut, en 1817, l'événement bibliographique du moment. Après avoir fait cette spéculation un peu sur le mouvement de l'époque, spéculation, du reste, qui, sous la direction de MM. Auger, Beuchot et autres, produisit une édition beaucoup plus correcte que la plupart de celles qu'on vante pour le luxe de leur exécution, après ce *Voltaire*, dis-je, Desoer donna, dans le même système, mais avec plus d'élégance et d'éclat, une *Bible*, un *Montaigne*, un *Boileau*, un *Regnier*, un *Rabelais;* puis, s'élevant de plus en plus, il publia bientôt, en belles et bonnes éditions, le *Rotrou* de notre cher confrère feu M. Viollet-le-Duc, le *Molière* de M. Auger, le *Bayle* de M. Beuchot: enfin la mort vint le surprendre au

---

[1] M. Jules Janin.

milieu d'importants travaux ; pourquoi faut-il que la fin de ce digne jeune homme, si plein d'avenir, n'ait pas pu être adoucie par la perspective des alliances de famille où ceux qu'il laissait sur la terre devaient trouver plus tard tous les genres de distinction comme tous les genres de consolation !

Et cet excellent, cet intéressant Furne, dont je ne fus pas à portée de suivre de près la marche, si honorablement progressive, comme j'avais aimé, apprécié, encouragé de mon mieux ses commencements. Il me donna, la dernière année de sa vie, une marque de souvenir bien affectueuse, par l'envoi qu'il me fit, avant toute exhibition publique, d'un exemplaire de sa belle traduction du chef-d'œuvre de Cervantes.

Mais comme plusieurs de ces libraires qui marquèrent sous la Restauration par leur intelligente activité vivent encore, pour le bien des lettres, je ne citerai plus parmi eux que l'éditeur de la *Collection des prosateurs français*, A. Belin, qui habita longtemps l'hôtel de Cluny.

C'était là une excellente nature de tout point. Combien il était doux et facile aux amateurs ! il se décida, sur leurs seuls encouragements, à risquer une édition *complète* des *OEuvres* de l'abbé Barthélemy, la seule qui ait été publiée, et surtout à augmenter l'atlas ordinaire du *Voyage d'Anacharsis* de vingt-huit planches reproduisant les médailles et autres morceaux d'antiquité dont la description se trouve dans les œuvres diverses de l'auteur. Une notule, un simple renvoi étaient-ils omis quelque part? A la première réclamation d'un client, Belin s'empressait de donner un carton. Ce fut pour complaire à mon ami, M. de Feletz, qu'il fit faire un faux titre à *l'Esprit des lois*, portant l'épigraphe, à la vérité fort importante, vu la tradition : *Prolem sine matre creatam*, qu'on avait négligé de mettre en son lieu. J'ai encore quelque envie de rire en me rappelant une circonstance dans laquelle je me trouvai valoir un peu moins que lui: pourquoi ne ferais-je pas ici cette petite confession?

L'on travaillait à cet énorme, mais si précieux volume de *La Bruyère, La Rochefoucauld et Vauvenargues*. J'appelai l'attention de Belin sur la première partie des *Mémoires* de La Rochefoucauld, ajoutée, en 1817, par M. Renouard à l'édition qu'il avait donnée en 1804, et je l'engageai à obtenir du premier éditeur, moyennant un sacrifice quelconque, la faculté de compléter son *La Rochefoucauld* par ce morceau connu alors depuis peu. Cette pensée à peine exprimée, il court chez M. Renouard, et lui adresse sa demande, ainsi que ses offres, avec ces formes pleines de déférence qui marquent assez généralement les rapports des jeunes libraires avec les libraires plus anciens, plus éclairés ou plus accrédités qu'eux. — « Ah ! ah ! Monsieur, lui répond, en se redressant, l'imposant confrère, qu'avaient un peu contrarié ces publications compactes, ah ! ah ! je suis enchanté que vous rencontriez un grain de sable qui arrête quelque peu votre course généreuse dans le champ de la librairie à bon marché. Je n'ai rien chez moi que je veuille mettre à votre disposition, et vous pouvez vous dispenser, à l'avenir, de toute démarche ayant le même objet que celle-ci. » Le pauvre Belin, tout interdit de cette apostrophe, croit avoir commis une sorte d'incongruité, s'excuse de son mieux, et rentre chez lui bien penaud.

Dès le lendemain il vint, tout honteux, me raconter sa déconvenue. « Comment, lui dis-je, monsieur Belin, vous n'avez pas fait sentir à M. Renouard, tout en gardant la mesure dont on ne doit pas s'écarter envers son doyen, combien vous étiez choqué de l'injuste dureté de cet accueil ? Eh bien ! il faut rendre coup pour coup : je crois que cette partie des *Mémoires de La Rochefoucauld* est bien, en effet, de lui ; je le crois, moi, parce que j'ai la foi un peu large, parce que je ne demande pas mieux que de croire ; mais, au fond, il n'y a guère, dans tout ceci, à proprement parler, d'autre garantie que celle de M. Renouard lui-même. Il prétend couver, à lui seul, ce prétendu trésor ; morbleu ! contestez-en l'authenticité. La notice sur La Rochefoucauld n'est pas encore livrée, voyez celui qui s'en occupe, soumettez-lui la chose, et je suis convaincu que, moitié pour affranchir votre édition du reproche d'être incomplète, moitié par conscience littéraire, car, encore un coup, il n'y a là rien de certain, il entrera dans nos vues à cet égard. » Le digne homme, encore tout meurtri des coups de boutoir de son vieux confrère, ne se décida qu'après quelque hésitation à ce que je l'engageais à faire dans son intérêt ; et je ne sais pas même si le ménagement vint de lui ou de l'homme de lettres chargé de la notice, mais elle ne contint, en définitive, que l'expression assez timide d'un doute, atténuée encore par quelques mots d'éloge pour la publication de M. Renouard.

Je n'ai point entendu faire le mien, Madame, en vous racontant le conseil que je donnai, dans cette occasion, à M. Belin ; il y entrait, sans doute, plus de colère d'amateur contrarié que de conscience, mais si je fus tenté, même en la faisant, de me reprocher cette espièglerie bibliographique, j'eus bientôt moyen de me remettre bien avec moi-même lorsque je lus dans la notice placée par M. Gaëtan de La Rochefoucauld en tête de l'édition de Ponthieu, que la famille ne reconnaissait pas cette première partie des *Mémoires*. Cela ne m'a point empêché, au surplus, d'acheter chez M. Renouard un fort bel exemplaire in-12 de son excellente édition, et cette première partie étant devenue, depuis, extrêmement rare, en considération de cette rareté, j'en ai, suivant mes us et coutumes, recherché avec suite et fini par rencontrer le tirage in-18.

J'ai dit que je terminerais ici cette énumération des jeunes libraires-éditeurs, j'aurais dû dire des libraires en général. Je ne la pousserai pas, en effet, plus loin ; mais je ne veux pas quitter la plume sans vous avoir entretenue quelques instants d'un accessoire du corps de la librairie qui a bien son mérite à plusieurs égards. Ainsi, peu soucieux des dédains affectés de ceux dont tout l'esprit consiste à rabaisser outre mesure tout ce qui ne leur impose point par une taille de géant, je vais vous parler des *étalagistes*.

Mais avant de vous parler des étalagistes, peut-être est-il besoin que je vous dise un mot des étalages mêmes, auxquels je n'ai touché, jusqu'ici, que par occasion. Ce sont, comme vous le savez, de grandes, de médiocres ou de petites quantités de livres qu'on étale soit contre certains murs laissés à la disposition des bouquinistes, soit contre des cloisons provisoires, soit enfin et surtout dans des échoppes placées sur les *rebords* des ponts et des quais. Assigner les mille origines de ces livres de toutes sortes, de tous formats et de toute valeur, c'est ce que nul ne saurait faire. L'on ne pourrait, tout au plus, en indiquer que quelques-unes. C'était autrefois, selon toute apparence, le simple rebut de ventes après décès ou d'autres ventes accidentelles ; c'étaient aussi, suivant Boileau, et encore aujourd'hui, hélas ! quelquefois, des livres nouveaux qui n'avaient pas trouvé un débit suffisant chez les libraires, ou qui tombés promptement dans le discrédit public allaient

> Parer demi-rongés, etc.

dans les temps qui suivirent 1793, les livres enlevés aux maisons des émigrés, aux bibliothèques des châteaux, surtout à celles des couvents, et enfin le trop plein des dépôts qu'avait fait faire le gouvernement de l'époque, en attendant qu'il leur fût donné une destination définitive, vinrent porter dans les étalages étonnés une splendeur inconnue jusqu'alors. En effet, lorsque, à côté du bouquin, hôte ordinaire de l'échoppe, l'on apercevait des livres d'une conservation inusitée, de belles reliures, des dorures sur tranches, etc., l'on conservait peu de doute sur l'origine de ces livres, même quand les armoiries, quelquefois odieusement grattées, d'une grande maison, ou de quelque monastère, ne venaient pas donner toute certitude à cet égard. Ce triste temps eût donc été un bien bon temps pour les amateurs si on leur eût laissé les moyens de songer à augmenter leurs bibliothèques, ou plutôt si ce n'eussent pas été là, souvent, les débris de leurs propres collections. Mais jamais un acquéreur quelconque ne manque dans aucun temps aux objets dont la possession peut exciter le moindre désir. Après les amateurs spoliés il se trouva d'autres *amateurs* pour acquérir les livres de leurs bibliothèques, et ces ornements inaccoutumés des échoppes disparurent peu à peu pour ne laisser après eux que ce que nous avons vu depuis. Comme les bibliophiles de nouvelle création étaient trop habiles pour abandonner leurs châteaux, et courir les chances d'une

confiscation, les étalages ne s'alimentèrent plus guère
que des *lots* mis en adjudication à la suite des grandes
ventes, de ce que l'adroit bouquiniste tirait des mains
de l'homme plus ou moins lettré tombé dans le besoin, et enfin de ce que venait lui offrir l'étudiant de
mauvais aloi, lui revendant à une énorme perte le
livre que son père avait quelquefois payé fort cher.
Quoi qu'il en soit, et tels qu'ils sont de nos jours, les
étalages offrent encore aux chercheurs un champ qui
n'est pas entièrement frappé de stérilité, un champ
plein de jouissances imprévues; car, de même que
l'homme riche qui visite nos grandes librairies n'é-
prouve, dans les acquisitions considérables qu'il peut
y faire, que la froide satisfaction du grand seigneur
égorgeant dans son parc l'innombrable gibier qu'on
rassemble autour de lui; de même l'amateur qui,
après de longues recherches, rencontre, au fond d'une
humble échoppe, le livre qui, dans ce moment, occupait plus particulièrement sa pensée, goûte l'indicible plaisir du chasseur passionné qui rentre, le
soir, au milieu des siens, ayant dans sa gibecière
le lièvre après lequel il a couru tout le jour.

Ainsi, Madame, qu'il me soit permis de reporter
un souvenir bienveillant sur mes coopérateurs dans
cette chasse, les étalagistes. Mais ici principalement
je ne dois parler, en général, que de ceux qui ne sont
plus, d'abord parce qu'il m'en coûterait trop de distinguer entre des hommes qui ont un égal besoin de

la faveur publique, ensuite parce que, moins la position est élevée, plus il est difficile de marquer les rangs, et, enfin, parce que les étalagistes n'ayant pas toujours pris cet état par un choix bien libre, je pourrais blesser, en les nommant, ceux qui s'y sont vus amenés par des malheurs de fortune mérités ou non mérités.

J'ignore si ce furent des malheurs mérités qui firent descendre le premier bouquiniste dont le nom se présente à ma pensée, Achaintre, de la chaire du professeur à un étalage qui avoisinait le Pont-des-Arts. Il passait pour aimer à boire, et le spirituel Lemaire m'a souvent fait rire de bon cœur en me racontant le moyen bachique qu'il employait pour l'empêcher d'abandonner trop souvent le travail qu'il lui avait confié dans sa grande *Collection des classiques latins*. Quoi qu'il en soit, Achaintre avait porté dans son nouvel état une partie des qualités de l'homme qui a traversé une tout autre atmosphère, qui a vaqué à un tout autre ordre de travaux. La conscience qu'il avait de sa valeur, jointe à la bonne foi singulière avec laquelle il acceptait la réputation d'aimer un peu trop le vin, lui donnait une assurance naturelle qui mettait à l'aise le chaland instruit, et sa manière de vendre, comme celle de faire valoir sa chose, contrastaient heureusement avec la manière de marchands plus huppés que lui. Au reste, il n'était pas seulement un des meilleurs latinistes de Paris;

le pauvre bouquiniste était loin d'être entièrement étranger aux lettres françaises, et, dans l'excellente édition qu'il a donnée de la traduction de Juvénal par Dussaulx, après une savante notice des meilleurs textes, se trouve une vie du traducteur aussi convenablement écrite que judicieusement pensée.

Mais vous comprenez, Madame, qu'on ne rencontre pas habituellement dans le *conservateur* de la plus belle échoppe du monde, un homme en état d'écrire très-purement le latin et très-passablement le français. J'ai pourtant connu, à l'entrée de la grande voie provisoire du Carrousel, en face du Musée, le vieux Deleau qui avait été, assurait-on, professeur de mathématiques, auquel on reprochait le grand défaut d'Achaintre, mais en qui j'ai eu lieu de reconnaître plusieurs de ses bonnes qualités. Son étalage, au surplus, n'avait gardé aucune trace de son ancienne profession scientifique, et ce serait, en effet, une fort mauvaise spéculation pour un bouquiniste que de se renfermer dans une spécialité : cet état ne trouve ses véritables avantages que dans une variété sans limites, dût-on lui appliquer le vers de Martial :

Sunt bona, sunt quædam mediocria, sunt mala plura.

Si l'on devient parfois un pauvre étalagiste après avoir passé par le professorat, cela doit arriver encore plus fréquemment à des libraires auxquels ont manqué ou l'esprit de conduite, ou une intelligence suffisante des choses de leur état; ou enfin les ressources nécessaires pour parer à des malheurs imprévus. Ainsi les Dabin père, mère et fille, longtemps libraires de Marie-Joseph Chénier, par suite, disait Passart, d'une certaine conformité dans les sentiments politiques, furent plus longtemps encore étalagistes sur un de nos quais. Tous les trois avaient ce qu'on appelle, en termes du métier, la main heureuse. Ils renouvelaient, ils variaient assez à propos leur étalage, et se tenaient généralement en bons rapports avec les habitués de leur échoppe. Enfin, par un triste retour des choses d'ici-bas, la plus grande partie des livres de Mademoiselle Dabin, abrités d'ordinaire chez un des concierges du Louvre, y furent trouvés en 1848 par les hommes de l'émeute, qui, les prenant ou feignant de les prendre pour une propriété de la couronne, en jetèrent une partie dans la rivière, emportèrent les autres, et la pauvre fille finit assez malheureusement ses jours peu de temps après, toujours surveillant une espèce d'étalage, mais un étalage de chansons et de petits almanachs. On ne renonce pas aisément à l'état de toute sa vie, même quand il a cessé de suffire aux premiers besoins.

Qui n'a pas connu l'excellent Jérôme, qu'on a vu étaler pendant tant d'années à la pompe du Pont Notre-Dame? Ah! c'est que ce n'était là ni un bouquiniste, ni même un libraire ordinaire. Jérôme possédait le cœur, je ne dirai pas de tous les jansénistes, mais de tous ceux qui aiment la couleur du vieux Saint-Séverin. Il logeait tout près de l'église. Avait-on besoin d'une édition recherchée des *Provinciales?* manquait-on des *Mémoires de Fontaine;* voulait-on le recueil bien complet des *Quatre Gémissements?* l'on courait aussitôt chez lui : ou bien il avait le livre, ou bien il savait où le trouver. Cette prédilection particulière reposait, d'ailleurs, sur plus d'un motif : Jérôme portait dans son commerce toute la rigueur de conscience des solitaires de Port-Royal. Si le chagrin d'avoir été obligé de quitter la pompe ne l'a pas tué, il peut très-bien vivre encore. Dans tous les cas, je n'hésite point à le mentionner ici : c'est une de ces notabilités en leur genre qui, mortes ou vivantes, n'ont rien à craindre du grand jour.

Encore un étalagiste digne d'une mention à part, le père Aubry, de la rue d'Anjou-Dauphine. Une clientèle considérable et des ressources plus que suffisantes auraient pu lui permettre d'aspirer à d'autres destinées, mais il conserva toujours avec amour son titre de *bouquiniste,* titre qui, après lui, a été perpétué par les siens, placés plus haut, dans un recueil périodique fort apprécié des amateurs.

Je ne sais pas si je dois compter au nombre des simples bouquinistes, le nommé Giraud, un des gaillards les plus spirituels que j'aie guère rencontrés à la tête d'une échoppe. Quoique son principal négoce, son négoce le plus actif reposât sur un long étalage de la rue du Carrousel, il avait, attenant, une espèce de boutique souterraine où l'on trouvait, parfois, de fort bons *mis à part;* il fréquentait assidûment les salles de vente, et il ne s'y bornait point à *suivre* les petits lots mais achetait souvent, surtout des *unités,* pour son propre compte et sans être chargé de commission: Sa présence ne passait point inaperçue; ceux qui le connaissaient cherchaient même à exciter sa verve plaisante, et je l'ai vu, un soir, causer une hilarité générale par une réponse, en apparence fort simple, mais faite avec ces tons qui ont un cachet d'originalité particulier. Le libraire chargé de la vente l'engageait à *pousser* un livre insignifiant et d'un auteur vivant très-peu connu. — «Non, non, dit Giraud, avec le plus grand sang-froid, lorsque j'enchéris sur un livre, j'aime assez à me douter un peu de ce que c'est.» Il ne faudrait pas essayer de copier la manière dont il appuyait légèrement sur ces mots *me douter un peu.* Cela ne saurait se rendre. Aussi s'arrêtait-on volontiers devant son étalage, et ses mots plaisants étaient, en quelque sorte, partie intégrante des acquisitions qu'on y faisait.

Quelques pas plus loin l'on vit pendant longtemps un double ménage d'excellentes gens : les Rollin, deux générations réunies, libraires de naissance, libraires d'instinct, ayant toujours à leur étalage l'édition et l'exemplaire qu'eût choisis le libraire le plus érudit. Le tout vendu facilement, loyalement. Avec cette digne famille je n'en suis pas resté aux simples souvenirs.

Vous remarquerez, Madame, que contrairement à ce qu'on eût peut-être attendu, je m'arrête assez longtemps à chaque étalagiste, tandis que j'ai passé fort rapidement sur les libraires les plus renommés. C'est qu'il suffisait, en effet, de quelques mots pour désigner, pour caractériser, au besoin, un libraire déjà universellement connu, au lieu que se borner à prononcer le nom d'un pauvre bouquiniste, ce serait le laisser, pour la plupart des lecteurs, dans la profonde obscurité à laquelle il s'est voué. Après cela il faut tout dire : ces bons étalagistes de mon temps sont encore de leur personne, de leurs discours, de leur manière de traiter avec le client vivement présents à ma mémoire, j'ai presque dit à mon cœur; mais nous avons coulé de longues années ensemble sans nous connaître autrement que de vue et de bons rapports ; j'abrége donc, Madame, une tournée où je serais obligé, désormais, de suppléer, la plupart du temps, par des désignations spéciales à des noms qui me sont restés le plus souvent tout à fait inconnus. Voilà, d'ailleurs, que nous arrivons à la conclusion de ces lettres; il convient d'y garder toutes les proportions voulues. La part des bouquinistes me semble désormais suffisamment faite; et il ne faut pas, suivant la règle la plus ordinaire, que l'accessoire dépasse le principal.

Il y à plusieurs années que, par un mouvement de cœur quelque peu blâmable peut-être, mais qu'il ne me fut pas donné de pouvoir comprimer, j'écrivais à un très-ancien et très-digne ami, qui après une longue séparation, m'avait annoncé avec bonheur son arrivée prochaine à Paris :

« Ne nous faisons pas, d'avance, une fête tout à
« fait sans mélange de nous revoir. J'ai grand'peur
« que vous ne retrouviez pas, tout entier, l'homme
« que vous avez aimé autrefois. Je vous paraîtrai pro-
« bablement, et contre vos prévisions sans doute,
« vieilli, morose, aigri. Vieilli, ce n'est la faute de
« personne ; morose, c'est beaucoup la mienne ; ai-
« gri, c'est un peu celle de tout le monde, car dans
« aucun temps, dans la vie privée comme dans la
« vie publique, jamais, vous le savez, je n'ai recueilli
« tout ce que j'avais semé. »

Ces lignes ne furent pas tombées de ma plume que je me les reprochai comme trop rigoureuses dans leur forme absolue. Outre de nombreuses exceptions dont les plus douces, Madame, vous sont bien connues, j'en dois faire ici une très-marquée en faveur des libraires et des étalagistes de Paris. Si, pendant une existence bibliographique de près de quarante années, j'ai *semé* beaucoup d'argent chez eux, j'y ai recueilli, d'abord matériellement, cette énorme quantité de livres qui font la consolation de mes derniers jours, mais j'y ai recueilli aussi, moralement, ce qu'aucun libraire ne s'engage à donner, comme par-dessus le marché, savoir des sentiments de bienveil-lance, des relations pleines de bonne grâce que ni le temps ni les événements, qui ont fait de moi un client beaucoup moins digne de ménagement que je ne l'étais autrefois, n'ont altérés en aucune façon. En-fin, Madame, pour achever le contraste qui fait le fond de cette triste comparaison, je ne sais pas s'il ne m'est point arrivé quelquefois, en me retournant pour répondre au salut aussi affectueux que désinté-ressé d'un humble étalagiste, s'il ne m'est point arrivé, dis-je, de coudoyer telle vieille connaissance chez laquelle j'avais *semé* dans d'autres temps, suivant mon expression figurée, plus d'un bon office, et en ne re-tirant de cette rencontre imprévue qu'un avantage, fort appréciable sans doute lorsqu'on est surpris au milieu de ses faiblesses, l'avantage de n'être pas aperçu.

Mais je ne veux point, Madame, terminer des lettres qui m'ont donné tant de doux moments par une aussi pénible réflexion : je proteste donc contre ce que je viens d'écrire, je proteste contre moi-même, je proteste contre tout sentiment amer, et je me réfugie dans cet asile sacré de la rue Royale, où les cœurs ne sont animés que de mouvements nobles et généreux, sûr de pouvoir y oublier, au besoin, tout ce que le présent pourrait m'offrir de pénible par le souvenir rendu vivant de mon heureux passé.

Agréez, etc.

FIN.

TABLE DES MATIÈRES

FIN DE LA TABLE.

Paris. — Imprimé chez Bonaventure et Ducessois,
55, quai des Grands-Augustins.